# 傅山全書

國家古籍整理出版專項經費資助項目

清·傅山 著

尹協理 主編

## 第十六册

山西出版傳媒集團

山西人民出版社

傅山父子編著東漢書姓名韻刻本（山西書局一九三六年刻印）

# 東漢書姓名韻 平聲

太原傅山公之它甫編輯

子眉壽髦 侄仁壽元 同抄較

## 一東

### 李通

光武紀莽地皇三年宛人李通以圖讖說光武 建武七年五月戊戌前將軍李通爲大司空代宋弘蓋弘免後至此司空缺半年矣十二年九月大司空通罷馬成代之 本傳 大司空固始侯李通字次元南陽宛人莽時爲五威將軍從事出補巫丞素聞父守說讖劉氏復興李氏爲輔私嘗懷之不樂爲吏與從兄軼計議起兵迎光武相遇棘陽遂共破殺甄阜梁丘賜立更始以通爲柱國大將軍封西平王使還鎮荊州光武即位徵通爲衞尉二年封固始侯拜大司農

東漢書姓名韻 入聲

太原傅山公之它甫編輯

子眉 壽髦
侄仁 壽元 同抄較

七陌

黴側

光武紀 劉隆傳副伏波將軍討黴側 馬援傳交阯女子黴側及女弟黴貳反側自立爲王援討斬之傳首洛陽註側爲朱䳒人詩索妻甚雄勇交阯太守蘇定以法繩怨怒反 南蠻傳建武十六年交阯女子黴側及其妹黴貳反攻郡黴側者麊冷縣雒將之女也嫁爲朱䳒人詩索妻甚雄勇交阯太守蘇定以法繩之側忿故反於是九眞日南合浦蠻里皆應之凡略六十五城自立爲王十八年伏波將軍黴側樓船將軍段志發長沙桂陽零陵蒼梧兵萬餘人討之


山西書局印行

尤號　鄧訓傳迷唐遠徙千餘里燒當豪帥尤號稽顙歸死

東號　西羌傳和帝永元元年滇羌東吾之子東號立　傳山曰號字不音作何聲姑用平聲厮之

張敖　張酺傳

龍伯高　馬援傳龍伯高敦厚周慎口無擇言謙約節儉廉公有威

韓伯高　薛漢傳弟子鉅野韓伯高知名

虞偉高　何顒傳友人虞偉高有仇未報而病篤將終顒往候之偉高泣而訴顒感其義爲復仇以頭醊其墓　傳山曰事同郅君章

程高　郭玉傳涪翁弟子程高尋求積年翁乃授之高亦隱跡不仕玉少師事高

初印東漢書姓名韻序

淸光緒丁未余刻　傳青主先生霜紅龕集繼又刻傳壽髦先生我詩集並附白居實孕彩胡季子庭二君詩行世時尚藏有　青主先生東漢書姓名韻稿二十册乃壽髦先生兄弟手寫本首尾完整擬付梓未遑也乙亥秋初山西書局經理趙君法眞專程見訪乞假稿印行余喜出非望多年夙願一旦獲償卽出全稿付之趙君復以西漢書姓名韻稿見詢余曰度亦當在晉人手中然求之三十年未見也越兩月趙君來書云西漢書姓名韻稿十二册已於青島丁君柏岩處購得之書式一如東漢者同爲壽髦先生兄弟手寫本並載有　青主先生兩漢書姓名韻原序嗟乎文章有神交有道詎不信歟三百年來節義文學足與顧亭林李二曲孫夏峯陸桴亭黃梨洲王船山胡石莊七子同爲天下之善士不

# 第十六册　目錄

# 卷一百八十二　東漢書姓名韻（九）

## 平聲

### 十八庚

1857 倪　宏　光武紀，更始二年，王郎將倪宏、劉奉救鉅鹿。銚期傳，〔二〕從擊王郎將倪宏、劉奉於鉅鹿下。景丹傳，從擊王郎將倪宏等於南䜌。

1858 蔡　宏　光武紀，建武三年，岑彭獲秦豐將蔡宏。岑彭傳，秦豐與其大將蔡宏拒彭等於鄧，數月不得進。帝怪讓彭云云，追斬蔡宏。

1859 靈帝宏　肅宗玄孫也。父解瀆亭侯萇。謚法「亂而不損曰靈」。建寧四年，熹平六年，光和六年，中平六年。河間王傳，解瀆亭侯萇卒，〔三〕子宏嗣，竇武立之，是爲靈帝。

1860 靖王宏　趙孝王良傳，頃王商薨，子靖王宏嗣。立十二年薨。

1861 樊　宏　齊武王傳，罷會，伯升舅樊宏謂伯升曰：「昔鴻門之會，范增舉玦以示項羽。今申屠建此意，得無不善乎？」伯升笑而不應。耿弇傳，注：「袁山松書曰：使光祿大夫樊

〔二〕「銚」，手稿均作「姚」，據後漢書改。

〔三〕「萇」，手稿作「長」，據後漢書改。

宏詔況曰：惟況功大，不宜監察從事。邊郡寒苦，不足久居。其詣行在所。」〔一〕字靡卿，南陽湖陽人，世祖之舅。莽末，義兵起，伯升與族兄賜將兵攻湖陽。賜女弟爲宏妻，湖陽繫宏妻子，令出辟伯升，因留不反。會漢兵日盛，湖陽惶急，未敢殺，遂免。更始立，欲以宏爲將，辭「不習兵事」。世祖即位，拜光祿大夫，封長羅侯。十五年，定封壽張侯。謹愼，不求苟進。病困，車駕臨視。願食小鄉亭，不許。卒，遺勑與夫人同墳異臧。謚恭。

1862 冷　宏　樂成王傳，注：「袁宏紀曰：尚書侍郎冷宏議，萇無赫赫大惡，可削奪，令得改過」云云。

1863 冷　宏　吳祐傳，注：「陳留耆舊傳：太守冷宏召祐補文學，異之，擢舉孝廉。」

1864 劉　宏　岑彭傳，與彭共討鄧奉，有越騎將軍劉宏。又彭率劉宏等擊秦豐。

1865 鄧　宏　鄧晨傳，父宏，豫章都尉。

1866 耿　宏　耿恭傳，溥歿丁溪城，詔拜溥子宏、曄爲郎。

1867 衛　宏　杜林傳，及宏見林，闇然而服。濟南徐巡，始師事宏，後皆更受林學。林前於西州得漆書古文尚書一卷，出以示宏等曰：「流離兵亂，常恐斯經將絕，何意東海衛子、濟南徐生復能傳之。古文雖不合時務，然願諸生無悔所學。」於是古文遂行。鄭興傳，自杜林、桓譚、衛宏之屬，莫不斟酌焉。儒林傳，字敬仲，東海人。少與河南鄭興俱好古學。從謝曼卿受毛詩，因作毛詩序，得風雅之旨，傳於後世。從大司空杜林受古文

〔一〕「在所」，手稿作「所在」，據後漢書改。

1868 趙　宏　尚書，作訓旨。光武以爲議郎。宏作漢舊儀四篇，〔一〕載西京雜事。

1869 彭　宏　郭伋傳，爲潁川太守，招懷山賊陽夏趙宏等。彭寵傳，寵之父宏，哀帝時爲漁陽太守，偉容貌，能飲飯，有威於邊。莽居攝，誅不附己者，宏遇害。

1870 戴　宏　吳祐傳，祐爲膠東侯相。時濟北戴宏父爲縣丞，宏年十六，從在丞舍。祐每行園，常聞諷誦之音，遂與爲友，卒成儒宗，知名東夏，官至酒泉太守。注：「先賢傳曰：〔二〕宏字元襄，剛縣人。年二十二歲，〔三〕爲郡督郵，曾以職事見詰，府君欲撻之。宏曰：『鄙郡以明府爲仲尼之君，國小人少，以宏爲顏回，豈聞仲尼有撻回之義？』府君卽日教署主簿也。」

1871 王　宏　字長文，有氣力，不拘細行。初爲弘農太守，考案郡中有事宦官買爵位者，雖位至二千石，皆掠考收捕，殺數十人。素與司隸較尉胡种有隙，及宏下獄，种遂促殺之。宏臨命詬曰：「宋翼豎儒，不足議大計。胡种樂人之禍，禍將及之。」王允傳，爲右扶風。詳宋翼下。

1872 梁　宏　陸續傳，尹興被徵，續與主簿梁宏詣洛陽詔獄就考，終無異辭。

1873 曹　宏　陶謙傳，曹宏等讒慝小人，謙甚親任之，〔四〕良善多被其害，由斯漸亂。

---

〔一〕「四」，手稿作「四十」，據後漢書改。

〔二〕「傳」，手稿作「狀」，據後漢書改。

〔三〕「二十二」，手稿作「三十二」，據後漢書改。

〔四〕「任」，手稿作「近」，據後漢書改。

1874 宋　弘　光武紀，建武二年二月壬子，以大中大夫宋弘爲大司空，六年十二月壬辰，大司空弘免，李通代之。桓譚傳。高詡傳。牟長傳，大司空弘特辟長拜博士。字仲子，京兆長安人。哀平間作侍中，莽時爲共工。王莽改少府曰共工。赤眉入長安，徵弘，不得已，至渭橋，投水，〔一〕家人救得，佯死獲免。光武即位，徵拜大中大夫。建武二年，代王梁爲司空，封栒邑侯，徙封宣平侯。薦通博士桓譚，推進賢士桓梁等三十餘人。在位五年，坐考上黨太守無所據，免歸第。數年卒，無子，國除。

1875 鄭　弘　章帝紀，元和元年八月甲子，大司農鄭弘爲太尉。代鄧彪。三年四月丙寅，太尉弘免，宋由代之。字巨君，會稽山陰人。少爲鄉嗇夫，太守第五倫召署督郵，舉孝廉，拜騶令，遷淮陽太守。建初初，爲尚書令。八年，代鄭衆爲大司農。奏開零陵嶠道，以便交阯七郡貢路。在職二年，省息三億萬計。元和元年代鄧彪太尉。在位四年，竇憲奏漏密事，收上印綬，乞骸，卒。雜見張林、楊光下。

1876 劉　弘　靈紀，中平五年八月。光禄勳南陽劉弘爲司空，代丁宫也。注：「字子高，安衆人。」六年，皇子辨即位，司空劉弘免，董卓自爲司空。董卓傳，卓諷朝廷策免司空劉弘而自代之。袁安傳，議「還生口」。

1877 劉　弘　成武孝侯傳，初，順叔父弘娶於樊氏，皇妣從妹也。

1878 中山王弘　光武十王傳，夷王憲薨，子孝王弘嗣。立二十八年薨。

〔一〕「投」，手稿作「扱」，據後漢書改。

1879 行　弘　任城王傳，貞王安。國相行弘奏安過，請廢。

1880 太史丞弘　律曆志，詔太史丞弘試嚴宣。

1881 李　弘　律曆中，太子舍人李弘等四十人議。詳「祉」下。

1882 張　弘　張步傳，步以弟弘爲衞將軍。

1883 閭丘弘　來歙傳，歷要結侍中閭丘弘。

1884 公孫弘　虞延傳，又欲辟幽州從事公孫弘交通楚王而止，並不奏聞。

1885 鄧　弘　鄧禹傳，三年春，與車騎將軍鄧弘擊赤眉，爲所敗，衆皆死散。馮異傳，會鄧禹率車騎將軍鄧弘等引歸，要異共收赤眉。異不欲戰，弘不從。大戰移日，赤眉陽敗，車皆載土，以豆覆其上，兵士饑，爭取之。赤眉引還擊，弘軍潰亂。

1886 鄧　弘　鄧訓傳，訓子弘。和熹后立弘等皆黄門侍郎。延平元年，弘侍中。永初元年，封弘西平侯。元初二年，弘卒。太后服齊衰，帝絲麻。弘少治歐陽尚書，授帝禁中。疾病，遺言不得用錦衣玉匣。有司奏贈弘驃騎將軍，位特進，封西平侯。將葬，有司復奏發五營騎士，禮儀如霍光故事，太后皆不聽，但白蓋雙騎，門生輓送。

1887 杜　弘　耿弇傳，建武三年，延岑自武關出攻南陽，下數城。穰人杜弘率衆從岑，弇大破之，杜弘降。

1888 耿　弘　耿弇傳，曹操誅耿氏，惟援孫弘存焉。

1889 皋　弘　桓榮傳。見彭閎下。注：「謝承書曰：弘字奉卿，吴郡人。」

1890 袁　弘　袁閎傳，弟弘，字邵甫，恥其門族貴勢，乃變姓名，徒步從師，不應徵聘，終於家。

1891 郭　弘
注：「弘嘗入京，從父逢爲太尉，呼與相見。遇逢宴會作樂，弘伏稱頭痛而退。」
郭躬傳，父弘，習小杜律。太守寇恂以弘爲決曹掾，斷獄至三十年，用法平，諸爲弘所决者，退無怨情，郡内比之東海于公。年九十五卒。

1892 王　弘
梁慬傳，遣騎都尉王弘發關中兵迎慬與段禧、趙博等。西羌傳，安帝永初元年夏，遣騎都尉王弘發金城、隴西、漢陽羌數百千騎征西域，王弘促迫發遣，羌懼，遠屯不還，行至酒泉，多叛散。

1893 謝　弘
許荆傳，注：「謝承書曰：郴人謝弘等不養父母，兄弟分析，因此皆還供養者千有餘人。」

1894 趙　弘
朱儁傳，秦頡殺賊張曼成，賊更以趙弘爲帥，衆浸盛，遂十餘萬，據宛城。儁等圍三月不拔，有司奏欲徵儁，張温疏爭之，靈帝乃止。儁因急擊弘，斬之。

1895 高　弘
匈奴傳，永平十六年，詔遣使者高弘發三郡兵追北匈奴，無所得。

1896 王　閎
張步傳，更始遣魏郡王閎爲瑯琊太守，步拒之，不得進。閎爲檄，曉喻吏人降，得贛榆等六縣，收兵數千人，與步戰，不勝。步拓地濅廣，兵甲日盛。王閎恐其衆散，乃詣步相見，欲誘以義方。步大陳兵引閎，怒曰：「步有何過，君前見攻之甚乎！」閎按劍曰：「太守奉朝命，而文公擁兵相拒，閎攻賊耳，何謂甚耶！」步嘿然，良久，離席跪謝，乃陳樂獻酒，待以上賓，命閎掌郡事。劉永死，步等欲立永子紆爲天子，自爲定漢公，置百官。閎諫曰：「梁王以奉本朝之故，是以山東頗能歸之。今尊立其子，將疑衆心。且齊人多詐，宜且詳之。」乃止。張步降。閎亦詣劇降。〔一〕閎，王莽叔父平阿侯譚之子也，哀帝時爲中常侍。哀帝崩，叱董賢取璽綬，〔二〕馳上太后。莽忌之，出爲東郡太守。莽敗，漢兵起，獨完全東郡三十餘萬戶，歸降更始。

1897 王閎　王景傳，父閎爲郡三老。建武六年，與決曹史楊邑共殺王調，迎王遵，皆封爲列侯，閎獨讓爵。帝奇而徵之，道病卒。

1898 角閎　馮異傳，時角閎據汧、駱。

1899 彭閎　桓榮傳，歐陽博士缺，欲用榮。榮讓曰：「不如用門生郎中彭閎、揚州從事皋弘。」因拜閎、弘爲議郎。

1900 袁閎　袁安傳，閎字夏甫，彭之孫也。少勵操行。省父賀彭城，徒行無旅。既辭去，賀遣車送，稱眩疾不乘，反，郡界無知者。父服闋，徵聘，皆不應。從父逢、隗貴盛，數饋，無所受。延熹末，黨事將作，閎欲投迹深林。以母老不宜遠遁，〔三〕乃築土室，四周於庭，不爲戶，自牖納飲食。旦於室中東向拜母。母思閎，往就視，兄弟妻子莫得見也。及母歿，不爲制服設位，時以爲狂生。潛身十八年，黃巾起，誦經不移，賊相約不入閭。年五十七，卒於土室。郭泰傳，黨事起，林宗與袁閎得免。黃憲傳，林宗過袁閎所，不宿而退，曰：「奉高之器，譬諸汍濫，〔四〕雖清而易挹。」徐稚傳，陳蕃等薦閎。

〔一〕「劇」，手稿作「洛」，據後漢書改。
〔二〕「賢」，手稿作「卓」，據後漢書改。
〔三〕「母老」，手稿作「老母」，據後漢書改。
〔四〕「汍」，手稿作「汎」，據後漢書改。

見「憲」下。

1901 郭　閎　皇甫規傳，涼州刺史郭閎老弱不堪任職，倚恃權貴云云。又注：「段熲，〔一〕坐爲涼州刺史郭閎留兵不進。」段熲傳，涼州刺史郭閎，稽固熲軍云云。後朝廷知爲閎所誣。

1902 鄭　閎　鄭衆傳，養子宏嗣巢鄉侯。

1903 陸　閎　陸續傳，祖父閎，字子春，建武中爲尚書令。美姿貌，喜着越布單衣，光武見而好之，自是勅會稽獻越布。

1904 胡　閎　西羌傳，桓帝延熹四年，以濟南相胡閎代段熲爲校尉。閎無威略，羌遂陸梁。尋疾，復以熲爲校尉。

1905 任　横　梁統傳，注：「統對狀曰：盜賊，隴西新興，北地任横、任崖。」

1906 范　横　馮勤傳，注：「東觀記：魏郡太守范横上疏薦勤，然始除之。」

1907 羅　横　西羌傳，安帝元初二年秋，蜀人羅横與陳省應募，刺殺零昌黨呂叔都，封侯賜錢。

1908 孟　厷　祭遵傳，涿郡太守張豐反，豐功曹孟厷執豐降。

1909 姜　肱　字伯淮，彭城廣戚人。與二弟仲海、季江俱以孝行聞，常共臥起。及各娶妻，兄弟相戀，不能別寢，以嗣當立，乃遞往就室。肱博通五經，兼明星緯。辟命，皆不就。二弟亦不應徵聘。嘗與季江於道遇賊，〔二〕兄弟爭死，得兩釋焉。既至郡，人問故，肱終不言盜。盜感悔，就精廬，求見徵君，叩頭謝罪，還所略物。肱不受，勞以酒食而遣之。

〔一〕「熲」，手稿作「潁」，據後漢書改。
〔二〕「於」，傅山全書初版本誤作「與」，據手稿改。

與徐穉俱徵，不至。桓帝下彭城，使畫工圖其形狀。臥於幽閣，以被韜面，言感疾，不欲出風，工竟不得見之。〔一〕曹節借寵賢德，以釋衆望，乃白徵肱爲太守。得詔，私告友曰：「明明在上，猶皆固其本志，況政在閹豎，夫何爲哉！」乃遠浮海濱。再以玄纁聘，不就。卽拜大中大夫，詔書至門，使家人云「久病就醫」，遂竄伏青州界中，賣卜給食，歷年還。年七十七，熹平二年終。向栩傳，栩與姜肱並徵。

1910 苗　曾　光武紀，更始二年，吳漢斬幽州牧苗曾。吳漢傳，漢持節北發十郡突騎。〔二〕更始幽州牧苗曾陰勒兵，勑諸郡不肯應調。漢將二十騎先馳至無終。曾以漢無備，出迎於路，漢卽撝兵騎，收曾斬之，奪其軍。耿弇傳，更始遣苗曾爲幽州牧。朱浮傳。

1911 程　曾　儒林傳，字秀升，豫章南昌人。受業長安，習嚴氏春秋。著書百餘篇，皆五經通難，又作孟子章句。建初三年，〔三〕舉孝廉，遷海西令，卒官。

1912 爰　曾　姓爰，名曾，字子路，與肥城劉詡起兵盧城頭，故號其兵爲「城頭子路」。自稱「都從事」，詡稱「校三老」，寇掠河、濟間，衆至二十餘萬。更始立，遣使降，拜曾東萊太守，詡濟南太守，皆行大將軍事。曾爲其將所殺，推詡爲主，更始封詡助國侯，令罷兵歸本郡。注：「盧，縣名，屬太山郡，今濟州縣。」

1913 竺　曾　竇融傳，時酒泉都尉竺曾，融以曾爲酒泉太守。七年夏，竺曾以弟報怨殺人去郡，融

〔一〕「工」，手稿作「上」，據後漢書改。「見」，傅山全書初版本脫，據手稿補。
〔二〕「突」，手稿作「定」，據後漢書改。
〔三〕「三」，手稿作「二」，據後漢書改。

承制拜曾爲武鋒將軍。囂破，封爲助義侯。

1914 辛　曾　蓋勳傳，勳與從事辛曾、孔常等俱屯阿陽。詳孔常下。

1915 徐　曾　杜喬傳。見楊匡下。

1916 曹　曾　歐陽歙傳，濟陰曹曾字伯山，從歙受尚書，門徒三千人，位至諫議大夫。

1917 韓　增　西南夷傳，元鳳元年，討氐。見田廣明下。

1918 唐　繒　西南夷傳，和帝永元十二年，旄牛徼外白狼、樓薄蠻夷王唐繒等，率種人十七萬口内屬。

1919 劉　嬰　光武紀，建武元年，平陵人方望立前孺子嬰爲天子，更始丞相李松斬之。劉玄傳，方望立孺子劉嬰爲天子，更始遣李松擊斬之。

1920 劉　嬰　城陽恭王傳，祉别將擊破劉嬰於臨涇。

1921 張　嬰　順帝紀，漢安元年九月，廣陵賊張嬰等寇郡縣。十一月，嬰詣張綱降。質帝立，嬰復反，攻殺堂邑、江都長。注：「堂邑，今六合縣也。」滕撫擊破之。滕撫傳，建康元年之明年，廣陵人張嬰聚衆數千人據廣陵。張晧傳，時廣陵賊張嬰等衆數萬人，殺刺史、二千石，寇亂揚徐間，積十餘年，朝廷不能破。梁冀諷尚書，以綱爲廣陵太守。綱請單車之職，將吏卒十餘人，逕造嬰壘，以慰安之，申示國恩。嬰將所部萬餘人與妻子面縛歸降。綱單車入嬰壘，大會，置酒爲樂，〔二〕散遣部衆，任從所之；親爲卜居宅，

〔二〕「樂」，手稿作「示」，據後漢書改。

相田疇；〔一〕子弟欲爲吏者，皆引召之。李固傳注。

1922 竺嬰　竇融傳，注：「東觀記：竺曾弟嬰報怨，殺屬國侯王胤等，曾慚而去郡。」

1923 韓嬰　侯霸傳，韓歆子自殺。見韓歆下。

1924 馬英　安帝紀，元初二年七月辛巳，太僕太山馬英爲太尉，代司馬苞。注：「字文思，兗州蓋縣人。」建光元年七月壬寅，太尉英薨，劉愷代之。劉愷傳，太尉馬英等承望鄧騭旨，不復先請，卽獨解任尚禁錮。

1925 楚王英　光武十王傳，建武十五年封爲楚公，十七年進爵爲王，二十八年就國。母許氏無寵，〔二〕故英國最貧小。自顯宗爲太子時，英常獨歸附太子。英少時好遊俠，晚節更喜黃老，學爲浮屠齋戒祭祀。後遂大交通方士，作金龜玉鶴，刻文字以爲符瑞。十三年，燕廣告英逆謀。乃廢英，徙丹陽涇縣。明年，至丹陽，自殺。立三十三年，國除。許美人生。〔三〕江革傳。袁安傳。陸續傳。虞延傳。

1926 朱英　耿純傳，注：「續漢書曰：六年，上令諸侯就國，純上書自陳『前在東郡案誅涿郡太守朱英親屬，今國屬涿郡，誠不自安。』制書報『侯前奉公行法』云云，『已更擇國土，令侯無介然之憂』。乃更封東光也。」

1927 樊英　范冉傳，冉受業於樊英。方術傳，字季齊，南陽魯陽人。少受業三輔，習京氏易，兼

〔一〕「疇」，手稿作「里」，據後漢書改。
〔二〕「許」，手稿作「徐」，據後漢書改。
〔三〕「美」，手稿作「文」，據後漢書改。

明五經。又善風角、〔二〕筭、河洛七緯，推步災異。隱於壺山之陽，嘗有暴風從西方起，英謂學者曰「成都市火甚盛。」因含水向西漱之云云。永建二年，順帝徵之。不得已，到京，稱病不肯起。乃輿入殿，猶不以禮屈。帝怒，曰：「朕能生殺君」云云。

1928 樊　英　黄瓊傳，書薦光祿大夫樊英。李固傳。

1929 鄭　英　鄭均傳。

1930 趙伯英　九十三卷，李文姬婿。

1931 張伯英　趙岐傳注。見趙襲下。

1932 龜茲王　白　英　班勇傳，勇至樓蘭，而龜茲王白英猶自疑未下，勇開以恩信，白英乃率姑墨、温宿自縛詣勇降。

1933 甘　英　西域傳，和帝永元九年，班超遣掾甘英窮臨西海而還。皆前世所不至，山經者未詳，莫不備其風土，傳其珍怪焉。安息傳，永元九年，超遣甘英使大秦，抵條支。臨大海欲渡，而安息西界船人謂甘英曰：「海水廣大，往來者逢善風三月乃得渡，若還遲風，亦有二歲者，故入海人皆賫三歲粮。海中善使人思土戀慕，數有死亡者。」英聞之乃止。

1934 譙　瑛〔三〕　譙玄傳，公孫述以毒藥劫玄，玄子瑛泣而叩頭於太守，願奉家錢千萬，以贖父死，述許之。瑛善説易，以授顯宗，爲北宫衛士令。

〔二〕「角」，手稿作「月」，據後漢書改。

〔三〕「譙」字上，手稿衍一「唐」字，據後漢書删。

1935 李　膺

靈帝紀，建寧二年十月，鉤黨死，前長樂少府。黨錮列傳，字元禮，潁川襄城人。初舉孝廉，司徒胡廣辟，舉高第，再遷青州刺史。徵，再遷漁陽太守。尋轉蜀郡太守，以母老乞不之官。轉烏桓校尉。鮮卑憚之，以公事免，還居綸氏，教授常千人。永壽二年，鮮卑寇雲中，復拜爲度遼將軍，聲振遠域。延熹二年徵，再遷河南尹。表羊元羣罪，〔一〕反坐輸作左校。應奉理之，免刑。再遷，復徵司隸校尉。殺張朔，詔膺入殿，詰以不先請加誅之意。膺對「仲尼七日而誅少正卯。今臣到官已積一旬」云云。帝顧謂張讓曰：「此汝弟之罪，司隸何愆？」自此諸黄門常侍休沐不敢復出宮省，及遭黨事，當考實膺等。陳蕃不肯平署，帝愈怒，遂下膺等黄門北寺獄。膺等頗引宦官子弟，宦官懼，請帝大赦。免歸鄉里，居陽城山中。帝崩，陳蕃、竇武謀誅宦官，以膺爲長樂少府。陳、竇之敗，膺等復廢。張儉事起，收捕鉤黨，詣詔獄，考死。謝弼傳，徵故司空王暢、長樂少府李膺，並居政事，庶災變可消云云。劉陶傳，竊見前烏桓校尉李膺，歷典牧守，正身率下，及掌戎馬，威揚朔北。斯實中興之良佐，國家之柱臣云云。荀淑傳，淑卒，尚書李膺自表師喪。陳蕃傳，聰明亮達，文武兼姿，臣不如弛刑徒李膺。郭泰傳，與膺同舟而濟。竇武傳，徵天下名士廢黜者，前司隸李膺。孔融傳。左雄傳。馮緄傳。劉愷傳。班勇傳。張奐傳。皇甫規傳。

1936 孫　登

光武紀，建武二年十一月。銅馬、青犢、尤來餘賊共立孫登爲天子。登將樂玄殺登，

〔一〕「羊」，手稿作「三」，據後漢書改。

以其衆五萬餘降。翟酺傳。見孫懿下。

1937 太常登　光武紀，建武十五年，衆臣議封皇子，有太常登。不載姓。

1938 濟北節王登　章帝八王傳，惠王蕘，子節王登嗣。立十五年薨。

1939 淳于登　陽球傳。

1940 侯登　岑彭傳，江夏太守侯登等，遣使貢獻。

1941 宋登　馬成傳，督振威將軍宋登等擊李憲。

1942 宋登　宋弘傳，由之子，在儒林傳。字叔陽，京兆長安人。少傳歐陽尚書。爲汝陰令，遷趙相，入爲尚書僕射。順帝使持節臨太學，奏定律令，轉拜侍中。數上封事，抑退權臣，出爲潁川太守。病免，卒於家。

1943 陳登　陳球傳，珪子登，廣陵太守。華佗傳，廣陵太守陳登忽患胸中煩懣，面赤，不食。佗曰：「胃中有蟲，欲成内疽，腥物所爲。」卽作湯二升，再服，須臾，吐出三升許蟲，頭赤而動，半身猶生魚膾。佗曰：「後三期當發，遇良醫可救。」至期疾動，佗不在，登遂死也。呂布傳，珪欲使子登詣操，布不許，會使至，拜布爲將軍，布大喜，卽聽登行，登見操，因陳布「狼子野心」云云，操拜爲廣陵太守。

1944 樊登　孫程傳，小黄門樊登勸閻顯，以太后詔召馮詩、閻宗，屯朔平門，以禦程等，馮詩格殺之。見「詩」下。

1945 殷登　單颺傳，颺言譙國五十年有王者興云云，魏郡人殷登密記之。至建安二十五年春，黄龍復見譙，其冬，魏受禪。

1946 徐登

方術傳，閩中人。本女子，化爲丈夫。善爲巫術。與趙炳遇於烏傷溪水之上，試所能，登能禁水，水爲不流。登年長，炳師事之。貴尚清儉，禮神唯以東流水爲酌，削桑皮爲脯。但行禁架，所療皆除。後物故。

1947 樓登

西羌傳，建武十三年，廣漢塞外白馬羌豪樓登等率種人五千餘戶内屬，封樓登爲歸義君長。

1948 張成

光武紀，建武三年十一月，朱祐等斬延岑將張成。朱祐傳，延岑自敗於穰，遂與秦豐將張成合，祐率祭遵戰於東陽，臨陣斬成。

1949 張成

黨錮傳序，河内張成善說風角，推占當赦，遂教子殺人。李膺爲河南尹，督促收捕，既而逢宥獲免，膺竟按殺之。

1950 張成

張儉傳，父成，江夏太守。傅山曰：與前風角張成同姓名。

1951 馬成

光武紀，建武十二年十二月辛卯，揚武將軍馬成行大司空事，代李通。十三年三月，行大司空馬成罷，竇融代之。李憲傳，馬成攻憲，圍舒。中山太守全椒侯馬成字君遷，南陽棘陽人。少爲縣吏。世祖狥潁川，以成爲安集掾，調守郟令。世祖討河北，成棄官步負，追及於滿陽，爲期門，從征伐。即位，遷護軍校尉。四年，拜揚武將軍，督劉隆等，發會稽、丹陽、九江、六安四郡兵圍李憲於舒。至六年春，屠舒，斬憲，平江淮地。七年，封平舒侯。八年，從破囂，爲天水太守，將軍如故。冬，徵還。代來

1952 馬　成

歙爲中郎將，率劉尚等破河池，〔二〕平武都。明年，行大司空事，復拜揚武將軍。十四年，屯常山、中山，備北邊。又代驃騎杜茂，繕治障塞，自西河至渭橋，河上至安邑，太原至井陘，中山至鄴。在事五六年，徵還。邊人請，復還邊屯。拜中山太守。二十四年，南擊武谿蠻，無功，上太守印綬。二十七年，定封全椒，就國。三十二年卒。

虞延傳，延爲洛陽令，收考陰氏客馬成，爲盜，考之。陰氏屢請，獲一書輒加篣二百。帝親錄囚。延陳可論者在東，無理者居西。成欲趨東，延前執之，曰：「爾人之巨蠹，久依城社」云云。帝知延不私。

1953 張曼成

靈紀，中平元年三月，南陽黃巾張曼成攻殺郡守褚貢。朱儁傳，時南陽黃巾賊張曼成起兵，稱「神上使」，衆數萬。太守秦頡殺之。

1954 吉　成

和熹鄧后紀，和帝幸人吉成，御者共誣吉成巫蠱事。後覈之，果御者所爲。

1955 皇女成

和帝女成，共邑公主。

1956 下邳貞王成

孝明八王傳，惠王衍，子貞王成嗣。立二年薨。

1957 梁夷王成

孝明八王傳，懷王匡無子，順帝封匡弟孝陽亭侯成爲梁王，是爲夷王。立二十九年薨。

1958 宗　成

公孫述傳，南陽人宗成自稱「虎牙將軍」，入略漢中。述聞之，遣使迎成等。至成都，虜掠暴横。述惡之，召縣中豪傑謂曰：「天下同苦新室，思劉氏久矣」云云。遣精兵千人，西擊成等。比至成都，數千人，遂攻成，大破之。互見垣副下。

〔二〕「尚」，手稿作「向」，據後漢書改。

1959 曹成 來歙傳，歷要結中散大夫曹成。

1960 曹成 曹大家傳，鄧太后臨朝，與聞政事。以出入之勤，特封子成關内侯，官至齊相。

1961 鄧成 鄧禹傳，高密侯乾卒，子成嗣。

1962 吳成 吳漢傳，漢卒，子哀侯成嗣。二十八年，爲奴所殺。

1963 杜成 杜林傳，盜賊起，林與弟成等俱客河西。建武六年，成物故，囂聽林持喪東歸。

1964 車成 趙孝傳，梁郡車成子威，兄弟並見執，將食之，成叩頭，乞以身代，賊兩釋之。

1965 何成 何敞傳，注：「東觀記：成爲膠東相。」

1966 袁成 袁安傳，湯長子成，左中郎，早卒，子紹。袁紹傳，紹父成，五官中郎將。注：「英雄記：字文開，與梁冀結好。諺曰：事不諧，問文開。」

1967 王成 李固傳，成將變乘江東下，入徐州界内，令變姓名爲酒家傭，而成賣卜於市，各爲異人，〔二〕陰相往來。燮從受學，酒家異之，意非恒人，以女妻燮。後王成卒，燮以禮葬之，每四節爲設上賓之位而祀焉。

1968 王成 周黨傳，伏見山陽王成等。

1969 王成 孫程傳，中黄門王成封廣宗侯，早卒。

1970 李成 華佗傳，軍吏李成苦欬，晝夜不寐。佗以爲腸癰，與散兩錢服之，即吐膿血二升，於此漸愈。乃戒之曰：「後十八歲，當發動，若不得此藥，不可差也。」復分散與之。後

〔二〕「各」，手稿作「名」，據後漢書改。

五六歲，有里人如成病，請藥甚急，成愍而與之，乃故往譙更從佗求，適值見收，意不忍言。後十八年，病發，無藥而死。

1971 侯成　呂布傳，將侯成使客牧其名馬，而客策之以叛。成追得，諸將賀。侯成分酒肉，詣布，布怒，遂執陳宮、高順降操。

1972 遂成　東夷傳，安帝建光元年，〔一〕句驪王宮遣子遂成將二千餘人詐降。姚光信之，遂成因據險阨以遮大軍，而潛攻玄菟、遼東，蔡諷等戰死。宮死，遂成立。陳忠議「遣弔問，因讓前罪，赦不加誅。」明年，遂成還漢生口，詣玄菟降。〔二〕

1973 疏勒王成　西域傳，明帝永平十六年，龜茲王建攻殺疏勒王成，自以龜茲左侯兜題爲疏勒王。

1974 宗誠　律曆中，論日食。熹平四年，宗紺孫誠上書言：「受紺法術，當復改，〔三〕今年十二月當食，而官曆以後年正月。」到期如言，拜誠爲舍人。

1975 董承　獻紀，興平二年，車駕東歸。董承爲安集將軍。建安元年二月，韓暹攻衛將軍董承。八月，封衛將軍承爲輔國將軍。四年，衛將軍董承爲車騎將軍。五年，〔四〕承受密詔誅操。事洩，操殺承等，夷三族。又伏后紀，董承女爲貴人，曹操誅。趙岐傳。荀彧傳。董卓傳，傕以故牛輔部曲董承爲安集將軍。又互見「樂」、「暹」、「才」下。後韓暹攻董承，董承奔張楊，楊遣董承繕修洛宮。後謀誅操，見殺。

〔一〕「光」，手稿作「元」，據後漢書改。
〔二〕「詣」，手稿作「議」，據後漢書改。
〔三〕「復」，手稿作「後」，據後漢書改。
〔四〕「年」，手稿作「月」，據後漢書改。

1976 衛　承　律曆中，章帝使賈逵問治歷者衛承等。

1977 孝王承　孝明八王傳，頃王羨，子孝王承嗣。齊武王傳，齊頃王喜薨，子承嗣。建安十一年，國除。

1978 耿　承　耿弇傳，寶弟子承襲公主爵爲林慮侯，位至侍中。安帝崩，閻太后以寶等阿附，不道，策免寶及承等，貶爲亭侯。順帝以承羽林中郎將。大貴人薨，梁冀從承求貴人珍玩，不得，風有司奏奪其封。承恐，亡匿於穰。數年，冀推跡得之，族其家十餘人。

1979 馮　承　馮魴傳，代卒，〔一〕弟承楊邑侯爲步兵校尉。

1980 應　承　种暠傳，暠與巴郡太守應承討捕服直，不克。

1981 趙　承　李固傳，弟子趙承等悲歎不已，乃共論言迹，以爲德行一篇。又見前王調下。

1982 甄　承　甄宇傳，曾傳子承。承尤篤學。建初中，舉孝廉，卒於梁相。

1983 張　承　袁術傳，張範遣弟承往應術。術問曰：「孤以土地之廣，士人之衆，欲徼福齊桓，擬迹高祖，可乎？」對曰：「在德不在衆」云云。注：「魏公承，字公先。」

1984 鹵　承　西南夷傳，章帝建初二年春，邪龍縣昆明夷鹵承等應募，率種人與諸郡兵擊哀牢王類牢于博南，大破之。賜鹵承帛萬疋，封爲破虜傍邑侯。

1985 柳　承　西南夷傳，注：「桑藕死，子柳承代立。」

1986 孫　程　安思閻后紀，中黃門孫程合謀殺江京等，立濟陰王。虞詡傳，宦者孫程、張賢等知詡

〔一〕「代」，手稿作「世」，據後漢書改。

以忠獲罪，乃相率奏乞見：「之虞詡爲陛下盡忠，而更被拘繫；張防臧罪明正，反構忠良」云云。李郃傳，郃陰與陶範等謀立順帝，會孫程等事先成。宦者傳，字稚卿，涿郡新城人。安帝時爲中黃門，給事長樂宮。安帝崩，程與王康等十八人斬江京、〔一〕劉安、陳達等，以李閏權勢積爲省内所服，因舉爲主，以刃脅閏，共立順帝。封浮陽侯，擢拜騎都尉。永建元年，程等爲司隸校尉虞詡訟罪，上殿，呵叱左右。帝怒，免程官，徙封宜城侯。〔二〕就國。三年，徵還，拜騎都尉。陽嘉元年，拜奉車都尉，位特進。又周舉傳。李固傳。唐檀傳。

1987 盧程〔三〕　盧芳傳，芳與弟程俱入匈奴。以程爲中郎將，將兵還安定。

1988 相單程　南蠻傳，光武建武二十三年，精夫相單程等據險，寇郡縣。劉尚與戰，大敗。二十四年，相單程等下攻臨沅。明年，馬援等將兵至臨沅，擊破，相單程饑困乞降。

1989 左稱　桓帝紀，延熹八年正月，太僕左稱有辠自殺。單超傳，司隸校尉韓演奏悺及兄太僕南鄉侯稱請託州郡，聚斂爲姦等罪，稱自殺。

1990 劉稱　劉淑傳，淑祖父稱，司隸校尉。

1991 晏稱　張酺傳，與稱會朝堂，從容謂稱「三府辟吏，多非其人」。稱歸，即奏令三府各實其掾吏。酺本以私言，不意稱奏之，因責讓稱，云稱劾奏酺有怨言。

---

〔一〕「斬」，手稿作「漸」，據後漢書改。
〔二〕「城」，手稿作「陽」，據後漢書改。
〔三〕「程」，手稿作「桯」，據後漢書改。

1992 陳　澄　陳禪傳，子澄，有清名，官至漢中太守。

1993 庚　乘　郭泰傳，字世遊，潁川鄢陵人也。少給事縣廷爲門士。林宗見而拔之，勸遊學宮，遂爲諸生傭。後能講論，自以卑第，每處下坐，諸生博士皆就讎問，由是學中以下坐爲貴。徵辟不起，號曰「徵君」。

1994 孔　乘　孔僖傳，注：「後魏封二十七世孫孔乘爲崇聖大夫。」

1955 孫　萌　光武紀，建武五年，龐萌反，殺楚郡太守孫萌。劉平傳，龐萌反，攻敗郡守孫萌。平爲郡吏，冒刃伏萌身上，被七創。賊義之，解去。萌有頃蘇，平傾其創血飲之。萌死，平裹創，送喪。

1996 龐　萌　光武紀，建武五年，平狄將軍龐萌反，附董憲。六年，吳漢獲萌。見董憲下。劉永傳，時平狄將軍龐萌反叛，襲破蓋延，引兵與董憲連和，自號東平王，屯桃鄉之北。龐萌，山陽人。初亡命在下江兵中。更始立，以爲冀州牧，將兵屬尚書令謝躬，共破王郎。及躬敗，萌乃歸降。光武卽位，以爲侍中。萌爲人遜順，帝常稱曰：「可以託六尺之孤，寄百里之命者，龐萌是也。」拜平狄將軍，與蓋延共擊董憲。時詔書獨下延而不及萌，萌以爲延譖已，遂反。帝怒，自將討萌於桃城。萌與蘇茂、佼彊逃奔董憲，憲破於昌慮，與萌走入繒山。後憲與萌走保朐。穀盡，潛出，襲贛榆，陳俊攻之，憲與萌走澤中。方與人黔陵斬之。王常傳，從光武擊龐萌。蓋延傳，率平狄將軍龐萌攻西防，拔之。龐萌攻殺楚郡太守，引軍襲敗延，延走，北渡泗水，破舟檝，壞津梁，而僅得免。注：「東觀記、續漢書皆云：詔勞延曰：龐萌一夜反畔，相去不遠，營壁不堅，殆令人齒頰相繫，而將軍有不可動之節，吾其美之。與此傳不同。」又劉平傳。

1997 董　萌　竇后妙紀，〔一〕竇氏誅，黃門令董萌數爲太后訴怨，帝深納之。曹節等疾萌，誣以謗訕永樂宮，下獄死。

1998 董　萌　律曆中，先是，永平九年，太史待詔董萌上言曆不正，事下三公、太常知歷者雜議，訖十年四月，無能分明據者。

1999 劉　萌　劉盆子傳，父萌，嗣爲式侯。

2000 趙　萌　劉玄傳，李松與棘陽人趙萌說更始，宜悉王諸功臣。以趙萌爲右大司馬。更始納萌女爲夫人，有寵，遂委政於趙萌。萌專權，威福自己。郎吏有說萌放縱者，更始怒，拔劍斬之，自是無敢復言。萌私忿侍中，引下斬之，更始救請，不從。及赤眉立盆子，更始使趙萌等屯新豐。更始敗，將妻子車騎百餘，東奔趙萌於新豐。李松與趙萌共攻張卬、王匡於城内。又竇融傳，莽敗，融以軍降更始大司馬趙萌，以爲校尉，薦融爲鉅鹿太守。融圖出河西，日守萌，辭讓鉅鹿。〔二〕萌爲言更始，乃得張掖屬國都尉。

2001 兒　萌　趙孝傳，齊國兒萌字子明，兄弟見執，乞以身代，賊兩釋之。

2002 逢　萌　逸民傳，字子康，〔三〕北海都昌人。家貧，給事縣爲亭長。時尉行過亭，萌候迎拜謁，既而擲楯歎曰：「大丈夫安能爲人役哉！」遂去之長安學，通春秋。莽殺子宇，萌曰：

〔一〕「妙」，手稿作「婀」，據後漢書改。
〔二〕「讓」，手稿作「穰」，據後漢書改。
〔三〕「康」，手稿作「慶」，據後漢書改。

「三綱絶矣！不去，禍將及人。」掛冠東都城門，將家屬客於遼東。光武徵，託以老耄不起，以壽終。傳山曰：必待莽殺子而後知三綱絶耶？子康何穰侯也？

2003 王萌 陽球傳，並收甫子永樂少府萌。萌曰：「父子既當伏誅，少以楚毒假借老父。」球曰：「死不滅責，求假借耶？」萌乃罵曰：「爾前事吾父子如奴，奴敢反主乎！」球使以土窒萌口，父子死杖下。

2004 苗萌 馮異傳，漢兵起，異以郡掾，與父城長苗萌共城守，爲莽拒漢，被執。歸，謂苗萌曰：「劉將軍所到不虜掠，可以歸身」云云，「苗萌敬從子計。」及光武爲司隸校尉，道經父城，異等開門奉牛酒迎之，署萌爲從事。

2005 士孫萌 董卓傳，瑞之子。注：「天子都許，追論瑞功，封萌津亭侯。〔二〕字文始，有才學，王粲作詩贈萌。」

2006 郾皇后明 蠡吾侯翼媵妾，生桓帝。和平元年，尊爲孝崇皇后。元嘉二年崩。

2007 張明 臧宮傳注。

2008 田明 梁冀傳，不疑讓位歸第，與弟蒙閉門自守。冀不欲令通賓客，陰使人至門，記往來者。南郡太守馬融、江夏太守田明，初除，過謁不疑，冀諷州郡以他事陷之，皆髡笞徙朔方。融自刺不殊，明遂自死於路。

2009 張景明 臧洪傳，洪答陳琳書有曰：「昔張景明登壇喢血，〔三〕奉辭奔走，卒使韓牧讓印，主人得

〔二〕「津」，手稿作「車」，據後漢書改。
〔三〕「喢」，手稿作「插」，據後漢書改。

地。後但以拜章朝主，賜爵獲傳之故，不蒙觀過之貸，而受夷滅之禍。」注：「英雄記云：袁紹使張景明、郭公則、高元才等說韓馥，使讓州與紹。」

2010 符偉明　郭泰傳，注：「適陳留則友符偉明。」〔一〕

2011 傅公明　荀彧傳，注：「典略曰：唐衡欲以女妻汝南傅公明，公明不取，轉以妻郁。」〔二〕

2012 田廣明　西南夷傳，昭帝元鳳元年，白馬人復叛，龍頟侯韓增、大鴻臚田廣明等，將三輔、太常徒討破之。

2013 東明　東夷夫餘國傳，初，北夷索離國王出行，其侍兒于後姙身，〔三〕王還，欲殺。侍兒曰：「前見天上有氣，大如雞子，來降我，因有身。」王囚之，後生男。王令置於豕牢，豕以口氣噓之。徙於馬蘭，馬亦如之。王以爲神，聽母收養，曰東明。後奔走，南至掩淲水，以弓擊水，魚鼈皆聚浮水上，乘之度，至夫餘而王之。

2014 劉興　光武紀，建武六年六月，代郡太守劉興擊盧芳將賈覽於高柳，戰歿。盧芳傳，芳將賈覽擊殺代郡太守劉興。

2015 史興　光武紀，建武十二年正月，吳漢斬述將史興於武陽。公孫述傳，十二年，述子壻史興爲吳漢、臧宮所破，戰死。吳漢傳，漢圍武陽。述遣子壻史興將五千人救之。漢迎擊

〔一〕「友」，手稿作「交」，據後漢書改。
〔二〕「郁」，手稿作「彧」，據後漢書改。
〔三〕「姙」，手稿作「任」，據後漢書改。

興，盡殄其衆。〔一〕

2016 舞陽君興 何皇后紀，封后母興爲舞陽君。

2017 皇女興 后紀，和帝女興，聞喜公主。

2018 北海王興 北海靖王興，伯升子。建武二年封爲魯王，嗣光武兄仲。初，試守緱氏令，有明略，善聽訟。遷弘農太守，視事四年，上疏乞骸骨，徵還京師。二十七年，始就國。明年，以魯國益東海，故徙興爲北海王。顯宗器重興。立三十九年薨。

2019 蒲亭侯興 彭城王傳，注：「定興蒲亭侯。」

2020 周興 周榮傳，除子興爲郎。永寧中，尚書陳忠薦曰：「光祿郎周興，友孝著於閨門，清厲聞於州里。蘊匱古今，〔二〕博物多聞，三墳之篇，五典之策，無所不覽。屬文著辭，有可觀採。尚書出納帝命，爲王喉舌。臣等既愚闇，而諸郎多文俗吏，鮮有雅才，每爲詔文，轉求相請，或以不能而專己自由，辭多鄙固。興抱奇懷能，隨輩棲遲，誠可嘆惜。」詔拜興爲尚書郎。傅山曰：「唐酷奴逕竊此名。」律曆志。見張衡下。

2021 李興 盧芳傳，初，五原人李興、隨昱，朔方人田颯，代郡人石鮪、閔堪，各起兵自稱將軍。建武四年，單于遣使與李興等和親，告興欲令芳還漢地爲帝。五年，興等引兵至單于庭迎芳，與俱入塞，都九原縣。芳後以事誅其五原太守李興兄弟。匈奴傳，李興北至單于庭迎盧芳。互見毋樓且王下。

〔一〕「殄」，手稿作「珍」，據後漢書改。

〔二〕「匱」，手稿作「匵」，據後漢書改。

2022 鄭　興　字少贛，河南開封人。少學公羊，晚善左氏。莽天鳳中，從劉歆講正大義，歆使撰條例、章句、訓詁，及較三統曆。更始時，爲李松長史令，說更西都，拜諫議大夫，使安集關西三州，還拜涼州刺史。赤眉入關，乃西歸。一再說囂不可爲王及置中郎將、大中大夫、使持節宮。建武六年冬，杜林薦之，徵爲太中大夫。日食，上疏諫用功臣，以不善讖不能任。九年，使監征南、積弩於津鄉，岑被刺，興領彭營。述死，留屯成都。侍御史奏興奉使私買奴婢，〔一〕左轉蓮勺令。興好古學，尤明左氏、周官，長於曆數。世言左氏者多祖興，〔二〕後不仕，客授閿鄉。杜林傳，河南鄭興、衛宏等，皆長於古學。興嘗師事劉歆，林既遇之，欣然言曰：〔三〕「林得興等固諧矣，使宏得林，且有以益之。」隗囂傳，以鄭興爲祭酒。衛宏傳，興好古學。謝該傳。

2023 任　興　鄧訓傳，上谷太守任興欲誅赤沙烏桓，怨恨謀反，詔訓將黎陽營兵屯狐奴，以防其變。

2024 陰　興　字君陵，光烈皇后母弟也，有膂力。建武三年，爲黃門侍郎，守期門僕射，從征伐。每從出入，常操持小蓋，障翳風雨云。九年，遷侍中，賜爵關内侯。帝欲封之，固讓，帝不奪其志。十九年，拜衛尉。亦輔導皇太子。明年夏，領侍中。欲以代吳漢爲大司馬，叩頭，固讓。三十三年，卒。建初五年，追謚爲翼侯。〔四〕竇融傳，二十年，代陰興

〔一〕「買」，手稿作「置」，據後漢書改。
〔二〕「祖」，手稿作「視」，據後漢書改。
〔三〕「欣」，手稿作「頎」，據後漢書改。
〔四〕「翼」，手稿作「異」，據後漢書改。

行衛尉事。又馮衍傳，衛尉陰興以外戚貴顯，深敬重衍，與之交結。又馬援傳。第五倫傳。傳山曰：興待張汜、杜禽事甚妥。

2025 趙　興　鮑永傳，路平遂收永弟升。太守趙興到，聞乃歎曰：「我受漢茆土，不能立節，而鮑宣死之，豈可害其子也！」勑縣出升，復署永功曹。

2026 趙　興　郭鎮傳，初，肅宗時，司隸校尉下邳趙興亦不恤諱忌，每入官舍，輒更繕修館宇，移穿改築，故犯妖禁，而家人爵祿，益用豐熾，官至潁川太守。子峻，太傅，以才器稱。孫安世，魯相。三葉皆爲司隸校尉，時稱其盛。

2027 葛　興　韓稜傳，太守葛興病風不能聽政，稜陰代興視事，出入二年，令無違者。興子嘗發教署吏，稜執不從，因令怨者章之。事下案驗，吏以稜掩蔽興病云云。

2028 閻　興　第五倫傳，鮮于褒薦倫於京兆尹閻興，卽召爲主簿。署倫爲督鑄錢掾，領長安市。

2029 孟　興　第五頡傳，注：「尚書孟興與頡故舊。」

2030 處　興　李章傳，夏長思囚太守處興。後興歸郡，以狀上。

2031 張　興　儒林傳，字君上，潁川鄢陵人。習梁丘易。建武中，舉孝廉，爲郎。謝病去，馮勤舉爲博士，遷侍中。永平十年，拜太子少傅。卒官。爲梁丘家宗。又謝該傳。孫期傳。

2032 鍾　興　儒林傳，字次文，汝南汝陽人也。少從丁恭受嚴氏春秋。恭薦興學行高明，光武召見，問以經義，拜郎中，遷左中郎將，授皇太子，封關内侯。興自以無功，不受爵。帝曰：「生教訓太子」云云。對曰：「臣師丁恭。」於是復封恭，而興固辭不受爵，卒於官。

2033 尹　興　陸續傳，太守尹興使續於都亭賦民饘粥。又楚王英謀反，陰疏天下善士，有尹興名，徵詣廷尉。

2034 程　興　程文矩妻傳，前妻長子程興遇疾困篤，母惻隱自然，〔一〕親調藥膳。興疾久乃瘳，於是呼三弟曰：「繼母慈仁，出自天授。吾兄弟不識恩養。」遂將三弟詣南鄭獄，陳母之德，狀己之過，乞就刑辟云云。

2035 拘彌王興　西域傳，順帝永建四年，于窴王放前殺拘彌王興，自立其子爲拘彌王。

2036 拘彌侍子定興　西域傳，靈帝熹平四年，于窴安國又攻破拘彌，殺王成國，戊己校尉、西域長史各發兵捕立拘彌侍子定興爲王。人衆才有千口。

2037 桓　榮　明帝紀，永平二年十月，詔賜榮關内侯。字春卿，沛郡龍亢人。少習歐陽尚書，事博士九江朱普。貧無資，客傭自給，十五年不窺家園。莽篡歸。普卒，奔喪，負土成墳，入因留教授。建武十九年，年六十餘，始辟大司徒府。時顯宗立爲皇太子，拜議郎，入授太子，因拜博士。〔二〕二十八年，爲太子少傅。三十年，拜太常。顯宗即位，尊以師禮，拜二子爲郎。永平二年，三雍成，五更，封關内侯。疾篤，讓還爵土。帝幸其家問起居，入街下車，撫經而前。自是諸侯將軍大夫問疾者，不敢復乘車到門，〔三〕皆拜牀下。榮卒，帝變服，臨喪送葬，賜冢塋首山之陽，除兄子二人補四百石。楊倫傳，中

〔一〕「然」，手稿作「爲」，據後漢書改。
〔二〕「因」，手稿作「經」，據後漢書改。
〔三〕「門」，手稿作「問」，據後漢書改。

興，沛國桓榮習歐陽尚書。又張純傳。張酺傳。

2038 寇　榮　匽后紀，注：「益陽公主，桓帝妹，侍中寇榮從兄子尚焉。」寇恂傳，恂曾孫榮，桓帝時爲侍中，見害於權寵。延熹中，陷以罪辟，免歸故郡。吏承望風旨，持之浸急，〔二〕榮奔闕自訟。未至，刺史張敬追劾榮以擅去邊，詔捕之。榮逃竄數年，上書陳情。帝愈怒，遂誅榮。又襄楷傳。

2039 沛王榮　光武十王傳，孝王薨，子幽王榮嗣。立三十年薨。

2040 王伯榮　泗水王傳，朝陽侯瓌與私通。又孫程傳。

2041 伯　榮　陳忠傳。楊震傳。李固傳。

2042 周　榮　字平孫，廬江舒人。肅宗時，舉明經，辟司徒袁安府。安舉奏竇景及爭立北單于事，皆榮具草。竇氏敗，榮由此顯名，自鄢令擢尚書。出爲潁川太守，坐法，當下獄，和帝思榮忠節，左轉共城令。歲餘，爲山陽太守。病乞身，卒於家。

2043 夏　榮　王和平傳，和平病歿，後弟子夏榮言其屍解。

2044 呂　榮　列女傳，吳許升妻，呂氏，字榮。升爲博徒，榮父積忿升，欲改嫁，呂榮曰：「命之所遭，終無離二！」卒不受辱寇虜，見殺。互見「耀」下。

2045 徐　榮　董卓傳，卓遣徐榮、李蒙四出虜掠。遇孫堅於梁，破堅。後李傕向長安，王允遣卓故將徐榮、胡軫等擊之，榮戰死。

2046 審　榮　袁紹傳，配守鄴，以兄子榮爲東門校尉，夜開門納曹兵。

---

〔二〕「持」，手稿作「特」，據後漢書改。

2047 周　生　順帝紀。見范容下。滕撫傳，九江周生等反亂。周舉傳，江淮猾賊周生、徐鳳等並起，如舉所陳。

2048 許　生　靈帝紀，熹平元年十一月，會稽人許生自稱「越王」，寇郡縣，臧旻等斬之。臧洪傳，妖賊許昭立其父許生爲越王。又天文志。見許昭下。

2049 皇女生　后紀，順帝女生，舞陽長公主。

2050 左達生　清河王傳，孝德后異母弟次及達生二人，皆爲清河國郎中。

2051 李羽生　樂成王黨傳，又取故中山王傅婢李羽生爲小妻。

2052 安丘先生　耿弇傳。見「之」下。

2053 東里先生　周盤傳，令二子曰：「吾夢見先師東里先生，講於陰堂之奥。」既而長嘆云云。

2054 魯女生　華佗傳，魯女生等三人，皆與佗同時。魯女生數說顯宗時事，甚明了，議者疑其時人也。董卓亂後，莫知所在。注：「漢武内傳曰：魯女生，長樂人。初餌胡麻及朮，絶穀八十餘年，日少壯，色如桃花，日行三百里，走及麞鹿。傳世見之，云三百餘年。後採藥嵩山，見一女人，曰：『我三天太上侍官也。』以五嶽眞形與之，並告其施行。女生道成，一旦與知友别，入華山。去後五十年，先相識者逢女生華山廟前，乘白鹿，從玉女三十人，並令謝其鄉里故人也。」

2055 李　生　賈復傳，復少好學，事舞陰李生，李生奇之，謂門人曰：「賈君之容動志氣如此，而勤於學，將相之器也。」

2056 江　生

卓茂傳，〔一〕元帝時學於長安，事博士江生，習詩、禮及歷算。

2057 孟　生

虞詡傳，詡奏中常侍孟生等。

2058 段　彭

章帝紀，遣酒泉太守段彭救戊己校尉耿恭。建初元年正月，彭討車師，大破之。西域傳，章帝建初元年春，酒泉太守段彭大破車師於交河城。

2059 岑　彭

征南大將軍舞陽侯岑彭字君然，南陽棘陽人。莽時守本縣長。漢拔棘陽，歸宛。城守，粮盡，降漢，伯升救不殺。更始封彭爲歸德侯。伯升遇害，爲朱鮪校尉。鮪薦之爲淮陽都尉。破徭偉，遷潁川太守。不得之官，從河内太守韓歆，歆降。又彭說降呂植，拜刺姦將軍，從平河北。光武卽位，拜廷尉，行大將軍事。圍洛陽，說降鮪。建武二年，使彭擊荆州，下犨、葉等十餘城，降許邯，遷征南大將軍。降董訢，擊破鄧奉，又南擊秦豐，拔黃郵，追斬秦豐將蔡宏，更封爲舞陽侯。圍秦豐於黎丘，破田戎，攻秦豐三歲，斬首九萬餘級。帝以豐轉弱，令朱祐代彭守之，使彭南擊田戎，拔夷陵。彭以將伐蜀，引兵屯津鄉，當荆州要會，喻告諸蠻夷，降者奏封其君長。六年，徵詣京師。復南還津鄉。八年，從車駕破天水，與吳漢圍囂於西城，殿諸營下隴。復還津鄉，燒浮橋，長驅入江關，詔守益州牧。直指墊江，破平曲，拔武陽。被刺，謚壯侯。蜀人立廟武陽。

2060 秦　彭

耿秉傳，永平十五年，秉拜駙馬都尉。十六年，以騎都尉秦彭爲副，北伐匈奴。耿恭

〔一〕「茂」，手稿作「戎」，據後漢書改。

傳，遣秦彭與謁者王蒙等發張掖三郡兵及鄯善，合七千餘人，擊車師。復降之。竇固傳，耿秉爲駙馬都尉，秦彭爲副，率武威、隴西、天水募士及羌胡萬騎出居延塞，絶漠六百餘里，〔一〕至三木樓山，無所獲。郭躬傳，竇固擊匈奴，騎都尉秦彭爲副。彭在別屯而輒以法斬人，固奏彭專擅，躬議「於法，彭得斬之」云云。循吏傳，字伯平，〔二〕扶風茂陵人。同產女弟，顯宗時爲貴人。以彭貴人兄，隨四姓小侯擢爲開陽城門候。十五年，副耿秉征匈奴。拜駙馬都尉。建初元年，遷山陽太守。〔三〕以禮訓人，不任刑罰。轉潁川太守。章和二年卒。匈奴傳，明帝永平六年。又遣騎都尉秦彭將兵屯美稷。

2061 馬彭

馬廖傳，潛遣司馬馬彭將五千人從間道衝其心腹，三道擊羌。

2062 袁彭

袁安傳，京子彭，字伯楚。少傳父業，歷廣漢、南陽太守。順帝初，爲光祿勳。粗袍糲食，終於議郎。

2063 韓稜

和帝紀，永元九年十二月壬申，太僕韓稜爲司空，代張奮。十年七月己巳，司空韓稜薨，巢堪代之。字伯師，潁川舞陽人。弓高侯穨當之後。四歲而孤，養母弟孝友。及壯，推先父餘財數百萬與從昆弟。初爲郡功曹，以太守葛興事，禁錮，詔特原之。徵辟，五遷爲尚書令。肅宗賜尚書劍，署曰：「韓稜楚龍淵。」論者以稜淵深有謀，故得龍淵。詔遣侍御史之齊案都鄉侯事，稜上疏以爲賊在京師，太后怒，後果如言。及詔

〔一〕「漠」，手稿作「漢」，據後漢書改。
〔二〕「伯」，手稿作「北」，據後漢書改。
〔三〕「山」，手稿作「三」，據後漢書改。

憲與車駕會長安。尚書以下議拜之，復稱萬歲。稜正色曰：「無人臣稱萬歲之禮。」典案竇氏事。遷南陽太守。數歲，徵爲太僕。九年，代張奮爲司空。薨。

2064 來稜 后紀，皇女惠，適征羌侯世子黃門侍郎來稜，安帝尊爲長公主。來歙傳，褒子稜，尚顯宗女武安主。早歿。

2065 馬稜 馬援傳，字伯威，〔二〕援之族孫也。建初中，仕郡功曹，舉孝廉。及馬氏廢，肅宗以稜行義，徵拜謁者。章和元年，遷廣陵太守。永元二年，轉漢陽太守。竇西屯武威，稜多奉軍費，侵賦百姓，憲誅，坐抵罪。後數年，爲丹陽太守。禽劇賊。轉會稽、河內。虞詡傳，詡謁河內太守馬稜，稜勉之曰：「君儒者，當謀謨廟堂，反在朝歌耶？」李南傳，和帝永元中，太守馬稜坐盜賊被徵，南特通謁賀。〔三〕稜意有恨，南曰：「且有善風，明日中時應有吉問」云。後舉有道，病不行，病終於家。

2066 蔡稜 蔡邕傳，父稜，亦有清白行，謚曰貞定公。注：「攜子稜，字伯直，處俗孤黨，不協於時，垂翼華髮，人爵不升，年五十三卒。」謚法：「清白守節曰貞，純行不差曰定。」

2067 皇甫稜 皇甫規傳，祖父稜，度遼將軍。匈奴傳，和帝永元二年春，以定襄太守皇甫稜行度遼將軍。五年，單于安國欲殺師子，覺單于有謀，每龍會議事，皇甫稜知之，擁護不遺。六年春，皇甫稜免。

---

〔二〕「伯威」，手稿作「威卿」，據後漢書改。

〔三〕「南」，手稿作「稜」，據後漢書改。

2068 王　衡　順帝紀，吳郡太守王衡斬丞羊珍。見羊珍下。

2069 虞　衡　虞美人紀。

2070 臨淮懷公衡　光武十王傳，建武十五年立，未及進爵爲王而薨。光烈皇后生。

2071 張　衡　字平子，南陽西鄂人。少游三輔，因入京師，觀太學，遂通五經，貫六藝。雖才高於世，而無驕尚之情。和帝永元中，舉孝廉不行，連辟公府不就。作二京賦諷諫，精思傅會，十年乃成。大將軍鄧騭奇其才，累召不應。衡善機巧，尤致思於天文、陰陽、歷算。常好玄經，謂崔瑗曰：〔二〕「太玄與五經相擬，非徒傳記之屬，漢家得天下二百歲之書也。復二百歲，殆將終乎？」安帝公車徵拜郎中，再遷爲太史令。遂研覈陰陽，作渾天儀，著靈憲、算罔。順帝初，復爲太史令，積年不徙，乃作應問以見其志。順帝陽嘉順帝第二改號。元年，復造候風地動儀。時權移於下，衡上書陳事。又以圖緯虛妄，上疏「宜收臧，禁絕」。遷侍中，帝引在帷幄，嘗問衡天下所疾惡者。宦官懼其毀己，皆共目之，衡跪對而出。乃作思玄賦。順帝永和第三改號。初，出爲河間相。時國王驕奢，又多豪右，衡下車，嚴整法度，收擒姦黨，上下肅然。視事三年，上書乞骸骨，徵拜尚書。年六十二，永和四年卒。作周官訓詁，崔瑗以爲不能有異於諸儒也。范生論引崔瑗稱平子曰：「數術窮天地，制作侔造化。」律曆志，尚書郎張衡、周興皆

---

〔二〕「謂」，手稿作「謁」，據後漢書改。

能曆，數難亶誦，梁豐，或不對，或言失悞。衡、興參案議注者，考往較今，以爲九道法最密。第五頡傳，太史令張衡等與頡故舊，各致禮餉，不受。崔瑗傳，與友好。又王符傳。若六十二歲，是生於明帝永平十八年乙亥，至順帝陽嘉四年丙子，是六十二歲也。若永和四年，則六十六歲矣。

2072 **張　衡**

劉焉傳，張魯之父衡。

2073 **蘇　衡**

隗囂傳，以蘇衡爲祭酒。

2074 **唐　衡**

杜喬傳，衡、悺等共譖於帝曰：「陛下前當卽位，喬與李固言上不堪奉漢宗祀。」梁冀傳。荀彧傳。單超傳，潁川郾人，桓帝時爲小黃門史。延熹二年，梁后崩，帝因如廁，獨呼衡問：「左右與外舍不得者誰乎？」對曰：「單超、左悺前詣河南尹不疑，禮敬小簡，不疑收其兄弟送洛陽獄。徐璜、具瑗常私忿疾外舍放橫，口不敢道。」及冀誅，衡遷中常侍，封汝陽侯，是爲兩墮。七年，衡死，亦贈車騎將軍。

2075 **桓　衡**

桓焉傳，注：「華嶠書：焉長子衡，早卒。」

2076 **徐　衡**

徐防傳，防卒，子衡當嗣，讓爵於其弟崇。數歲，不得已，乃出就封。

2077 **何　衡**

何熙傳，臨子衡，爲尚書，坐訟李膺等下獄，免，卒於家。

2078 **禰　衡**

文苑傳，字正平，平原般人。少有才辯，而氣尚剛傲，好矯時慢物。孔融傳。

2079 **陽城衡**

班彪傳，注：「好事者謂陽城衡之徒。」

2080 **郭　衡**

匈奴傳，比密遣漢人郭衡奉匈奴地圖，建武二十三年，詣河西太守求內附。兩骨都侯頗覺其意。

2081 耿恆　耿弇傳，順帝以寶子恆爲陽亭侯。

2082 丘騰　沖帝紀，九江太守丘騰有罪，下獄死。注：「東觀記：騰知罪深法大，稽留道路，下獄死。」

2083 馬騰　靈帝紀，中平四年四月，扶風人馬騰等並叛，寇三輔。獻帝紀，興平元年三月，韓遂、馬騰與郭汜、樊稠戰於長平觀，騰等敗績。注：「袁宏紀曰：馬騰以李傕等專亂，以益州刺史劉焉宗室大臣，遣使招引欲共誅傕。〔一〕建安十七年五月，曹操誅衛尉馬騰，夷三族。种劭傳，邵與馬騰等共攻傕、汜，劭等死，騰、遂還涼州。董卓傳，初，卓入關，要韓遂、馬騰共謀山東。馬騰等亦欲倚卓起兵。傕入長安。興平元年，馬騰從隴右來朝，進屯霸橋。時騰私有求於傕，不獲而怒，遂攻傕。涼州刺史耿鄙爲韓遂等殺，鄙司馬扶風馬騰亦擁兵反叛。注：「騰父平，扶風茂陵人。」建安七年，操拜騰爲征南將軍。劉焉傳，興平元年，徵西將軍馬騰謀誅李傕。

2084 蘇騰　五行志，靈帝熹平五年，旱。注：「蔡邕作夷齊碑曰：熹平五年，天下大旱。時處士平陽蘇騰，字玄成，夢陟首陽，有神馬之使在道。明覺而思之，以其夢陟狀上聞。」

2085 袁騰　寇恂傳，榮上書曰：「洛陽令袁騰」云云。詳見應奉下。

2086 董騰　章帝八王傳，中黄門董騰並任俠通輕剽。段熲傳。

2087 曹騰　清河王傳。李固傳，中常侍曹騰夜往說冀曰：「清河王嚴明，若果立，則將軍受禍不

〔一〕「遣」，手稿作「還」，據後漢書改。

久矣。不如立蠡吾」云云。荀彧傳，注：「陳琳檄操祖父騰饕餮放橫。」孫程傳，黃龍等九人誣罔中常侍曹騰。袁紹傳，紹謝操檄：「操祖父騰，故中常侍，與徐璜、左悺等並作妖孽」云云。梁商傳，中常侍張逵等共譖商及中常侍曹騰等，謀廢立。矯詔收縛曹騰等於省中。帝怒，勅宦者李歙急呼騰等釋之。字季興，沛國譙人。安帝時，除黃門從官。順帝在東宮，鄧太后以騰年少謹厚，使侍皇子書。帝卽位，爲小黃門，遷中常侍。桓帝得立，以定策功，封騰爲費亭侯，遷太常秋，加位特進。用事省闥三十餘年，[二]奉事四帝，未嘗有過，進達海內名人。蜀郡太守因計吏賂騰，种暠抄得其書，奏劾騰。帝曰：「書自外來。」不罪騰。不爲纖，嘗稱暠爲能吏。

2088 耿　騰

耿純傳，高亭侯盱卒，無嗣，帝復封盱弟騰。

2089 梁　騰

梁統傳，囂敗，封統從弟騰爲關內侯，拜酒泉典農都尉。

2090 趙　騰

楊震傳，河間男子趙騰上書，陳得失。帝怒，結以罔上不道。震疏救之，乞爲虧除。帝不省，騰竟死。張皓傳，時清河趙騰上言災變，譏刺朝政，章下有司，收騰係考，所引黨輩八十餘人。皓上疏諫之。帝減死罪一等。

2091 胡　騰

竇武傳，武府掾桂陽胡騰，少師事武，獨殯斂行喪，坐以禁錮。與令史張敞共逃武子輔於零陵界，[三]詐云已死，騰以爲己子，而使聘娶焉。騰字子升。初，桓帝巡狩南陽，以騰爲護駕從事。公卿貴戚車駕萬計，徵求費役，不可勝極。騰上言：「天子無外，

[二]「三」，手稿作「四」，據後漢書改。
[三]「敞」，手稿作「敬」，據後漢書改。

乘輿所幸，卽爲京師。臣請以荆州刺史比司隸校尉，臣自同都官從事。」從之。自是肅然，以此顯名。黨禁解，官至尚書。

2092
## 黄瓊

桓帝紀，元嘉元年閏十一月，太常黄瓊爲司空，代胡廣也。二年十月，司空黄瓊免，趙戒代之。永興元年十月，以太僕黄瓊爲司徒，代吳雄也。二年十月，司徒黄瓊爲太尉，代胡廣也。延熹元年七月甲子，太尉黄瓊免，胡廣代之。二年八月，大司農黄瓊爲太尉，代胡廣也。四年，太尉黄瓊免，劉矩代之。六月，前太尉黄瓊爲司空，代虞放也。九月，司空瓊免，劉寵代之。字世英，江夏安陸人，魏郡太守香之子。初以父任爲太子舍人，辭病不就。永建中，公卿多薦瓊者，公車徵。至，拜議郎，稍遷尚書僕射。因災異，上書薦黄錯等。三年，大旱，復上書屬主者施行。疏奏，行籍田。遷尚書令。前左雄上孝廉之選，專用儒學文吏，瓊奏增孝弟及能從政者爲四科。出爲魏郡太守，稍遷太常。和平中，以選入侍講禁中。元嘉元年，遷司空。桓帝欲褒崇梁冀，使中朝會議。瓊獨議「可比鄧禹，合食四縣，賞賜之差，同於霍光」云云。冀恨之，會以地震策免，復爲太僕。永興元年，遷司徒，轉太尉。冀前後所託，一無所用。雖有善人而爲冀所飾舉者，亦不加命。延熹元年，以日食免。復爲大司農。冀誅，復拜太尉。以師傅之恩，不阿梁氏，封邟鄉侯。辭疾讓封，六七上言，許之。五侯擅權，自度力不能匡，乃稱疾不起。四年，以寇賊免。其年復爲司空，以地震免。七年，疾篤，上疏極言「黄門協邪」云云。卒，年七十九。贈車騎將軍，謚忠。郎顗傳，顗上書薦黄瓊「耽樂道術，清亮自然，又果於從政，明達變復」云云。桓焉傳，弟子黄瓊最爲顯著。胡廣傳，詔蔡邕贊瓊與廣。崔寔傳，司空黄瓊薦寔。陳寔傳，司空黄瓊辟選理劇。范滂傳，太尉黃瓊辟。檀敷傳，黃瓊舉敷方正。郭泰傳，司徒黃瓊辟。劉矩傳，代黃瓊爲太尉。瓊復爲司空。劉寵傳，寵代瓊爲司空。黃香傳，香子。又徐穉傳。楊震傳。李固傳。

2093 伍瓊 獻紀，初平元年二月庚辰，董卓殺城門校尉伍瓊。董卓傳，卓任侍中汝南伍瓊。袁紹等討卓，伍瓊、周祕陰爲内主。後因諫遷都，卓殺。袁紹傳，紹奔冀，城門校尉伍瓊陰爲紹說卓，授紹勃海太守。

2094 淳于瓊 靈帝紀，右校尉淳于瓊。何進傳，淳于瓊爲左軍校尉。袁紹傳，八校尉，注：「淳于瓊爲右校尉。」互見郭圖下。紹遣淳于瓊等將兵萬餘人，北迎糧。

2095 伶徵 靈帝紀，中平元年十一月，北宮伯玉等攻殺護羌校尉伶徵。董卓傳，先零羌殺護羌校尉伶徵。西羌傳，靈帝中平元年，張掖義從胡等殺護羌校尉伶徵。

2096 殷子徵 范式傳，張元伯疾篤，同郡殷子徵、郅君章晨夜省視之。

2097 不居徵 西域傳，明帝永平四年，匈奴復遣兵將莎車王賢質子不居徵立爲莎車王，廣德又攻殺之。

2098 呼徵 南匈奴傳，靈帝熹平六年，單于某薨，〔二〕子呼徵立。爲張修斬之。

2099 樊陵 靈帝紀，中平五年，永樂少府樊陵爲太尉，代曹嵩也。注：「陵，德雲，胡陽人也。〔三〕六月，太尉樊陵罷，馬日磾代之。光熹改元八月辛未，司隸校尉袁紹收僞司隸校尉樊

〔二〕「某薨」，手稿作「其殺」，據後漢書改。
〔三〕「胡陽」，手稿作「湖南」，據後漢書改。

陵，斬之。」何進傳，張讓、段珪等爲詔，以故太尉樊陵爲司隸校尉。袁紹與叔父隗矯詔召陵，斬之。樊英傳，孫陵，靈帝時以謟事宦人爲司徒。羊陟傳，司徒樊陵。見張顥下。李膺傳，南陽樊陵求爲門徒，膺謝不受。後以阿附宦官，致位太尉，爲志節者所羞。

2100 黔陵　劉永傳，方興人黔陵亦斬龐萌，傳首洛陽。封黔陵關内侯。

2101 張陵　張楷子陵，字處沖，〔一〕官至尚書。元嘉中，歲首朝賀，大將軍梁冀帶劍入首，陵呵叱之令出，勅羽林、虎賁奪冀劍。冀跪謝，卽劾奏，有詔以一歲俸償。竇武傳，書言尚書郎張陵等文質彬彬。

2102 張陵　劉焉傳，張魯祖陵，順帝時學道鶴鳴山中，是爲五斗米賊。

2103 王陵　王允傳，兄子陵脱歸鄉里。

2104 曹陵　羊陟傳，太僕曹陵。見張顥下。

2105 嚴子陵　任延傳，延，會稽都尉。高行嚴子陵等，待以師友之禮。

2106 李陵　西南夷傳，朱輔遣從事史李陵與田恭護送白狼王唐菆等詣闕。

2107 朱零　范滂傳，滂不召李頌。太守宗資遷怒，捶書佐朱零。零曰：「范滂清裁，猶以利刃齒腐朽。今日寧受笞死，而滂不可違。」

2108 滇零　西羌傳，安帝永初元年，王弘促迫發遣諸羌兵也。先零別種滇零與鍾羌諸種大爲寇掠。

〔一〕「沖」，手稿作「仲」，據後漢書改。

四年春，滇零遣人寇褒中。五年，漢陽叛人杜季貢亡從滇零。六年，滇零乃死，子零昌立。

2109 紀　靈　呂布傳，袁術遣將紀靈步騎三萬攻備，備求救於布。布是有射戟之解，一發中支。靈等皆驚言「將軍天威也」。

2110 皇子馮　獻紀，建安五年七月，立皇子馮爲南陽王。壬午，薨。孔融傳，南陽王馮薨，帝傷其早歿，欲爲修四時之祭。注：「獻帝子。」

2111 清河恭王延平　章帝八王傳，鄧太后復立樂安王寵子延平爲清河王，是爲恭王。立二十五年薨。又陳忠傳。

2112 蔡陽侯平　城陽恭王傳，十三年，封祉嫡子平爲蔡陽侯，以奉祉祀。

2113 劉　平　劉般傳。見「般」下。

2114 劉　平　字公子，楚郡彭城人。莽時爲郡吏，守菑丘長。更始時，逢餓賊，將烹，平曰：「爲老母求菜，願歸食母畢，還就死」云。後果至，賊大驚，令去之。後舉孝廉，拜濟陰郡丞。父喪，服闋，拜全椒長。有恩惠，百姓感之，或增貲就賦，或減年從役。以病免。復徵，拜議郎。永平間，拜宗正。在位八年，以老病上疏乞骸骨，卒於家。

2115 鄧　平　律曆志，邊韶論曆，引「武帝詔治曆鄧平等更建太初，〔一〕改元易朔，行夏之正。」

2116 王　平　王梁傳，堅石嗣侯，追坐父禹及弟平與楚王英謀反。楚王英傳，燕廣告英與漁陽王平等造作圖書云云。蓋延傳。杜茂傳。寒朗傳。

---

〔一〕「初」，手稿作「祖」，據後漢書改。

2117 王和平　方術傳，北海王和平，性好道術，自以當仙。

2118 吉平　耿國傳，耿紀與大醫令吉平、丞相司直韋況晃（晁）謀起兵誅曹操，不克。

2119 路平　鮑永傳，都尉路平承望王莽風旨，規欲害永。

2120 魯平　李充傳，太守魯平請署功曹，不就，乃援充以捐溝中。〔二〕後充與平同爲博士。

2121 石敬平　戴封傳，同學石敬平温病卒，封養視殯殮，送喪到家。

2122 辛評　袁紹傳，與郭圖比譚與逢紀、審配有隙。

2123 趙評　西域傳，桓帝元嘉元年，長史趙評在于寘病癰死，子迎喪，道經拘彌。王成國與于寘王建有隙，乃語其子云：「于寘王令胡醫持毒藥著瘡中，致死。」評子信之。

2124 戴憑　儒林傳，字次仲，汝南平輿人，習京氏易。年十六，郡舉明經，徵試博士，拜郎中。時詔公卿大會，羣臣皆就席，憑獨立。光武問其意，憑對曰：「博士說經皆不如臣，而坐居臣上，是以不得就席。」帝卽召上殿云云，拜爲侍中。旣解蔣遵禁錮，拜憑虎賁中郎將，以侍中兼領之。正旦朝會，帝令能說經者更相詰難，義有不通，輒奪其席，憑遂重五十餘席。語「經解不窮戴侍中」。卒官。互見蔣遵下。

2125 山陽王荆　光武十王傳，建武十五年封山陽公，十七年進爲王。荆性急刻隱害，有才能。光武崩，大行在前殿，荆哭而不哀，作飛書，封以方底，令蒼頭詐稱東海王彊舅大鴻臚郭況書與彊。彊得書惶怖，卽執其使，封上之。顯宗以荆母弟，祕其事，遣荆出止河南宮。

---

〔二〕「溝」，手稿作「講」，據後漢書改。

時西羌反，荆不得志，冀天下因羌驚動有變，私迎能爲星者與謀議。帝聞之，乃徙封廣陵，遣之國。其後荆復呼相工謂曰：「我貌類先帝」云云。又使巫祭祀詛祝，有司舉奏，自殺。立二十九年死。光烈皇后生。五行志，哭不哀。鄭衆傳。樊儵傳，儵等理荆獄，請誅。

2126 南鄉侯荆 光武十王傳，永和六年，封中山王暢弟荆爲南鄉侯。

2127 范　荆 耿純傳，擊更始東平太守荆，降之。

2128 許　荆 循吏傳，字少張，會稽陽羨人。少爲郡吏，兄子世報仇殺人，怨者操兵攻之，荆願殺身代死。怨家曰：「許掾，郡中賢者」云，遂委去。和帝時，爲桂陽太守。爲設婚喪制度，使知禮禁之。在事十二年，徵拜諫議大夫，卒於官。又見「均」、「弘」下。

2129 江　京 安思閻后紀，顯兄弟及江京、樊豐等謀廢皇太子爲濟陰王。來歙傳，大長秋江京及中常侍樊豐與王男、邴吉互相是非。又小黄門江京以讒諂進，初迎帝於邸，以功封都鄉侯。遷中常侍，兼大長秋。枉殺楊震，廢皇太子爲濟陰王。河間王傳。李固傳。孫程傳。崔瑗傳。馮魴傳。王堂傳。

2130 琅琊孝王　京 光武十王傳，建武十五年封琅琊公，十七年進爲王。性恭孝，好經學，顯宗尤愛幸。永平五年，就國。京都莒，好脩宫室，窮極伎巧。數上詩賦頌德，帝嘉美，下之史官。國中有城陽景王祠，吏人奉祀。神數下言宫中多不便利，上書願徙宫開陽，以華、蓋、南武陽、厚丘、贛榆五縣易東海之開陽、臨沂，肅宗許之。立三十一年薨，葬東海卽丘廣平亭，詔割亭屬開陽。光烈皇后生。

2131 鄧　京　鄧訓傳，訓子京。和熹后立京等皆黄門侍郎。京卒於官。

2132 趙　京　岑彭傳，秦豐相趙京舉宜城降，拜爲成漢將軍，與彭共圍豐於黎丘。

2133 卓　京　銚期傳，更始將軍卓京謀欲相率反鄴城。帝以期爲魏郡太守，行大將軍事。期發郡兵擊京，破之。京亡入山，追斬其將校數十人，獲京妻子。進擊繁陽、内黄，郡界清平。

2134 宋　京　宋意傳，父京，以大夏侯尚書教授，至遼東太守。

2135 袁　京　袁安傳，子京最知名。仲譽。習孟氏易，作難記三十萬言。至蜀郡太守。

2136 東門京　馬援傳，孝武皇帝時，善相馬者東門京鑄作銅馬獻之。董卓傳，注：「上西門外平樂館銅馬，東門京所作也。」

2137 种　暠　班固傳，初，洛陽令种暠嘗行，固奴干其車騎，吏推呼之，奴醉罵，暠大怒，畏憲不敢發，銜之。及竇氏賓客皆逮考，暠因此捕固也。詔譴責暠。傅山曰：班孟堅仗憲之勢，不約束其奴，亦至于此。文章不如勢利。

2138 黄　暠　許荆傳，太守黄暠舉孝廉。

2139 虞　經　虞詡傳，祖父經，爲郡縣獄吏，案法平允，務從寬恕，每月上狀，恆流涕隨之。嘗曰：「東海于公高爲門里。吾决獄六十年矣，雖不及于公，其庶幾乎！子孫何必不爲九卿？」故字詡升卿。

2140 晉文經　符融傳，時漢中晉文經、梁國黄子艾，並恃其才智，炫曜上京，詐託養疾，無所通接。洛中士大夫好事者，承其聲名，坐門問疾，猶不得見。三公辟召，輒訪詢之，隨所臧否，以爲與奪云云。見「艾」下。

2141 曾旍　順帝紀，陽嘉元年二月，海賊曾旍等寇會稽。〔一〕

2142 馬客卿　明德后紀，兄馬客卿，敏思早夭。馬援傳，援子客卿，幼而岐嶷，年六歲，能應接諸公，專對賓客。常有死罪逃匿者來過，客卿不令人知。援卒後，客卿亦夭歿。

2143 劉俠卿　劉盆子傳，盆子留赤眉軍中，屬右校卒史劉俠卿主芻牧牛，號曰牛吏。後樊崇等立盆子爲帝，時十五，被髮徒跣，敝衣赭汗，見衆拜，恐畏欲啼云云，復還依俠卿。俠卿爲制絳單衣、半頭赤幘、直綦履，乘軒車大馬，〔二〕赤屏泥，絳襜絡，而猶從牧兒遨。〔三〕

2144 劉能卿　劉玄傳，張卬等欲劫更始。侍中劉能卿知其謀，告之。

2145 劉長卿　列女傳，沛劉長卿卒，妻桓氏刑耳。

2146 虞長卿　馮魴傳。見季尉下。

2147 李曼卿　王昌傳，王郎詐稱子輿，云：「識命者李曼卿，與俱至蜀。」

2148 謝曼卿　賈逵傳，父徽，受毛詩於謝曼卿。衛宏傳，初，九江謝曼卿善毛詩。

2149 傅栗卿　來歙傳，破襄武賊傅栗卿。注：「屬隴西郡」。

2150 黎伯卿〔四〕　吳漢傳，率諸將擊鄴西山賊黎伯卿等，悉破諸屯聚。

2151 牛孺卿　馬援傳，援與楊廣書曰：「宜使牛孺卿與諸耆老大人共說季孟。」傅山曰：即牛邯也。

〔一〕「寇」，手稿脫，據後漢書補。
〔二〕「軒」，手稿作「鮮」，據後漢書改。
〔三〕「兒」，手稿作「而」，據後漢書改。
〔四〕「黎」，手稿作「梨」，據後漢書改。下同。

2152 徐異卿　伏湛傳，時賊徐異卿等據富平，連攻之不下，唯云「願降司徒公。」帝知湛爲青、徐所信向，遣到平原，異卿等卽日歸降。注：「異卿卽獲索賊徐少。」

2153 楊春卿　楊厚傳，祖父春卿，善圖讖學，爲公孫述將。漢兵平蜀，春卿自殺。又見「統」下。

2154 陳堅卿　陳元傳，子堅卿，有文章。

2155 桓元卿　桓榮傳，與族人桓元卿同飢戹，而榮講誦不息。元卿嗤曰：「但自苦氣力，何時復施用乎」云云。

2156 魏齊卿　黨錮傳序，見公族進階下。

2157 麴聖卿　解奴辜傳，又河南有麴聖卿，善爲丹書符劾，厭殺鬼神而使命之。

2158 吳子卿　袁紹傳，注：「英雄記：紹與吳子卿爲奔走之友。」

2159 子后蘭卿　彭寵傳，帝遣寵從弟子后蘭卿喻之，寵因留子后蘭卿，遂發兵反。疑子后蘭卿質漢歸，故不信之，使將兵居外。後韓立以子后蘭卿爲將軍。

2160 肥頭少卿　馮異傳，注：「續漢書曰：安定屬國人，本屬國降胡也。居參䜌青山中，豪帥號肥頭少卿。」

2161 回卿　盧芳傳。

2162 次卿　盧芳傳，芳詐稱：曾祖母匈奴谷蠡渾邪王之姊爲武帝皇后，〔一〕生三子。遭江充之亂，太子誅，中子次卿亡之長陵，小子回卿逃於左谷。霍將軍立次卿，迎回卿。回卿不出，

〔一〕「爲」，手稿作「皇」，據後漢書改。

固居左谷，生子孫卿，孫卿生文伯。以是言誑惑安定間。

2163 孫卿 盧芳傳。

2164 荀卿 荀淑傳。

2165 牟卿 張奐傳，牟卿牟氏章句有四十餘萬言。〔一〕

2166 長卿 馮魴傳，註：「東觀記曰：其先魏之別封曰華侯，孫長卿食采馮城，因以爲氏。」

2167 梁后女瑩 桓帝懿獻梁后瑩，順帝烈后之女弟也，冀之女，建和元年八月立爲后。冀誅，廢懿陵爲貴人冢。

2168 伏后母盈 伏后紀，曹操殺。后母盈等徙涿郡。

2169 皇女迎 顯宗女迎，隆慮公主，適耿襲。

2170 皇女小迎 顯宗女小迎，樂平公主。

2171 范升 字辯卿，代郡人。八九歲通論語、孝經，長習梁丘易、老子。莽大司空王邑辟爲議曹史。奏記于邑：「願引見，陳所懷。」又從邑稱病乞身，不聽，令乘傳使上黨。升遂與漢兵會，因留而不還。建武二年，徵詣懷宮，〔二〕拜議郎，遷博士。時尚書令韓歆欲爲費氏易、〔三〕左氏春秋立博士。四年正月，朝公卿、博士，見於雲台。升曰：「左氏不祖孔子，無因得立」云云。遂與韓歆、許淑辯難。退奏「左、費二學，無有本師」云云。

〔一〕「牟卿牟氏章句」，手稿作「牟氏牟卿章句」，據後漢書與文義改。

〔二〕「宮」，手稿作「公」，據後漢書改。

〔三〕「易」，手稿無，據後漢書補。

奏「左氏之失凡十四事」。又上太史違戾五經，謬孔子言，及左氏不可錄三十一事。後爲出妻告，坐繫，出。永平中爲聊城令，免，卒於家。周黨傳，博士范升奏毀黨曰：「伏見周黨，文不能演義，武不能死君，釣采華名，庶幾三公之位」云云。楊政傳，范升爲出婦所告，坐繫獄，政肉袒，箭貫耳，候車駕，持章叩頭云云。詔曰：「乞楊生師。」即尺一出升。祭遵傳，博士范升疏，稱遵功。鄭玄傳。

2172 鮑　升　五十八卷。又鮑永傳。見趙興傳。

2173 蓋　升　橋玄傳，時大中大夫蓋升與帝有舊恩，〔一〕前爲南陽太守，臧數億以上。玄奏免升，帝不從，而遷升侍中。

2174 蓋　升　蔡邕傳，屯騎校尉蓋升。見趙玹下。

2175 張　升　字彦眞，陳留尉氏人，富平侯放之孫也。升少好學，多關覽，而任情不羈。仕郡爲綱紀，以能出守外黄令。吏有受財，即論殺之。遇黨錮去官，後竟見誅，年四十九。著賦、誄、頌、碑、書，凡六十篇。陳留老父傳，守外黄令陳留張升去官歸鄉里，道逢友人，共班草而言。升曰：「趙殺鳴犢，仲尼臨河而反」云云。相抱而泣。

2176 許　升　列女傳，少爲博徒，不理操行，以妻榮，感激自勵，尋師遠學，遂以成名。

2177 陶　升　袁紹傳，黑山賊覆鄴城。賊有陶升者，自號「平漢將軍」，獨反賊，將部衆踰西城入，閉府門，具車重，載紹家及諸衣冠，送到斥丘。紹以陶升爲建義中郎將。〔二〕

〔一〕「帝」，手稿作「弟」，據後漢書改。
〔二〕「義」，手稿作「議」，據後漢書改。

2178 戴升 東夷傳，建武二十三年冬，句驪蠶支落大加戴升等萬餘口詣樂浪郡内屬。

2179 帥升 東夷傳，安帝永初元年，倭國王帥升等獻生口百六十人，願請見。

2180 朱倀 丁鴻傳，門人九江朱倀至公卿。劉愷傳，陳忠疏曰：「太常朱倀能説經書而用心褊狹」云，「忠父寵爲司空時，倀爲掾屬。」周舉傳。

2181 王青 張酺傳，郡吏王青，先衛都尉，被矢貫咽，音聲流喝。酺嘆息曰：「豈有一門忠義而爵賞不及？」遂擢用極右曹，乃上疏薦青三世死節云云，由此爲司空所辟。注：「東觀記：青除步兵司馬。酺傷青不遂，復舉其子孝廉。」

2182 郭禎 郭鎮傳，鎮子賀之弟禎，亦以能法律至廷尉。

2183 丘禎 荀淑傳，注：「潁陰令丘禎謚靖玄行先生。」

2184 皇甫禎 橋玄傳，上邽令皇甫禎有贓罪，玄收考笞，死於冀市。

2185 劉禎 劉梁傳，孫禎，以文才知名。

2186 劉丁 彭城王傳，注：「東觀記：恭子丁前物故，酺慢侮丁小妻，恭怒，閉酺馬廄，酺亡，詣彭城縣欲上書，〔一〕恭遣人曉令歸，酺自殺。」

2187 魯陽鄉侯丁 彭城考王道傳，注：「東觀記：道弟丁爲魯陽鄉侯。」

2188 山冰 竇武傳，奏免黃門令魏彪，以所親小黃門山冰代之。使冰奏素狡猾尤無狀者長樂尚書

〔一〕「詣」，手稿作「諸」，據後漢書改。

2189 韓　珩　鄭颯，送北寺獄。事變，曹節使王甫收尹勳、山冰。冰疑，不受詔，甫格殺冰。袁紹傳，焦觸驅率諸郡太守背袁向曹，殺白馬盟，令曰：「違者斬！」至别駕代郡韓珩，曰：「吾受袁公父子厚恩」云云，「北面曹氏，所不能爲也！」觸曰：「舉大事，當立大義。可卒珩志，以勵事君。」曹操屢辟不至，卒於家。

2190 車利涿兵　匈奴傳，章帝元和二年正月，北匈奴大人車利涿兵等亡來入塞，凡七十三輩。時北虜衰耗。

2191 鮮　堂　輕　匈奴傳，章帝元和二年。屯屠何單于上言：「又今月八日，新降右須日逐鮮堂輕從虜庭遠來詣臣，言北虜諸部多欲内顧」云云。

# 卷一百八十三　東漢書姓名韻（十）

## 平聲

### 十九尤

2192 陳　收　光武紀，伯升招新市、平陵兵，與其帥王鳳、陳收西擊長聚。

2193 嚴　尤　光武紀，初，光武爲舂陵侯家訟逋租於尤，尤見而奇之。注：「東觀記：爲季父故舂陵侯詣大司馬府，訟逋租云云，尤止車獨與上語。」又齊武王傳。劉玄傳，劉望略有汝南。王莽納言將軍嚴尤既敗於昆陽，往歸之。王常傳，莽遣嚴尤、陳茂擊破下江兵。東夷傳，見句驪侯騶下。烏桓傳，王莽欲擊匈奴，使東域將嚴尤領烏桓、丁令兵屯代郡，皆質其妻子於郡縣。

2194 李　尤　來歙傳，歷要結諫議大夫李尤。文苑傳，字伯仁，廣漢雒人也。少以文章顯。和帝時，受詔作賦，拜蘭台令史。安帝時爲諫議大夫，受詔與劉珍等俱撰漢紀。太子廢爲濟陰王，尤上書諫事。順帝立，遷安樂相。年八十三卒。著詩、賦、銘、誄、頌、七歎、哀典凡二十八篇。

2195 張　遊　光武紀，建武十二年，九真徼外蠻夷張游率種人内屬，封爲歸漢里君。又南蠻傳。

2196 周遊　隗囂傳，囂復遣使周遊詣闕。先到馮異營，遊爲仇家所殺。

2197 馬少遊　馬援傳，援謂官屬曰：「吾從弟少游常哀吾慷慨多大志。」

2198 弓里遊　馮衍傳，注：「東觀記曰：遣騎都尉弓里遊等拜田邑爲上黨太守。」

2199 尹由　光武紀，建武十四年秋九月，平城人賈丹殺盧芳將尹由來降。王霸傳，霸與杜茂會攻盧芳將尹由於崞、繁時，〔一〕不克。杜茂傳，鴈門人賈丹等爲尹由所略，由以爲將帥，與共守平城。丹等聞盧芳敗，共殺由詣郭涼降。

2200 宋由　章帝紀，元和三年，大司農宋由爲太尉，代鄭弘。注：「由字叔路，長安人。」和帝紀，永元四年七月己丑，太尉宋由坐憲黨自殺，尹睦代之。」宋弘傳，嵩子由，章和間爲太尉，坐阿黨竇憲，策免歸本郡，自殺。何敞傳，辟太尉宋由府。袁安傳，與太尉宋由諫北征云云。由懼，不敢復署議。竇憲上立阿佟爲北單于，宋由與太常丁鴻、光祿勳耿秉等議可許。袁安封事曰：「章和之初，北塞降者十餘萬人，議者欲置之濱塞，東至遼東，太尉宋由、光祿勳耿秉皆以失南單于心，不可。今由、秉實知舊議，〔二〕而欲背棄先恩」云云。竇氏敗，帝追思前議者邪正之節，策免由。宋登傳，父由，爲太尉。

2201 馮由　皇女王，適黃門侍郎馮由。馮勤傳，奮弟由，黃門侍郎，尚平邑公主。

2202 來由　來歙傳，帝嘉歙忠節，復封弟由爲宜西侯。

2203 臧由　臧宮傳，永寧元年，鄧太后紹封臧松弟由爲朗陵侯。

〔一〕「時」，手稿作「峙」，據後漢書改。

〔二〕「今」，手稿作「令」，據文義改。「舊」，手稿作「奮」，據後漢書改。

2204 李　由　朱祐傳，使御史中丞李由持璽書招秦豐，豐出惡言。

2205 楊　由　方術傳，楊由字哀侯，蜀郡成都人。〔一〕少習易，並七政、元氣、風雲占候。爲郡文學掾。有大鵲夜集庫樓上，太守問，由對曰：「郡當有小兵。」又有風吹削哺，由對曰：「當有薦木實者，其色黄赤。」頃之，五官掾獻橘數包。又嘗從人飲，勑御者曰：「酒三行，便宜嚴駕。」後主人舍有鬭相殺者。著書十餘篇，名曰其平。

2206 徐　由　西域傳，順帝永建四年，于寘王放前殺拘彌王興，自立其子爲拘彌王，而遣使貢獻。敦煌太守徐由上求討之，帝赦其罪，令歸拘彌國，放前不肯。陽嘉元年，徐由遣疏勒王臣槃擊于寘，破之，更立成國爲拘彌王而還。

2207 劉　繇　獻帝紀。桓曄傳，注：「東觀記：曄到吳郡，揚州刺史劉繇振給穀食衣服，悉不受。」許劭傳，復投揚州刺史劉繇於曲阿。及孫策平吳，劭與繇南奔豫章。劉寵傳，方二子：一繇字正禮，興平中爲揚州牧、振威將軍。時袁術據淮南，繇乃移居曲阿。中國喪亂，士友南奔，繇攜接收養，與同優劇。術遣孫策攻破繇，奔豫章，病卒。袁術傳。又見笮融下。

2208 鍾　繇　楊震傳，楊牧孫奇，與黄門侍郎鍾繇誘傕部曲將宋曄、楊昂令反傕。鍾皓傳，孫繇，建安中爲司隸校尉。荀彧傳，彧進計謀士鍾繇。董卓傳，注：「封尚書僕射鍾繇爲列侯。」

〔一〕「都」，手稿作「郡」，據後漢書改。

2209 賁　休　光武紀，建武四年，董憲將賁休以蘭陵城降，憲圍之，城陷。蓋延傳，董憲將賁休舉蘭陵城降。憲聞之，自郯圍休。帝勑直擣郯，則蘭陵自解。延等以休城危，遂先赴之。憲逆戰陽敗，延等逐退，因拔圍入城。明日，憲大出兵合圍，延等懼，遽出突走，因往攻郯。帝讓之云云。至郯，果不能克，而董遂拔蘭陵，殺賁休。

2210 孔　休　卓茂傳，茂與同郡孔休等六人同志，不仕莽。休字子泉，哀帝初，守新都令。莽秉權，休去官。及篡，遣使賫玄纁、束帛，請爲國師，遂歐血託病，杜門自絕。朱暉傳，注：「東觀記：暉外祖父孔休，以德行稱於代。」

2211 何　休　儒林傳，字邵公，任城樊人。質朴訥言，精研六經，以列卿子詔拜郎中，非其好，辭病去。不仕州郡。陳蕃辟之。蕃敗，休坐廢錮，作春秋公羊解詁，覃思不闚門，十有七年。註孝經、論語、風角七分，皆經緯典謨，不與守文同説。又以春秋駮漢事六百餘條。善歴算，作公羊墨守、左氏膏肓、穀梁廢疾。黨禁解，辟司徒，拜議郎，遷諫議大夫。年五十四，光和五年卒。史弼傳，議郎何休訟弼有幹國之器。鄭玄傳，時任城何休著公羊墨守、左氏膏肓、穀梁廢疾；乃發墨守，針膏肓，起廢疾。休見而嘆曰：「康成入吾室，操吾戈，以伐我乎！」

2212 召　休　召訓傳，孫休，位至青州刺史。

2213 韓恬休　逸民傳，康一名恬休。

2214 金元休　呂布傳，金尚字。見「尚」下。

2215 韋　休　呂布傳，注：「典略：金元休與同郡韋休、第五文休俱著名，號『三休』。」

2216 第五文休

2217 連　休　鮮卑傳，和帝元初四年，遼西鮮卑連休等燒塞門，寇百姓。烏桓大人于秩居與連休有宿怨，共郡兵擊，破之。

2218 朱　浮　光武紀，建武二十年六月庚寅，太僕朱浮爲大司空，代竇融。二十二年十月壬子，大司空浮免，杜林代之。律曆志，建武八年，太僕朱浮上言曆不宜改更。彭寵傳，譖寵。杜林傳，代朱浮爲大司空。張純傳，建武十九年，與浮共奏言宗廟之序。二十年，代浮爲太僕。又循吏傳序。字叔元，沛國蕭人。初從光武爲大司馬主簿，遷偏將軍，從破邯鄲，拜大將軍，爲幽州牧，守薊城。建武二年，封武陽侯。浮年少有才，頗欲勵風迹，收士心，辟召州中名宿涿郡王岑之屬，以爲從事，及莽時故吏二千石，皆引置幕府，乃多發諸郡倉穀，贍其妻子。漁陽太守彭以爲天下未定，不宜多置官屬，以損軍實，不從其令。浮性矜急自多，頗不平，因以峻文詆之云云。浮密奏寵多聚兵穀，意計難量，寵遂攻浮。城中粮盡，會耿況救浮，浮得遁去，以身免。尚書令侯霸奏當伏誅，帝不忍，以浮代賈復爲執金吾，封父城侯。二十二年，坐賣弄國恩免。二十五年，徙封新息侯。帝以浮陵轢同列，每銜之。永平中，有人單辭告浮事者，〔二〕顯宗怒，賜死。范曄曰：「朱浮議諷苛察欲速之弊，然矣，焉得長者之言哉！」傅山曰：彭寵之釁浮實有罪，其死也償寵耳。

2219 朝陽侯浮　泗水王傳，宜春侯匡子浮嗣，封朝陽侯。

〔二〕「辭」，手稿作「亂」，據後漢書改。

2220 陳　浮　陳俊傳，俊卒，子浮嗣，徙封蘄春侯。

2221 堅　浮　堅鐔傳，合肥侯鴻卒，子浮嗣。

2222 丁　浮　丁鴻傳，湛卒，子浮嗣。

2223 黄　浮　陳蕃傳，東海相黄浮，誅殺下邳令徐宣。單超傳，汝南黄浮爲東海相，收徐宣家屬，無少長悉考之。掾史爭之，浮曰：「徐宣國賊，今日殺之，明日坐死，足以瞑目。」即按宣罪棄市，〔一〕暴其尸。徐黄訴怨於帝，帝大怒，浮坐髡鉗，輸作右較。

2224 趙　浮　袁紹傳，馥從事趙浮、程渙將强弩萬人屯孟津，〔二〕聞馥以冀讓紹，馳還，請以拒紹，不聽。

2225 成公浮　戴就傳，揚州刺史歐陽參奏太守成公浮贓罪，後徵還京師，免歸鄉里。

2226 鄧　彪　章帝紀，建初六年六月癸巳，以大司農鄧彪爲太尉，代鮑昱。元和元年八月甲子，太尉彪罷，鄭弘代之。和帝紀，以彪爲太傅，錄尚書事。永元五年二月甲寅，太傅鄧彪薨。字智伯，南陽新野人，太傅禹之曾孫也。讓父封鄳爵於弟荆鳳。仕州郡，辟公府，五遷桂陽太守。永平十七年，徵入爲太僕。數年後，母喪，辭疾，詔以光祿大夫行服。竟，拜奉車都尉，遷大司農。數月，代鮑昱爲太尉。元和元年，賜策罷，贈錢三十萬，在所以二千石奉終其身。又詔太常四時致宗廟之胙，河南尹遣丞存問，常以八月旦奉

〔一〕「宣」，手稿作「軍」，據後漢書改。
〔二〕「程渙」，手稿作「先」，據後漢書改。

羊、酒。和帝卽位，爲太傅，錄尚書事，賜爵關中侯。永元中，竇氏驕縱，彪在位修身而已，不能有所匡正。又嘗奏免御史中丞周紆，紆前失竇氏旨，故頗以此致譏，然當時宗其禮讓。竇氏誅，以老病上還樞機，詔賜養牛酒而許焉。五年春，薨。周紆傳，奏紆在任過酷，不宜典司京輦。竇憲傳，以前太尉鄧彪有義讓，先帝所敬，而仁厚委隨，故尊崇之，以爲太傅，令百官總己聽。所施爲，輒外令彪奏，內白太后，事無不從。鄭弘傳，元和元年，代鄧彪爲太尉。鄭興傳，建初六年，鄭衆代鄧彪爲大司農。劉愷傳，賈逵上書論劉愷讓國，曰：「近有陵陽侯丁鴻、鄳侯鄧彪。注：「彪讓國於荆鳳。」

2227 張彪

桓帝紀，延熹二年八月丁丑，詔司隸校尉張彪將兵圍冀第。梁冀傳，使黃門令具瑗與司隸校尉張彪共圍冀第。楊秉傳，七年，南巡園陵。南陽太守張彪與帝微時有舊恩，以車駕當至，因傍發調，多以入私。秉下書責讓荆州刺史。

2228 楊彪

獻帝紀，大中大夫楊彪，永漢年九月丙戌爲司空，代董卓也。十二月戊戌，司空楊彪爲司徒，代黃琬也。初平元年二月乙亥，司徒楊彪免，王允代之。三年九月甲申，光祿大夫楊彪爲司空，代淳于嘉也，並錄尚書事。建安元年九月，太尉彪罷。趙典傳，趙溫代楊彪爲司空。王允傳，代楊彪爲司徒。董卓傳，卓與司空楊彪追理陳竇及黨人。卓欲遷都，殺伍瓊、周珌。彪恐懼，詣卓謝云。卓亦悔殺瓊等，故表黃琬、楊彪爲光祿大夫。袁紹傳，紹檄楊彪歷典二司，元綱極位。許劭傳。本傳，字文先，少傳家學。熹平，以博習舊聞，公車徵拜議郎，遷侍中、京兆尹。發王甫使門生辜榷之姦，言之司隸。楊球徵還爲侍中、五官中郎將，遷潁川、南陽太守，復拜侍中，三遷永樂少府、太僕、衛尉。中平六年，代董卓爲司空，其冬，代黄琬爲司徒。明年，關東兵起，卓欲遷都，彪曰：「天下動之至易，安之甚難」云云。卓使司隸校尉宣播以災異奏免彪與黄琬等，詣闕謝，卽拜光禄大夫。十餘日，遷大鴻臚。從入關，轉少府、太常，以病免。後爲京兆尹、光禄勳，再遷光禄大夫。三年秋，代淳于嘉爲司空，以地震免。復拜太常。興平元年，代朱儁爲太尉，録尚書事。傕、汜之亂，彪盡節衛主，崎嶇難危之間，幾不免於害。及車駕還洛陽，復守尚書令。建安元年，從東都許。時袁術僭亂，曹操託彪與術婚姻，奏收下獄，劾以大逆。孔融爭之，操不得已，理出彪。四年，復拜太常，十年免。見漢祚將終，遂稱脚攣不復行。魏受禪，欲以彪爲太尉，彪辭曰：「漢三公，遭世傾亂，不能有所補益。耄年被病，豈可贊惟新之朝？」固辭。乃授光禄大夫，賜几杖衣袍，因朝會引見，令彪著布單衣、鹿皮冠，杖而入，待以賓客之禮。年八十四，黄初六年卒於家。

2229 宣　彪

宣秉傳，子彪爲郎。

2230 竇　彪

竇固傳，固子彪，至射聲校尉，先固卒，無子，國除。

2231 班　彪

字叔皮，扶風安陵人。更始敗，三輔亂，時避難從囂。囂問曰：「從横之事復起於今乎？將承運迭興，在一人也？願論之」云云。「方今雄傑帶州域者，皆無七國世業之資，而百姓謳吟，思仰漢德，已可知矣。」囂疾之，彪又著王命論以感之，而囂不聽，遂避地河西。竇融以爲從事，爲融畫策事漢。及融徵還，光武問曰：「所上章奏，誰與參之？」對曰：「皆從事班彪所爲。」帝雅聞彪材，召見，舉司隸茂才，拜徐令，以病免。才高好述作，遂專心史籍。乃繼採前史遺事，旁貫異聞，作後傳數十篇，因斟酌前史而譏正得失。復辟司徒玉況府。〔二〕上言宜博選明儒，爲太子太傅，東宮及諸王國，備置官屬云云。後察司徒廉爲望都長。年五十二，卒官。蘇竟傳。尹敏傳，敏與彪善，每相遇，輒日旰忘食，夜分不寢。王充傳。西羌傳，建武九年，司徒掾班彪言：「今涼州部皆有降羌，與漢人雜處，數爲小吏黠人所見侵奪，窮恚無聊，故反叛。舊制益州部置蠻夷騎都尉，幽州部置領烏桓校尉，涼州部置護羌校尉，皆持節領護，理其怨結。又數遣使譯通動靜，使塞外羌夷爲吏耳目。宜復如舊。」從之。二十八年，〔三〕北匈奴獻馬及裘，更乞和親，並請音樂，又求率西域諸國胡客與俱獻見。帝下三府議酹答之宜。司徒掾班彪奏曰：「臣聞孝宣帝勑邊守尉曰：『匈奴大國，多變詐。交接得其情，則卻敵折衝；應對入其數，則反爲輕欺。』今北匈奴見南單于來附，懼謀其國，故數乞和親，又遠驅牛馬與漢合市，重遣名王，多貢獻，斯皆外示富强，以相欺誕也。臣見其獻益重，知其國益虛，歸親愈數，爲懼愈多。然今既未獲助南，則亦不宜絕北，羈縻之義，禮無不答。謂可頗加賞賜，略與所獻相當，明加曉告以前世呼韓邪、郅支行事。報答之辭，必令有適。今立草藁並上」云云。烏桓傳，班彪上言：「烏桓天性輕黠，好爲寇賊，若久放縱而無總領者，必復侵掠居人，但委主降掾史，恐非所能制。以爲宜復置烏桓校尉，誠有益於附集，省國家之邊慮。」從之。於是始復置校尉於上谷甯城，開營府，並領鮮卑，賞賜質子，歲時互市焉。

〔二〕「玉」，手稿作「王」，據後漢書改。
〔三〕「八」，手稿作「七」，據後漢書改。

2232 蓋　彪　蓋勳傳，注：「祖父彪，大司農。」

2233 賈　彪　字偉節，潁川定陵人。與同郡荀爽齊名。初仕州郡，舉孝廉，補新息長。嚴禁不養子，與殺人同罪。數年間，養者千數，僉曰「賈父所長」。延熹九年，〔二〕入洛陽，說竇武、霍諝，武等訟之，桓帝大赦黨人。李膺曰：「吾得免此，賈生之謀也。」以黨禁錮，卒於家。彪兄弟三人，並有高名，而彪最優，天下稱曰「賈氏三虎，偉節最怒」。李固傳，時荀爽、賈彪，雖俱知名而不相能，爕並交二子，情無適莫，世稱其平正。

2234 魏　彪　竇武傳，奏免黄門令魏彪。

2235 高　彪　文苑傳，字義方，吳郡無錫人。游太學。有雅才而訥於言。常從馬融欲訪大義，融疾不獲見，遺融書譏刺之。融省慙，退還，彪去不顧。後舉孝廉，試經第一，除郎中，校書東觀，數奏賦、奏奇文，靈帝異之。後遷内黄令，帝勅同僚臨送，祖於上東門，詔東觀畫彪像以勸學者。到官，有德政。病卒於官。子岱，亦知名。

2236 王　彪　南匈奴傳，和帝永元十二年，以朔方太守王彪行度遼將軍。安帝永初三年冬，彪卒。

2237 李　脩　安帝紀，永初五年正月丙申，光禄勳李脩爲太尉，代張禹。元初元年九月乙丑，脩罷，司馬苞代之。樊儵傳，弟子潁川李脩，爲三公。虞詡傳，詡祖父服闋，辟太尉李脩府，拜郎中。注：「漢官儀曰：脩字伯游，襄城人。」鄧騭議棄涼州，詡聞之，說脩以棄涼非計。李膺傳，祖父脩，安帝時爲太尉。鍾皓傳，李膺祖太尉脩。見鍾瑾下。

〔二〕「熹」，手稿作「元」，據後漢書改。

2238 盛　脩　桓帝紀，延熹五年，長沙、零陵賊起，遣御史中丞盛脩督兵討之，不尅。度尚傳，御史中丞盛脩討長沙、零陵賊，不能尅。

2239 張　脩　靈帝紀，光和二年七月，使匈奴中郎將張脩有罪，下獄死。注：「擅殺單于呼徵，更立羌渠爲單于。故坐死。」南匈奴傳，靈帝光和二年，中郎將張脩與單于呼徵不相能，脩擅斬之，更立右賢王羌渠爲單于。脩以不先請擅殺，檻車徵詣廷尉抵罪。

2240 張　脩　靈帝紀，中平元年七月，巴郡妖巫張脩反，寇郡縣。劉焉傳，注：「典略曰：熹平中，妖賊，漢中有張脩，爲太平道。張角被誅，脩亦亡。」劉焉傳，張魯與別部司馬張脩將兵掩殺漢中太守蘇固。魯既得漢中，遂復殺脩，並其衆。

2241 吳　脩　獻帝紀，初平元年六月，將作大匠吳脩等安集關東，被殺。

2242 陰　脩　獻帝紀，初平元年六月，少府陰脩安集關東，被殺。

2243 皇女脩　桓帝女脩，陽翟長公主。

2244 太史令脩　律曆志，論月食，光和二年，太史令脩、部舍人張恂推計行度，以爲三月近，四月遠。奏廢誠術。

2245 陳　脩　蓋延傳，破劉永沛郡太守，斬之。注：「東觀記曰：沛郡太守陳脩也。」

2246 石　脩　耿恭傳，以恭司馬石脩爲洛陽市丞。

2247 萬　脩　右將軍槐里侯萬脩字君游，扶風茂陵人。更始時，爲信都令，與太守任光、都尉李忠共城守，迎世祖，〔一〕拜偏將軍，封造義侯。及破邯鄲，拜右將軍，從平河北。建武二年，更封槐里。與堅鐔擊南陽，未尅而卒於軍。

2248 薛　脩　趙熹傳，坐考中山相薛脩事不實免。注：「光武子中山王相也。」

2249 何　脩　何敞傳，注：「東觀記曰：何脩生成。」

2250 牢　脩　黨錮傳序，張成弟子牢脩因上書誣告李膺等養太學遊士，交接諸郡生徒，更相馳驅，共爲黨部云云。又竇武傳。

2251 彭　脩　獨行傳，字子陽，會稽毗陵人。十五爲郡吏。時拔佩刀持盜曰：「父辱子死」云云，後州辟從事。守吳令，與太守俱出討賊，飛矢雨集。脩障扞太守，而中流矢死。賊素聞其恩信，卽殺弩中脩者，餘悉降散。曰：「自爲彭君故降，不爲太守服也。」

2252 王　脩　袁紹傳，譚攻尚，戰敗，還南皮。別駕王脩率吏人自青州往救譚，譚問計，脩曰：「棄兄弟而不親，天下其誰親之」云云。譚不從。

2253 楊　脩　楊彪傳，脩字德祖，好學，有俊才，爲曹操主簿。常出行，籌操有問外事，乃逆爲答記，勅守舍兒：「若有令出，依次通之。」既而果然。如是者三，操怪其速，使廉之，知狀，於此忌脩。且以袁術之甥，慮爲後患，遂因事殺之。注：「續漢書曰：有白脩與臨淄侯植飲醉共載，從司馬門出，謗訕鄢陵侯章。操大怒，遂收殺之。」禰衡傳。

2254 楊整脩　董卓傳，注：「九州春秋：胡文才、楊整脩皆王允素所不善。」互見胡文才下。

2255 王　稠　順帝紀，陽嘉二年三月，使匈奴中郎將王稠率左骨都侯等擊鮮卑，破之。

〔一〕「迎」手稿作「追」，據後漢書改。

2256 公綦稠 靈帝紀，中平四年六月，漁陽人張純等叛，殺護烏桓校尉公綦稠。

2257 樊　稠 獻帝紀，初平三年五月，卓部曲將樊稠等反。互見「傕」、「汜」下。興平二年三月，李傕殺樊稠。朱儁傳，李傕徵儁。儁曰：「傕、汜小豎，樊稠庸兒，無他遠略。」後李傕殺樊稠。董卓傳，傕西向長安，與卓故部曲樊稠、李蒙等合。後傕使樊稠等與韓遂等戰，遂等走還涼州，稠等追之。遂使人語稠曰：「天下反復未可知，相與州里，雖小違，要當大同，〔一〕欲共一言。」乃駢馬交臂相加。李利告之，傕、稠於是相猜疑。猶加稠及汜開府，與三公合爲六府。後傕因會刺殺稠於坐。

2258 箕　稠 劉虞傳，張純等與烏桓大人共連盟，攻薊下，〔二〕殺烏桓校尉箕稠。

2259 陸　稠 陸續傳，長子稠，廣陵太守。

2260 趙　稠 鮮卑傳，順帝陽嘉二年春，匈奴中郎將趙稠遣從事將南匈奴骨都侯夫沈等，出塞擊鮮卑，破之。

2261 蔡伯流 順帝紀，永和三年四月，九江賊蔡伯流寇郡界。後降於應志。

2262 皇女禮劉 光武女禮劉，封清陽公主。

2263 馬　留 馬嚴子。

2264 馮　留 馮勤傳，平陽侯卯卒，子留嗣。

2265 齊鍾留 孔奮傳，奮爲武都郡丞，率厲氐人大豪齊鍾留等要擊賊隗茂，禽滅之。又西南夷傳，

〔一〕「當」，手稿作「常」，據後漢書改。
〔二〕「攻」，手稿作「共」，據後漢書改。

建武初，氐人大豪齊鍾留爲種類所敬信，威服諸豪，與郡丞孔奮共擊斬隗茂。後亦時爲寇，郡縣破討之。

2266 延　留　西域傳，莎車王賢以大宛貢稅減少，自將諸國兵攻大宛，王延留迎降。

2267 陳　球　桓帝紀，見胡蘭下。靈帝紀，熹平六年七月，衛尉陳球爲司空，代劉逸也。十一月，司空陳球免，陳躭代之。光和元年九月，太常陳球爲太尉，代張顥也。十一月，太尉陳球免，橋玄代之。二年十月，永樂少府陳球謀誅宦官，下獄死。字伯眞，下邳淮浦人。少涉儒學，善律令。陽嘉中，舉茂才，稍遷繁陽令。魏郡太守諷求納賄，〔二〕球不與。復辟公府，舉高第，拜侍御史，楊秉表爲零陵太守。平賊李研，與度尚共破斬朱蓋、胡蘭等，遷魏郡太守。徵拜將作大匠，作桓帝園陵，省巨萬以上。遷南陽太守，以糾舉豪右獲謗，徵詣廷尉。會赦，歸，徵拜廷尉。熹平元年，竇太后崩，曹節等欲別葬，而以馮貴人配祔，球首操筆下議。六年，遷司空，以地震免。拜光祿大夫，復爲廷尉、太常。光和元年，遷太尉，以日食免。復拜光祿大夫。明年，爲永樂少府，譖與司徒劉郃謀誅宦官。下獄死。度尚傳，朱蓋等攻零陵，太守陳球固守拒之。橋玄傳，與球有隙，而薦球爲廷尉。又左雄傳。

2268 陽　球　靈帝紀，光和二年十月，衛尉陽球謀誅宦官，下獄死。橋玄傳，玄少子被劫質，司隸校尉陽球等圍玄家，球等恐殺其子，未欲迫，球瞋目大呼云云。楊彪傳，彪發王甫辜榷之姦，言之司隸，校尉陽球奏誅甫。陳球傳，球書與劉郃曰：「今可表徙衛尉陽球

〔二〕「求」，手稿作「球」，據後漢書改。

2269 程球

爲司隸校尉，以次收節等。」後與郃下獄死。蔡邕傳，邕叔父質與球有隙，邕徙朔方。球使客追刺邕，客感其義，不爲用云云。酷吏傳，字方正，漁陽泉州人。能擊劍，習弓馬，好申韓之學。郡吏有辱其母者，球結少年數十人，殺吏，滅其家，由是知名。舉孝廉，補尚書侍郎。出爲高唐令，郡以嚴苛過理，收舉，會赦見原。司徒劉寵府，舉高第。拜九江太守，破殄山賊，收郡中姦吏盡殺之。遷平原相。天下旱，坐嚴苦，徵詣廷尉。靈帝以九江有功，拜議郎。遷將作大匠。頃之，拜尚書令。奏罷鴻都文學，不省。時中常侍王甫等姦虐弄權，球嘗拊髀曰：「若賜球爲司隸，此曹子安得容乎？」光和二年，遷司隸校尉。詣闕謝恩，奏收甫及中常侍淳于登、袁赦、〔二〕封昻、中黃門劉毅、小黃門龐訓、朱禹、齊盛等，及子弟爲守令者，姦猾，罪合滅族。太尉段熲諂附佞幸，宜並誅戮。於是悉收甫、熲等送洛陽獄。球自臨考甫。父子死杖下，熲亦自殺。球既誅甫，復欲以次表曹節等。後節奏球不宜司隸，帝徙球爲衛尉。球被召急，因求見帝，叩頭曰：「臣無清高之行，橫蒙鷹犬之任。願假臣一月，必令豺狼鴟梟，各服其辜。」叩頭流血。殿上呵叱再三，乃受拜。其冬，司徒劉郃與球議收張讓等，共誣白郃等，遂收球送洛陽獄，誅死。又蘇章傳。段熲傳。呂强傳。傳燮傳，時涼州刺史耿鄙委任治中程球，球爲通姦利，士人怨之。中平四年，鄙率六郡兵討金城賊王國等。燮諫曰：「使君統政日淺，人未知教。萬一内變，雖悔無及。」鄙不從。行至狄道，果有反者，先殺程球，次害鄙，賊遂進圍漢陽。

〔二〕「袁」，手稿作「表」，據後漢書改。

2270 王球　王允傳，太守王球欲用路佛，允固爭，球欲殺允。

2271 劉求　劉玄傳，玄三子：一曰求，兄弟與母東詣洛陽，帝封求爲襄邑侯，奉更始祀，後徙封成陽侯。〔一〕

2272 護于丘　南匈奴傳，永平二年，北匈奴護于丘率衆千餘人來降。

2273 裴優　桓帝紀，和平元年二月，扶風妖賊裴優自稱皇帝，伏誅。張霸傳，時關西人裴優亦能爲三里霧，自以不如楷，從學之，楷不見。後行霧作賊，事覺，〔二〕引楷言從學術。

2274 張攸　楊秉傳，注：「謝承書：秉奏：侯參、牂柯男子張攸，居爲富室，參横加非罪，云造訛言，殺攸家八人，沒入廬宅。」

2275 荀攸　何進傳，徵智謀士荀攸等。荀彧傳，進計謀士從子攸。攸字公達。鄭太傳，太謂荀攸曰：「何公未易輔也。」

2276 許攸　荀彧傳，孔融曰：「許攸智計之士爲其謀。」彧曰：「貪而不正。」注：「先賢行狀：許攸字子遠。」袁紹傳，紹攻許，以南陽許攸爲謀主，〔三〕紹遣淳于瓊北迎粮。許攸進曰：「操兵少而悉師拒我，許下勢必空弱」云云。不從。會攸家犯法，審配收繫之，攸不得志，奔操，說使襲淳于瓊等。

2277 魏攸　劉虞傳，瓚築京於薊城以備虞。虞密謀討之，以告東曹掾右北平魏攸。攸曰：「今天

〔一〕「成」，手稿作「咸」，據後漢書改。
〔二〕「覺」，手稿作「學」，據後漢書改。
〔三〕「謀主」，傅山全書初版本誤作「主謀」，據手稿改。

下引領，以公爲歸，謀臣爪牙，不可無也。瓚文武才力足恃，雖有小惡，固宜容忍。」虞乃止。頃之攸卒，而積忿不已。

2278 夏　牟　靈帝紀，諫議大夫夏牟爲左校尉。袁紹傳，八校尉，注：「諫議大夫夏牟爲左校尉。」

2279 山陽公秋　獻帝紀，山陽公瑾薨，子秋立二十年，永嘉中爲胡賊殺，國除。

2280 劉千秋　陳思王傳，注：「封鈞弟千秋新平侯。」

2281 沛王廣　光武十王傳，安帝詔廣祖母周領王家事。周明正有法禮，[一]漢安中薨，順帝詔曰：

祖母周　「沛王祖母太夫人周，秉心淑慎，導王以仁，使光祿大夫贈以妃印綬。」

2282 譙　周　五行志，譙周撰建武以來災異。

2283 楊　周　馮異傳，時楊周據谷口。

2284 秦　周　黨錮序，廚秦周，字平王，陳留平丘人，北海相。

2285 唐　周　皇甫嵩傳，張角弟子濟南唐周上書告馬元義等謀。以周章下三公、司隸。

2286 史　侯　何后紀，皇子辨，養史道人家，號史侯。

2287 董　侯　何后紀，皇子協，號董侯。

2288 李文侯　董卓傳，先零羌立李文侯爲將軍。互見「王」下。三年，韓遂殺文侯。

2289 壽光侯　解奴辜傳，章帝時有壽光侯，能劾百鬼衆物，令自縛見形。鄉人婦中魅，侯爲劾之，得大蛇數丈，死門外。又有神樹，人止者死，鳥過者墜，侯復劾之，樹盛夏枯落，大

---

[一]「禮」，手稿作「度」，據後漢書改。

蛇七八丈，死其間。帝徵之，試問：「殿下夜半後，常有數人絳衣被髮」云云。帝僞使三人爲之，侯効之三人，登時仆地無氣。帝大驚曰：「非魅也，朕相試耳。」解之而蘇。

2290 逢侯　鄧禹傳，徵行車騎將軍，〔一〕出塞追畔胡逢侯，坐逗留。南匈奴傳，和帝永元六年，新降胡反畔，脅立前單于屯屠何子薁鞮日逐王逢侯爲單于，將軍重向朔方，欲渡漠北。冬，逢侯乃乘冰度隘，〔二〕向滿夷谷。南單于遣子及杜崇等，追擊於大城塞。任尚等要擊於滿夷谷，大破之。逢侯率衆出塞。七年，逢侯等於塞外分爲二部，自領右部，屯涿邪山下，左部屯朔方西北，相去數百里。八年冬，左部自相疑畔，還入朔方塞。逢侯部衆飢窮，又爲鮮卑所擊，逃入塞者絡繹不絕。〔三〕南單于比歲擊逢侯，多所虜獲，逢侯轉困迫。安帝元初四年，逢侯爲鮮卑所破，部衆分散，皆歸北虜。五年春，逢侯將百餘騎亡還，詣朔方塞降，鄧遵奏徙逢侯於潁川郡。

2291 投鹿侯　鮮卑傳，檀石槐之父投鹿侯。詳「槐」下。

2292 烏達鞮侯　南匈奴傳，建武二十二年，單于輿死，子左賢王烏達鞮侯立爲單于，復死。

2293 須卜骨都侯　南匈奴傳，靈帝中平五年，國人殺于扶羅之父者遂畔，共立須卜骨都侯爲單于。不著名。

〔一〕「徵」，手稿作「鴻」，據後漢書改。
〔二〕「隘」，手稿作「嗌」，據後漢書改。
〔三〕「入」，手稿作「去」，據後漢書改。

2294 鮮于裒　陰識傳，上谷鮮于裒。見張宗下。

2295 褚裒　朱儁傳，南陽黃巾賊張曼成，殺郡守褚裒。

2296 徐璆　字孟玉，廣陵海西人。少博學，辟公府，舉高第。遷荆州刺史，奏張忠贓罪。中平元年，與朱儁破黃巾於宛。忠怨璆，與諸閹搆璆以罪徵。有破賊功，免官歸。後再徵，遷汝南太守，轉東海相。獻帝遷許，以廷尉徵，道爲袁術所劫，授以上公之位。璆守死，術不敢逼。術死軍破，璆得其盜國璽，還許，上之，並前所假汝南、東海二郡印綬。司徒趙温曰：「君遭大難，猶從此邪？」對曰：「司徒不墜七尺之節，況方寸印乎？」後拜太常，使持節拜曹操爲丞相。操讓璆，璆不敢當，卒官。許劭傳，劭爲郡功曹，太守徐璆敬之。朱儁傳，賊趙弘據宛。儁與荆州刺史徐璆等合兵萬八千人圍弘，後斬之。賊帥韓忠復據宛拒儁。儁乘城入，韓忠乞降，司馬張超及徐璆等皆欲聽許。又陶謙等奏記儁，列名有汝南太守徐璆。

2297 周璆　陳蕃傳，郡人周璆，高潔之士。前後郡守莫能致，唯蕃致焉。字而不名，特爲設一榻，去則懸之。璆字孟玉，臨淄人。

2298 彭璆　孔融傳，薦舉賢良鄭玄、邴原、彭璆等。

2299 中大夫趙王謀　河間王傳，王聖、江京等譖鄧騭及冀，〔二〕與中大夫趙王謀圖不軌。

---

〔二〕「冀」字上，手稿衍一「爲」字，據後漢書删。

2300 胡疇　馬融傳，時西羌反，征西將軍馬賢與護羌校尉胡疇征之，而稽久不進。融知其將敗。

2301 田疇　劉虞傳，選掾右北平田疇與從事鮮于銀等間行，奉使長安。獻帝既思東歸，見疇等大悦。注：「魏志曰：疇字子春，右北平無終人。好讀書，善擊劍，劉虞署爲從事。曹操北征烏桓，令疇將衆上徐無，〔二〕出盧龍，歷平岡，登白狼堆。去柳城二百餘里，虜乃驚，與戰，大斬獲，論功封疇。疇上疏自陳，操令夏侯惇喻之。疇曰：豈可賣盧龍塞以易賞祿哉？」

2302 王柔　郭泰傳，字叔優，弟澤，字季道，林宗同郡晉陽縣人。兄弟總角共候林宗，訪才行所宜。林宗曰：「叔優當以仕進顯，季道當以經術通，然違方改務，亦不能至也。」後果如所言，柔爲護匈奴中郎將。

2303 閻柔　公孫瓚傳，虞從事鮮于輔等，欲共報瓚。輔以燕國閻柔素有恩信，推爲烏桓司馬。柔招誘胡漢數萬人，與瓚所置漁陽太守鄒丹戰潞北，斬丹等四千餘級。後閻柔將部曲從曹操擊烏桓，拜護烏桓校尉，封關内侯。烏桓傳，廣陽人閻柔，少沒烏桓、鮮卑中，爲其種人所歸信，乃因鮮卑衆，殺烏桓校尉邢舉而代之。袁紹因寵慰柔，以安北邊。後曹操平河北，閻柔率鮮卑、烏桓歸附，曹操以閻柔爲校尉。

2304 固苦晒　朱儁傳，黄巾賊後，復有固苦晒之徒。注：「九州春秋『晒』作『蝤』。」

2305 鄭石雠　鄭衆傳，延熹二年，桓帝封曾孫石雠爲關内侯。

〔二〕「無」，手稿作「吾」，據後漢書改。

2306 句驪侯騶　東夷傳，王莽令嚴尤誘句驪侯騶入塞，斬之。

2307 難　樓　烏桓傳，靈帝初，烏桓大人上谷有難樓者，九十餘落。建安初，袁紹矯制賜單于印綬。後難樓等率部衆奉樓班爲單于。

2308 滿　頭　鮮卑傳，建武三十年，鮮卑大人於仇賁、〔一〕滿頭等率種人詣闕朝賀，慕義内屬。封滿頭爲侯。

2309 魁　頭　鮮卑傳，光和中，和連死。其子騫曼年小，兄子魁頭立。後騫曼與魁頭爭國。

## 二十侵

2310 南頓令欽　光武紀，回生南頓令欽，欽生光武。

2311 眞　欽　桓譚傳，董賢果使太醫令眞欽求傅氏罪過。

2312 陳　欽　陳元傳，父欽。王莽從欽受左氏春秋，以欽爲猒難將軍。陳寵傳，咸子欽。

2313 毛　欽　張儉傳，外黄令毛欽。見李篤下。

2314 王　尋　光武紀，更始元年，莽遣大司徒王尋、大司空王邑將兵到潁川，復與嚴尤、陳茂合。五月，圍攻昆陽。六月，漢兵斬尋。

2315 王　尋　西南夷傳，章帝建初元年，哀牢王類牢反叛，攻巂唐。太守王尋奔楪榆。

2316 鄧　尋　鄧禹傳，以鄧尋爲建威將軍。

〔一〕「於」，手稿作「放」，據後漢書改。

2317 樊　尋　樊宏傳，封兄子尋玄鄉侯。

2318 倪　尋　華佗傳，注：「府吏倪尋、李延俱頭痛身熱，所苦正同。佗曰：尋當下之，延内實。」〔一〕

2319 韓　尋　韓稜傳，父尋，建武中爲隴西太守。

2320 故趙王子林　光武紀。王昌傳，時趙繆王子林，景帝七代孫也。好奇數，任俠於趙、魏間，多通豪猾，王郎與之親善。更始元年十二月，林等遂車騎數百，晨入邯鄲城，止於王宮，立郎爲天子，林爲丞相。

2321 杜　林　光武紀，建武二十二年十月癸丑，光祿勳杜林爲大司空，代朱浮。八月丙戌，林薨，張純代之。隗囂傳，以杜林爲持書。張純傳，二十三年，代杜林爲大司空。劉昆傳，代杜林爲光祿勳。楊倫傳，扶風杜林傳古文尚書，賈逵作訓，馬融作傳，鄭玄注解。鄭興傳。陳元傳。衛宏傳。字伯山，扶風茂陵人。少好學，家多書，又從外氏張竦受學，稱通儒。初爲郡吏，避盜客河西，隗囂以爲持書平。後因疾告去，囂且優容之。建武六年，載弟喪。還三輔，徵拜侍御史。明年，議郊祀，林議漢業特起，功不緣堯。定從林議。代王良爲司直。〔二〕十一年，司直官罷，代郭憲爲光祿勳。十四年，議復肉刑，林奏「宜如舊制，不合翻移」。從之。後爲東海王彊傳。明年，代丁恭爲少府。二十二年，復爲光祿勳。頃之，代朱浮爲大司空。薨。

〔一〕「尋」、「延」，手稿倒作「延」、「尋」，據後漢書改。
〔二〕「良」，手稿作「郎」，據後漢書改。

2322 竇林　明帝紀，永平二年十二月，護羌校尉竇林下獄死。竇融傳，顯宗即位，以融從兄子林爲護羌校尉。永平二年，以罪誅。西羌傳，永平元年，以謁者竇林領護羌校尉，居狄道。林爲諸羌所信，而滇岸遂詣林降。林爲下吏所欺，謬奏上滇岸以爲大豪，承制封爲歸義侯，加號漢大都尉。明年，滇吾復降，林復奏其第一豪，與俱獻見。帝怪一種兩豪，疑其非實，以事詰林。林辭窘，乃僞對「滇岸卽滇吾，隴西語不正。」帝窮驗知之，怒免林官。會涼州刺史又奏林贓罪，遂下獄死。

2323 王林　和帝紀，永元九年三月，西域長史王林擊車師後部王，斬之。西域後部王傳，和帝永元九年，漢遣將兵長史王林，發涼州六郡及羌虜胡二萬餘人，討涿鞮。

2324 王林　馬援傳，莽從弟衞將軍林廣招雄俊，乃辟援及同郡原涉爲掾。

2325 弓林　劉玄傳，更始三年，平陵人方望立前孺子劉嬰爲天子。初，望見更始政亂，度其必敗，謂安陵人弓林等曰：「前定安公嬰，平帝之嗣」云云。林等然之，乃於長安求得嬰，將至臨涇立之。林爲大司馬。〔一〕更始遣李松等擊破，皆殺之。

2326 閔林　盧芳傳，堪兄林。〔二〕芳降，立爲代王，〔三〕林爲代太傅。

2327 虞林　鮑永傳，董憲別帥虞林等。見彭豐下。

2328 張林　鄭弘傳，位爲太尉，奏尚書張林阿附竇憲，而素行贓穢，不宜處位云云。朱暉傳，時

〔一〕「馬」，手稿作「徒」，據後漢書改。
〔二〕「兄」，手稿作「第」，據後漢書改。
〔三〕「立」，手稿作「皆」，據後漢書改。

穀貴，國用不足。尚書張林言：「可盡封錢，一取布帛爲租。又鹽，食之急者，雖貴，人不得不須，官可自鬻。又宜因交阯、益州上計吏往來，市珍寶，收采其利，武帝時所謂均輸者也。」暉議林言不可施行。陳寵傳，竇憲薦眞定令張林爲尚書，帝問寵，對曰：「林雖有才能，而素行貪濁。」憲以此恨寵。林卒被用，而以贓抵罪。

2329 張子林

彭修傳，時賊張子林等數百作亂，郡言州，請修守吳令。

2330 孫林

張霸傳，諸生孫林、劉固、段著等慕之，各市宅其傍，以就學。

2331 田林

黨錮傳序，朱並告田林等爲「八顧」。

2332 俞林

西域傳，于窴國，建武末，莎車王賢强盛，攻并于窴，徙其王俞林爲驪歸王。又見莎車傳。

2333 延岑

光武紀，延岑起漢中。建武二年二月，岑自稱武安王。劉盆子傳，時漢中賊延岑出散關，屯杜陵，逢安將十餘萬擊之。延岑及更始將軍李寶合兵數萬人，與逢安戰於杜陵。岑等大敗，寶降，岑收散卒走。公孫述傳，注：「延岑據藍田。岑字叔牙，南陽人。始起據漢中，又擁兵關西，所在破散，走至南陽，略有數縣。與田戎並與秦豐合，豐皆以女妻之。豐敗，二人皆降述。以岑爲大司馬，封汝寧王。岑與田戎數請立功，述疑不聽。漢兵守成都。述謂延岑曰：「事當奈何？」岑曰：「男兒當死中求生，財物易聚耳，不宜有愛。」述乃散金帛，募敢死士五千餘人，以配岑於市橋，僞建旗幟，潛遣奇兵出吳漢軍後，襲破漢軍。臧宮軍至咸門。述自將數萬攻漢，使延岑拒宮。大戰，岑三合三勝。述被刺，輿入城。以兵屬延岑，其夜述死。明旦，岑降吳漢。夷滅公孫氏，並族延岑。又見順陽懷侯傳。鄧禹傳，禹引兵與延岑戰於藍田，不尅。岑敗於東陽，與秦豐合。四年春，復寇順陽。禹遣鄧曄、于匡等，擊破于鄧，追至武當，復破之。岑奔漢中。馮異傳，延岑既破赤眉，自稱武安王，拜置牧守，欲據關中，引張邯、任良共攻異。異擊破之。岑走攻析，遂至武關，走南陽。

2334 楊岑　質帝紀，賊華孟殺九江太守楊岑。見華孟下。

2335 楊岑　律曆志，永平五年，官曆署七月十六日食。待詔楊岑見時月食多先曆，即縮用算上爲日，上言「月當十五日食，〔二〕官曆不中。」詔令岑普，與官課。起七月，〔三〕盡十一月，弦望凡五，官曆皆失，岑皆中。庚寅，詔令岑署弦望月食官。

2336 王岑　公孫述傳，宗成略漢中；又商人王岑亦起兵於雒縣，自稱「定漢將軍」，殺莽庸部牧以應成，注：「牧宋遵也。王莽改益州爲庸部。」朱浮傳，辟州中名宿王岑之屬爲從事。

2337 杜岑　東海王傳，顯宗特詔中常侍杜岑及東海傅相曰：「王恭謙好禮」云云。遣送從約，以彰王卓爾獨行之志。

2338 朱岑　朱暉傳，初，光武與暉、岑俱學長安，有舊故。及即位，求問岑，岑已卒，乃召暉爲郎。

2339 史岑　王隆傳，王莽末，沛國史岑子孝亦以文章顯，莽以爲謁者，著頌、誄、復神、說疾凡四篇。注：「一字孝山，著出師頌。」爲莽謁者，混。

〔二〕「月」，手稿作「用」，據後漢書改。
〔三〕「七」，手稿作「十」，據後漢書改。

2340 劉　岑　文苑傳，劉梁一名岑。

2341 水丘岑　董宣傳，以公孫丹前附莽，慮交通海賊，乃得丹宗族三十餘人，繫劇獄，〔一〕使門下書佐水丘岑盡殺之。後宣徵詣廷尉，言水丘岑受臣旨意，罪不由岑，詔青州勿案岑罪。〔二〕岑官至司隸校尉。注：「水丘，姓也。」

2342 堅　鐔　光武紀。左曹合肥侯堅鐔字子伋。注：「東觀記『伋』作『皮』。」潁川襄城人。爲郡縣吏。世祖討河北，或薦鐔，召署主簿。拜偏將軍，從平河北，別擊大槍於盧奴。即位，拜揚化將軍，封濦强侯。共攻洛陽，又別擊内黄，平之。二年，引軍赴宛，斬關入，走董訢，拒鄧奉，道路隔塞，粮餽不至，食蔬菜，與士卒共勞苦。帝徵南陽，擊破訢、奉，以鐔爲左曹，從征伐。六年，定封合肥。二十六年，卒。

2343 韓　歆　光武紀，建武十三年三月，沛郡太守韓歆爲大司徒。代侯霸。十五年正月辛丑，〔三〕大司徒韓歆免，自殺。鄧禹傳，遣禹西入關，令自選偏裨以下可以俱者。於是以韓歆爲軍師，更始將軍王匡等合十餘萬攻禹。韓歆等見兵勢已催，皆勸禹夜去。岑彭傳，彭爲潁川太守。會劉茂起兵，不得之官，從河内太守韓歆及光武狥河内，歆議城守，彭止不聽。既而光武至懷，歆迫急迎降。光武怒，欲斬之。彭因言歆南陽大人，可以爲用。乃貰之，以爲鄧禹軍師。侯霸傳，韓歆代霸爲司徒。字翁君，南陽人，以從攻伐有功，

〔一〕「劇」，手稿作「據」，據後漢書改。
〔二〕「案」，手稿作「棄」，據後漢書改。
〔三〕「五」，手稿作「四」，據後漢書改。

封扶陽侯。好直言，帝不能容。嘗因朝會，聞帝讀公孫述、隗囂相與書，歆曰：「亡國之主皆有才，桀紂亦有才。」帝大怒。又證歲將飢凶，坐免歸田里。猶不釋，遣使宣詔責之。歆及子嬰竟自殺。死非其罪，〔二〕衆多不厭。後千乘歐陽歙、清河戴涉相代爲司徒，下獄死，自是大臣難居相任云。傅山曰：「褊哉，中興之主。」鮑永傳，大司徒韓歆坐事，永固請之不得，以此忤帝意。范升傳，時尚書令韓歆上疏，欲爲費氏易、左氏春秋立博士，升與辯難。袁安傳，憲引歆及戴涉死事詆安。謝該傳。

2344 史　歆

光武紀，建武十八年二月，蜀郡守將史歆叛。七月，吳漢拔成都，斬史歆。吳漢傳，十八年，蜀郡守將史歆反於成都，自稱大司馬，攻太守張穆，穆走，歆遂移檄郡縣云云。吳漢圍成都，百餘日破，誅歆。又杜篤傳注。

2345 張　歆

桓帝紀，建和三年十月，大司農河內張歆爲司徒，〔三〕代袁湯也。注：「歆字敬讓。」元嘉元年四月，京師旱，任城、梁國飢，民相食，司徒張歆罷，吳雄代之。袁術傳，注：「張範、張承，司徒歆之孫也。」

2346 張　歆

張禹傳，父歆，初以報仇逃亡，後仕爲淮陽相，終於汲令。注：「東觀記：歆守皋長，有報父仇賊自出，歆召囚詣閤，欲自受其辭。既入，解械飲食，便發遣，遂棄官亡命，逢赦出。爲相，王新歸國，賓客放縱，歆將令尉入宮搜捕，王白上，坐左遷汲令，卒官。」

〔二〕「死」，手稿作「罪」，據後漢書改。
〔三〕「內」，手稿作「南」，據後漢書改。

2347 華　歆　獻帝紀，建安二十二年六月，丞相軍師華歆爲御史大夫。伏后紀，副郗慮狀伏后。又徐穉傳。

2348 劉　歆　隗囂傳，莽國師劉歆。蘇竟傳，莽時，與劉歆等共典校書。桓譚傳，從劉歆、楊雄辨析疑異。孔奮傳，少從劉歆受春秋左氏。桓彬傳，與左丞劉歆等交善。

2349 劉　歆　劉玄傳，玄有三子：次歆，與母東詣洛陽，封歆爲穀孰侯。

2350 劉　歆　岑彭傳，十一年春，彭與劉隆、臧宮、驍騎將軍劉歆，發南陽、武陵、南郡兵，及桂陽、零陵、長沙委輸棹卒，〔二〕凡六萬餘人，騎五千匹，會荆門。祭遵傳，六年，遵伐公孫述，有驍騎將軍劉歆。劉植傳，弟喜、從兄歆，據昌城，拜偏將軍，爲列侯。注：「東觀記：歆字細君也。」植卒，命喜代將植營。喜卒，復以歆爲驍騎將軍，封浮陽侯。皆傳國於後。耿弇傳，詔弇討張步。弇悉收集降卒，結部曲，置將吏，率騎都尉劉歆、太山太守陳俊引兵而東，從朝陽橋濟河以度云云。步氣盛，直攻弇營，與劉歆等合戰，弇升王宮壞臺望之。〔三〕李通傳。

2351 王　歆　公孫述傳，注：「王歆據下邽。」馮異傳，時王歆據下邽。

2352 王　歆　王霸傳，軑侯度卒，子歆嗣。

2353 宗　歆　鄧禹傳，以宗歆爲車騎將軍。爲馮愔所殺。見馮愔下。

2354 馬　歆　馬嚴子。

---

〔二〕「棹」，傅山全書初版本誤作「桌」，據手稿改。

〔三〕「壞」，手稿作「懷」，據後漢書改。

2355 陳　歆　張奮傳，歲旱，陳時政之宜。明日，和帝召太尉、司徒幸洛陽獄，錄囚徒，收洛陽令陳歆。即大雨。

2356 田　歆　种暠傳，河南尹田歆謂外甥王諶曰：「今當舉六孝廉，多得貴戚書命，不宜相違，欲自用一名士以報國恩。」諶得暠。

2357 毋丘歆〔一〕　彭城王傳，注：「遣御史毋丘歆覆案趙牧奏彭城王恭事。」

2358 段　郴　光武紀，建武二十六年，遣中郎將段郴授南單于璽綬，令入居雲中。班固傳，注：「二十六年，遣中郎將段郴授南單于印綬。」南匈奴傳，建武二十六年，遣中郎將段郴、副校尉王郁等使南單于，立其庭，去五原西部塞八十里。單于延迎使者，使者曰：「單于當伏拜受詔。」單于顧望有頃，乃伏稱臣。拜訖，令譯使者曰：「單于新立，誠慙於左右，願使者衆中無相屈折也。」郴等反命，詔聽南單于入居雲中。冬，復詔南單于徙居西河美稷，〔二〕因使中郎將段郴及副校尉王郁留西河擁護之。二十九年，單于比死，中郎將段郴將兵赴弔，祭以酒米，分兵護衛之。

2359 樊　郴　樊儵傳，儵卒，以次子郴爲郎。

2360 張　郴　陳寵傳，寵與中山相汝南張郴守正不阿竇憲，和帝聞之，擢郴太僕。

2361 應　郴　應奉傳，疊生郴，武陵太守。郴生奉。

2362 桓　彬　字彦林，焉之兄孫也。少與蔡邕齊名。舉孝廉，拜尚書郎。馮方章言爲酒黨，廢。卒

〔一〕「毋」，手稿作「毌」，據後漢書改。下同。

〔二〕「西河」，手稿作「河西」，據後漢書改。下同。

於家。著七說及書凡三篇，蔡邕論有過人者四：夙智早成，岐嶷也；學優文麗，至通也；仕不苟祿，絕高也；辭隆從窊，潔操也。

2363 **檀　彬**　黨錮傳序，張儉鄉人朱並，告同鄉二十四人，共爲部黨。〔一〕以張儉及檀彬等爲「八俊」。

2364 **魏　愔**　靈帝紀，師還注。陳愍王傳，師還追奏前相魏愔與王寵共祭天神云云。後以誅死。

2365 **馮　愔**　隗囂傳，鄧禪將馮愔引兵叛禹，西向天水，囂逆擊，破之於高平。鄧禹傳，以馮愔爲積弩將軍。禹至栒邑，帝勑進兵。禹遣馮愔、宗歆守栒邑。二人爭權相攻，愔遂殺歆。後爲黃防縛歸罪，至洛陽，赦不誅。馮衍傳注引。

2366 **杜　愔**　馬援傳，援征五谿，與送者訣，謂友人杜愔曰：「吾常恐不得死國事，今獲所願，但畏長者家兒」云云。

2367 **薛　愔**　陰識傳，用掾史薛愔等，〔二〕咸至公卿校尉。

2368 **王　愔**　張奐傳，注：「王愔，著文志者。」

2369 **楊　音**　劉盆子傳，東海人楊音，各起兵數萬，盆子立音以下皆爲列卿。臘日，設樂大會，盆子坐正殿，中黃門持兵在後，公卿皆列坐殿上。酒未行，其中一人出刀筆書謁欲賀，其餘不知書者起往請之，各各屯聚，更相背向。大司農楊音按劍罵曰：「諸卿皆老傭也！今日設君臣之禮，反更殽亂」云云。既降，以音在長安時遇趙王良有恩，賜爵關

---

〔一〕「部黨」，手稿作「黨部」，據後漢書改。

〔二〕「史」，手稿作「中」，據後漢書改。

內侯，與徐宣俱歸鄉里，卒於家。

2370 楊　音　江革傳，注：「華嶠書曰：臨淄令楊音高革行，特設席，親奉錢以助供養。」

2371 李　音　李通傳，通卒，子音嗣侯。

2372 邳　音　邳彤傳，元初元年，鄧太后紹封彤曾孫音爲平亭侯。

2373 張　音　樊儵傳，帝遣小黃門張音問所遺言。先是，河南縣亡失官錢，典負者坐死及從者甚衆，遂委責於人，以償其耗。鄉部吏司因此爲姦。又野王歲獻甘醪、膏餳，每擾人，吏以爲利。儵欲並奏罷之，未及得上。音還，具以聞，從之。

2374 高堂陰　牟長傳，注：「案：魏臺訪問物故之義，高堂陰曰：聞之先師，物，無也，故，事也。」

2375 張　參　王昌傳，趙國大豪立王郎爲天子，參爲大將軍。

2376 南鄉侯參　順陽懷侯傳，嘉卒，子參嗣。有罪，削爲南鄉侯。永平中，爲城門校尉。

2377 淳于臨　李憲傳，憲餘黨淳于臨猶聚衆數千人，屯灊山，攻殺安風令。

2378 甄然子臨　孔融傳。

2379 景　臨　景丹傳，余吾侯苞卒，子臨嗣，無子，國絕。

2380 何　臨　梁慬傳，何熙三子：長臨與弟慬並有政能。李固傳，薦陳國何臨。注：「臨字子陵，熙之子，爲平原太守。」

2381 王　臨　董鈞傳，事大鴻臚王臨。

2382 耿　臨　東夷傳，靈帝建寧二年，玄菟太守耿臨討濊貊，斬首數百，伯固降，乞屬玄菟云。

2383 盧　禽　盧芳傳，芳與兄禽俱入匈奴。

2384 杜　禽　陰興傳，友人張汜、杜禽厚善，以爲華而少實，但私之以財，終不爲言：是以世稱其忠平。

2385 奴　金　趙孝王良傳，注：「趙王乾私出國，到魏郡鄴、易陽，止宿亭，〔一〕令奴金盗取亭席，金與亭佐孟常爭言，〔二〕以刃傷常，吏追逐，〔三〕乾藏，金絞殺之。」

2386 耿文金　耿弇傳，隃麋侯霸卒，子文金嗣。

2387 羊　祲　鄧訓傳，訓推進賢士羊祲。

2388 羊　侵　羊續傳，祖父侵，安帝時爲司隸校尉。

2389 丁　綝　馮異傳，時異從兄孝及同郡丁綝、呂晏，並從光武，因共薦異。注：「綝字幼春，定陵人。伉健有武略。」丁鴻傳，父綝，字幼春，王莽末守潁陽尉。世祖略地潁陽，不下，綝說其宰，遂與俱降，世祖大喜，以爲偏將軍，因從征伐。將兵先渡河，移檄郡國，攻營略地，下河南、陳留、潁川二十一縣。建武元年，拜河南太守。及封功臣，諸將皆占豐邑美縣，唯綝願封本鄉。從之，封定陵新安鄉侯，後徙封陵陽侯。

2390 陽　沈　馮異傳，注：「東觀記曰：華陰陽沈等稱將軍者皆降。」

2391 須　沈　西羌傳，安帝元初三年夏，度遼將軍鄧遵率南單于及左鹿蠡王須沈萬餘騎，擊零昌於

〔一〕「止」，手稿作「上」，據後漢書改。
〔二〕「佐」，手稿作「長」，據後漢書改。
〔三〕「吏追」，手稿作「更迫」，據後漢書改。

靈州，封須沈爲破虜侯，金印紫綬，金帛各有差。

2392 夫　沈　鮮卑傳，順帝陽嘉二年春，匈奴中郎將趙稠遣從事將南匈奴骨都侯夫沈等，出塞擊鮮卑，破之，詔賜夫沈金印紫綬及縑綵各有差。

2393 卓　芩　卓茂傳，茂次子汎鄉侯崇卒，子芩嗣。

2394 陰　琴　陰識傳，鮦陽侯慶卒，子琴嗣。

2395 荀　恁　劉平傳，注「人甚反」，當在上韻。傳山曰：「恁字廣韻平聲讀如任，說文去聲。大率此字有平、上、去三音，獨無入。」又見黃憲傳。又八十三卷序，仲叔同郡荀恁，字君大，少修清節。資財千萬，父越卒，悉散與九族。隱居山澤，以求厥志。莽末，匈奴寇其本縣廣武，〔一〕相約不入荀氏閭。光武徵，不至。東平王東閣辟而應焉。及朝會，顯宗戲之云云。對曰：「先帝秉德惠下，故臣可得不來。驃騎執法檢下，故臣不敢不至。」後月餘，歸，卒於家。

2396 王　琳　趙孝傳，時汝南有王琳巨尉者，年十餘歲喪父母。〔二〕遇大亂，百姓奔逃，唯琳兄弟獨守冢廬。弟季將爲赤眉所捕，琳自縛，請先季死。賊矜而放之。後辟司徒府，薦士而退。

2397 陳　琳　臧洪傳，紹使邑人陳琳以書譬洪，示其禍福。袁紹傳，紹討操檄，陳琳作。何進傳，主簿陳琳諫進曰：「將軍總皇威，握兵要，龍驤虎步，高下在心，此猶鼓洪爐燎毛髮，而反委釋利器，更徵外助。大兵聚會，强者爲雄，所謂倒持干戈，授人以柄，功必不

〔一〕「武」，手稿作「光」，據後漢書改。
〔二〕「歲」，手稿作「數」，據後漢書改。

成，祇爲亂階。」進不聽。又孔融傳注。

2398 王　諶　种暠傳，河南尹田歆外甥，名知人云云。送客於大陽郭，遥見暠，異之。還白歆曰：「爲尹得孝廉矣，近洛陽門下史也。」〔一〕歆笑曰：「當得山澤隱滯，近洛陽吏耶？」諶曰：「山澤不必有異士，異士不必在山澤。」

2399 陳　諶　陳紀傳，弟諶，字季方，與紀齊德同行，父子並著高名，時號三君。早終。

2400 荀　諶　袁紹傳，紹使高幹及荀諶説馥以冀州讓紹，後攻許。以荀諶爲謀主。

## 二十一覃

2401 巢　堪　和帝紀，永元十年八月丙子，太常太山巢堪爲司空，代韓稜。注：「堪字次朗，太山南城人。十四年十月丁酉，司空堪罷，徐防代之。」曹褒傳，褒上疏言宜定文制，〔二〕著成漢禮。章下太常，巢堪以爲一世大典，〔三〕非褒所定，不可許。

2402 閔　堪　盧芳傳，代郡人閔堪。總見李興下。芳降，立爲代王，堪爲代相。王霸傳，霸擊盧芳將閔堪等於高柳。

2403 張　堪　字君游，南陽宛人。早孤，讓先父餘財數百萬與兄子。年十六，受業長安，號曰「聖童」。世祖微時，見堪志操，嘉焉。及即位，來歙薦堪，召拜郎中，三遷謁者。使送委

〔一〕「史」，手稿作「吏」，據後漢書改。
〔二〕「宜」，手稿作「宣」，據後漢書改。
〔三〕「以」，手稿脱，據後漢書補。

輸並領騎七千匹，詣吳漢追拜蜀郡太守。時漢軍餘七日粮，陰具船欲遁去。堪馳見漢，說述必敗，不宜退師。漢從之，述死城下。堪入據城，檢閱庫藏，條列上言。在郡二年，徵拜騎都尉，後領杜茂營，擊匈奴高柳，拜漁陽太守。於狐奴開稻田八千餘頃。視事八年，匈奴不敢犯塞。方徵，會病卒。張衡傳，祖父堪，蜀郡太守。張奐傳，注：「牟卿受書於堪。」朱暉傳，暉同縣張堪素有名稱，嘗於太學見暉，把臂曰：「欲以妻子託朱生。」堪卒，暉聞其妻子貧困，乃自往候視，賑贍之。暉少子頡怪而問曰：「大人不與堪爲友生」云云。暉曰：「有知之言，吾以信於心也。」郭憲傳，建武七年，代張堪爲光祿勳。

2404 孫　堪　周澤傳，字子穉，河南緱氏人。明經學，以節介氣勇自行。莽末，兵起，宗族老弱在營保間，堪常力戰陷敵。建武中，仕郡縣。嘗爲縣令，謁府，趨步遲緩，門亭長譴堪御史，堪便解印去，不之官。後復爲左馮翊，坐遇下促急，免。徵爲侍御史，再遷尚書令。永平十一年，拜光祿勳。十八年，爲侍中騎都尉。堪行類於澤，京師號曰「二穉」。

2405 張　龕　鄧騭傳，見「鳳」下。袁敞傳，張俊兄龕，並爲郎。

2406 祭　參　和帝紀，永元九年八月，遼東太守祭參下獄死。祭遵傳，肜既葬。子參遂詣奉車都尉竇固，從固擊車師有功，稍遷遼東太守。永元中，鮮卑入郡界，參坐沮敗，下獄死。鮮卑傳，和帝永元九年，遼東鮮卑攻肥如縣，太守祭參坐沮敗，下獄死。

2407 龐　參　順帝紀，永建四年九月癸酉，大鴻臚龐參爲太尉，代劉光也。錄尚書事。陽嘉二年六月，洛陽地陷，旱。秋七月己未，太尉參免，施延代之。四年四月甲子，前太尉龐參爲太尉，代施延也。永和元年十一月丙子，太尉參罷，王龔代之。字仲達，河南緱氏人。初仕郡，未知名，河南尹龐奮見而奇之，舉孝廉，拜左較令。坐法輸若盧。永初元年，鄧騭討先零叛羌。參於徒中上書宜且振旅，會樊準薦參，鄧太后卽擢參徒中，召拜謁者，使西督三輔諸軍屯，而徵騭還。參奏記於騭，宜徙邊郡不能自存者，入居諸陵云云。拜漢陽太守。元初元年，遷護羌校尉。明年，燒當羌號多等降，始得還都令居，通河西路。時先零僭號，詔參與司馬鈞會北地擊之。參敗，稱病引還，坐下獄。馬融請參及梁慬。赦參等。以參爲遼東太守。永建元年，遷度遼將軍。四年，入爲大鴻臚。虞詡薦參有宰相器。〔一〕順帝時，爲太尉，錄尚書事。以所舉用忤旨，司隸承風案之。段恭疏訟參。陽嘉四年，復爲太尉。永和元年，病卒於家。楊厚傳，永和元年，上「京師應有水患，又當火災，三公有免者。」至冬，太尉龐參免。又耿國傳。班勇傳。西羌傳，安帝元初元年，漢陽太守龐參代侯霸爲太尉。以恩信招誘之。二年春，號多等率衆千餘人詣參降。參始還令居，通河西道。參又將羌胡七千餘人，與司馬鈞分道擊零昌。參兵至勇士東，爲杜季貢所敗。參以失期抵罪。〔二〕匈奴傳，順帝永建元年，以遼東太守龐參代傅衆爲將軍。四年，參遷大鴻臚。

桓帝紀，延熹二年，注：「封歐陽參脩武仁亭侯。」又劉瑜傳，見霍諝傳。戴就傳，揚州刺史歐陽參奏太守成公浮臧罪。

2408
## 歐陽參

〔一〕「詡」，手稿作「翊」，據後漢書改。
〔二〕「失」字下，手稿衍一「罪」字，據後漢書刪。

2409 周亭侯參　陳思王傳，注：「鈞弟參，周亭侯。」

2410 綦母參　班勇傳，長樂衞尉鐔顯、廷尉綦母參、司隸校尉崔據難勇曰：「今車師以屬匈奴，鄯善不可保信，一旦反復，班將能保北虜不爲邊害乎？」

2411 樊參　鄧禹傳，更始大將軍樊參將數萬人，度大陽欲攻禹，禹逆戰，大破之，斬參首。

2412 賈參　賈復傳，卽墨侯宗卒，子參嗣。

2413 陳參　陳寵傳，咸子參。

2414 李參　應劭傳，劭謂可募隴西羌胡守善不叛者，簡其精勇。太守李參沉靜有謀，必能獎厲得其死力。韓卓與難反覆。從劭議。

2415 侯參　楊秉傳，時中常侍侯覽弟參爲益州刺史，累有贓罪，暴虐一州。秉劾奏參，檻車徵詣廷尉。參惶恐，道自殺。又見張攸、袁逢下。侯覽傳，兄參爲益州刺史，民有富者，輒誣以大逆，誅滅之，沒入財物。楊秉奏之，檻車徵，自殺。京兆尹袁逢於旅舍閱參車三百餘兩云云。又見李元下。

2416 徐參　陳翔傳，奏吳郡太守徐參在職貪穢，徵參詣廷尉。參，中常侍璜弟也。

2417 殷參　黃琬傳，顯用志士，蜀郡殷參。

2418 王男　順帝紀，王聖等譖殺之。來歙傳，太子乳母王男、廚監邴吉以爲王聖舍新繕脩，犯土禁，〔一〕太子不可久御。聖及其女永等互相是非，永遂誣譖男、吉，皆幽囚死。

〔一〕「土」，手稿作「上」，據後漢書改。

2419 皇　女　男　肅宗女，武德長公主。
2420 皇女成男　順帝女成男，冠軍長公主。
2421 侍　　男　清河王傳，封女弟侍男涅陽長公主。
2422 李　　南　方術傳，李南字孝山，丹陽句容人。少篤學，明於風角。互見「稜」下。
2423 張　　南　袁紹傳，袁熙、尚爲其將張南所攻。
2424 張　　耽　順帝紀，永和五年十一月辛巳，遣使匈奴中郎將張耽擊句龍吾斯，破之，車紐降。六年五月，使匈奴中郎將張耽大破烏桓、羌胡於天山。南匈奴傳，順帝永和五年冬，遣中郎將張耽將幽州烏桓諸郡營，擊畔虜車紐等，戰於馬邑。耽性勇鋭，善撫士卒，軍中皆爲用命。六年，遂繩索相懸，上通天山，大破烏桓，斬渠帥，還得漢民。又見烏桓傳。
2425 陳　　耽　靈帝紀，熹平三年二月，太常陳耽爲太尉，代段熲也。注：「耽字漢公，東海人。」五年五月，太尉陳耽罷，許訓代之。六年十二月，太常陳耽爲司空，代陳球也。光和元年四月，司空陳耽免，來豔代之。四年十月，太常陳耽爲司徒，代楊賜也。五年三月，司徒陳耽免，袁隗代之。中平二年，前司徒陳耽坐直言，下獄死。劉陶傳，時司徒東海陳耽，亦以非罪與陶俱死。耽以忠直稱，歷位三司。耽與議郎曹操上言：「公卿所舉，率黨其私。」宦官怨之，遂誣耽死獄中。又見陳寔下。
2426 太 尉 耽　熹平四年，太尉耽、司徒隗、司空訓等，以蔡邕議劾馮光、陳晃不敬。
2427 太常就耽　律曆志，論月食太常就耽上選侍中韓説、博士蔡較等，復較注記。

2428 疎耽　黨錮傳序，朱並告耽爲「八及」。

2429 郭耽　呂強傳，宦者南陽郭耽等稱爲清忠。

2430 鄧耽　劉毅傳，與劉珍、尹兌、馬融共上書稱其美。

2431 李咸　靈帝紀，建寧四年三月，太僕李咸爲太尉，代聞人襲也。注：「咸字元卓，汝南西平人。熹平二年二月，太尉李咸免，段熲代之。」胡廣傳，與故吏陳蕃、李咸並爲三司。注：「謝承書：字元卓，汝南西平人。躬耕養母。學魯詩、春秋公羊傳。廣舉茂材，除高密令。建寧三年，自大鴻臚拜太尉。自在相位，食脱粟飯，醬菜而已。老乞骸歸，使子男御車」云云。陳球傳，太尉李咸時病，乃扶輿而起，擣椒自隨，謂妻子曰：「若皇太后不得配食桓帝，吾不生還矣。」及會議，咸始不敢先發，見陳球辭正，然後大言曰：「臣本謂宜爾，曹節復以竇氏罪深」云云。咸詣闕上疏：「章德竇后虐害恭懷，安德閻后家犯惡逆，和帝無異葬之議，順朝無貶降之文」云云。「太后以陛下爲子，陛下豈不得以太后爲母？」議乃定。咸字元貞，汝南人。累經州郡，以廉幹知名；在朝清忠，權倖憚之。段熲傳。

2432 孫咸　景丹傳，世祖即位，以讖文用平狄將軍孫咸行大司馬，衆不悦。詔舉可爲大司馬者。

2433 伏咸　伏隆傳，五年，張步平，車駕幸北海，詔隆中弟咸收隆喪，詔告琅邪作冢。〔一〕

2434 包咸　字子良，會稽曲阿人。師博士右師細君，習魯詩、論語。莽末，歸鄉里，爲赤眉所得。

〔一〕「冢」，手稿作「家」，據後漢書改。

十餘日，咸晨夜誦經自若，賊異而遺之。因住東海，立精舍。光武初，歸鄉里。太守黄讜署戶曹史，欲召入授其子。曰：「禮有來學」云云。舉孝廉，除郎中。建武中，入授皇太子論語，拜諫議大夫、侍中、右中郎將。永平五年，遷大鴻臚。八年，年七十二，〔二〕卒。牟融傳，永平八年，代包咸爲大鴻臚。

2435 陳　咸

陳寵傳，曾祖父咸。成哀間以律令爲尚書。莽篡，召爲掌寇大夫，不應。時三子參、豐、欽皆在位，悉令解官歸，閉門不出入，猶用漢家臘。人問之曰：「我先人豈知王氏臘乎？」莽復徵，稱病篤。收斂律令書文，皆壁藏之。常戒子孫曰：「爲人議法，當宜輕，雖百金之利，慎無與人重比。」傅山曰：「如此載，豈不大賢？但以西漢書中又有沛郡陳咸爲莽誦禮，莽又受禮于陳參，甚可疑也。或亦如後世子孫昧前人賴事而僞留一言，以要名者。好賢者，遂取而記之。參、豐、欽三名西漢皆有之。獨豐爲上蔡人，與沛郡迴遠。西漢書莽傳，沛郡陳咸爲講禮，與萬年子同名。莽傳，受禮經師，事沛郡陳咸。前儒林傳，蒼梧陳欽，以左氏授莽。翟方進傳，翟義姊子上蔡陳豐云云，豐年十八，勇敢許諾。姓名與此陳咸之子同。」

2436 左　咸

譙玄傳，大鴻臚左咸舉玄。

2437 劉　咸

李業傳，業杜門，太守劉咸强召之云云，令詣獄養病。

2438 徐　咸

劉茂傳。鮮卑傳，殤帝延平元年，漁陽太守張顯戰鮮卑，中流矢，功曹徐咸等皆自投赴顯，俱沒。鄧太后賜咸等各錢十萬，除一子爲郎。互見「授」、「福」下。

〔二〕「二」，手稿作「一」，據後漢書改。

2439 袁譚　獻紀，建安十年正月，曹操破袁譚於青州，斬之。孔融傳，袁譚攻孔融於青州，虜融妻子。又見田楷下。袁紹傳，紹子譚，字顯思，長而惠。紹以繼兄後，出爲青州刺史。紹死，尚爲嗣。譚自稱車騎將軍，出軍黎陽。郭圖、辛評間之。與尚戰，敗，還南皮。尚圍之急，譚奔平原，而使辛毗求救於操。後復背操，操討之，軍其門。夜遁奔南皮，墮馬見殺。又袁尚傳。

2440 李譚　耿恭傳，謁者李譚承馬防旨奏恭不憂軍事云云。

2441 耿譚　竇憲傳，分遣司馬耿夔、耿譚將左谷蠡王等，與北單于戰稽落山。西羌傳，和帝永元七年，謁者耿譚領趙代營屯白石。譚設講償，諸種頗來内附。十二年，迷唐復叛，耿譚等皆坐徵。互見王信、吳祉下。南匈奴傳，永元二年，中郎將耿譚遣從事將護師子等出雞鹿塞。〔二〕故中郎將從事二人，耿譚以新降者多，上增從事十二人。互見「子」下。

2442 桓譚　字君山，沛國相人。父成帝時爲太樂令。譚以父任爲郎，因好音律，善鼓琴。博學多通。能文章，好古學，數從劉歆、楊雄辨析疑異。性嗜倡樂，簡易不修威儀，而喜非毀俗儒，由是多見抵。哀平間，位不過郎。莽時爲掌樂大夫，更始拜大中大夫。世祖徵待詔。宋弘薦，拜議郎。上疏陳時政，不省。後詔議靈臺所處，帝曰：「吾欲讖決之，何如？」譚曰：「臣不讀讖。」因極言讖之非經。帝怒，將下斬之，久乃得解。

〔二〕「鹿」，手稿作「塵」，據後漢書改。

出爲六安郡丞，意忽忽不樂，道病卒。著書言當世行事二十九篇，號新論。宋弘傳，薦沛國桓譚才學洽聞，幾及楊雄、劉向父子。於是召拜議郎。帝每讌，令鼓琴，好其繁聲。弘不悅，伺譚内出，正朝服坐府上，遣使召。譚至，不與席，讓之云云。又鄭興傳。陳元傳。

2443 魏　譚　趙孝傳，琅邪魏譚少閒者，亦爲飢寇所獲，等輩數十人皆束縛，以次當烹，賊夷長公義遣之。永平中爲主家令。互見夷長公下。

2444 高　譚　何敞傳，敞爲汝南太守。百姓化之，推財相讓者三百許人。注：「東觀記曰：高譚等百八十五人推財相讓。」

2445 田　譚　東夷傳，王莽初，强遣句驪兵伐匈奴，皆亡出塞爲寇。遼西太尹田譚追之，戰死。

2446 李　曇　徐穉傳，延熹二年，陳蕃、胡廣薦潁川李曇等，德行純備。云曇字子雲，少孤，繼母嚴酷，事之愈謹，養親行道，終身不仕。

2447 荀　曇　荀淑傳，兄子曇字元智，爲廣陵太守。與兄昱正身疾惡云云。後禁錮終身。詳「昱」下。

2448 張　藍　張步傳，步以弟藍爲玄武大將軍。

2449 畢　嵐　何進傳，常侍畢嵐等入伏省中。見段珪傳。張讓傳，中常侍畢嵐。又曰使掖庭令畢嵐鑄銅人四列於蒼龍、玄武閣。

2450 牛　邯　隗囂傳，八年，囂使牛邯軍瓦亭，王遵以書喻邯云云。邯得書，沉吟十餘日，乃謝士衆，歸命洛陽，拜爲大中大夫。邯字孺卿，狄道人。有勇力才氣，雄於邊垂。及降，大司空司直杜林、大中大夫馬援並薦之，以爲護羌校尉，與來歙平隴右。來歙傳，王元勸囂殺歙，使牛邯將兵圍守之。杜林傳，林薦隴西牛邯。西羌傳，班彪上言：「涼州部宜如舊置校尉。」光武卽以牛邯爲護羌校尉，持節如舊。邯卒而省職。

## 2451 荆邯

公孫述傳，騎都尉平陵人荆邯見東方將平，兵且向西，說述曰：「兵者，帝王之大器，古今所不能廢也。昔秦失其守，豪傑並起，漢祖無前人之迹，立錐之地，起於行陣之中，躬自奮擊，兵破身困者數矣。然軍敗復合，創愈復戰。何則？前死而成功，踰於卻就於滅亡也。隗囂遭遇運會，割有雍州，兵强士附，威加山東。遇更始政亂，復失天下，衆庶引領，四方瓦解。囂不及此時推危乘勝，以爭天命，而退欲爲西伯之事，尊師章句，賓友處士，偃武息戈，卑辭事漢，喟然自以文王復出也。令漢帝釋關隴之憂，（一）專精東伐，四分天下而有其三；使西州豪傑咸歸心於山東，發間使，召攜貳，則五分而有其四；若舉兵天水，必至沮潰，天水既定，則九分而有其八。陛下以梁州，內奉萬乘，外給三軍，百姓愁困，不堪上命，將有王氏自潰之變。臣以爲宜及天下之望未絕，豪傑尚可招誘，急以此時發國內精兵，田戎據江陵，臨江南之會，倚巫山之固，築壘堅守，傳檄吳、楚，長沙以南必隨風而靡。令延岑出漢中，定三輔，天水、隴西拱手自服。如此，海內震搖，冀有大利。」傅山曰：且不必論天命所在難說，荆邯之說不是一等。

## 2452 張邯

馮異傳，時張邯據長安，延岑引張邯共攻異。後降蜀。

---

（一）「關」，手稿作「関」，傅山全書初版本誤作「閡」，據後漢書改。

2453 張邯　鮑永傳，注：「永劾趙王良曰：趙王良從後到，與右中郎將張邯相逢城門中，道迫狹，叱邯旋車，又召候岑尊詰責，使前走數十步」云云。互見「尊」下。傅山曰：前漢書，王莽有明學男張邯講易「伏戎于莽」，後更始兵入都門，邯行城門見殺。

2454 許邯　岑彭傳，是時許邯起杏。注：「南陽復陽縣有杏聚。」彭破杏，降許邯。

2455 賈邯　賈復傳，肅宗更封復小子邯爲膠東侯。

2456 唐邯　吳漢傳，漢使護軍唐邯等將鋭卒擊述。高午遂刺殺述。

2457 鄧邯　鄧彪傳，父邯，中興初以功封鄳侯，仕至渤海太守。

2458 郭汜　董卓傳。又感韻。

2459 棟蠶　西南夷傳，王莽政亂，益州郡夷棟蠶、若豆等起兵殺郡守。建武十八年，夷渠帥棟蠶與姑復、楪榆、𢭃棟、連然、滇池、建憐、昆明諸種反叛，殺長吏。〔一〕二十年，劉尚進兵與棟蠶等戰，皆破之。明年正月，追至不韋，斬棟蠶帥，首虜七千餘人。傅山曰：棟蠶似種名非人名。

## 二十二鹽

2460 成嚴　安帝紀，建光元年八月，鮮卑寇居庸，九月，雲中太守成嚴擊之，戰殁。耿夔傳，建光中，鮮卑攻殺雲中太守成嚴，夔與幽州刺史龐參救之。鮮卑傳，安帝建光元年秋，

〔一〕「吏」，手稿作「史」，據後漢書改。

2461 馬　嚴

其至鞬復叛，寇居庸，雲中太守成嚴擊之，兵敗，戰歿。功曹楊穆與俱死。明德后紀，后從兄馬嚴不勝憂憤，上書求進女掖庭。馬援傳，兄子嚴、敦並喜譏議，援作書誡之。〔一〕嚴字威卿，少孤，好擊劍，習騎射。後乃從平原楊太伯講學，通左氏春秋。仕郡督郵。援卒，與弟敦俱歸安陵，居鉅下，號曰「鉅下二卿」。明德后立，嚴閉門自守，更徙北地，斷絕賓客。永平十五年，皇后勅使移居洛陽。詔留仁壽闥，雜定建武注記。後拜將軍長史，將北軍五校等屯西河美稷，衛護南單于，聽置司馬、從事。勅過武庫，祭蚩尤。肅宗卽位，徵拜侍御史中丞。上封事論日食。復以五官中郎將行長樂衞尉事。二年，拜陳留太守。典郡四年，坐與劉軼等屬託，徵拜大中大夫，遷將作大匠。七年，免。後爲竇氏忌，退居。年八十，卒於家。耿恭傳，使五官中郎將賫牛酒釋服。注：「東觀記：中郎將馬嚴也。」曹褒傳，褒爲圉令，它郡盜後五人入圉界，吏捕得之，陳留太守馬嚴風縣殺之。褒不爲殺，嚴奏褒耎弱，免。馬融傳，將作大匠嚴之子。

2462 樊　嚴

安思閻后紀，王聖女永壻樊嚴減死，髡鉗。

2463 侯　嚴

王丹傳。

2464 桓　嚴

一名桓曄，〔二〕鸞子，字文林。嚴又作礹。姑爲司空楊賜夫人。〔三〕每至京師，未嘗宿楊舍。

〔一〕「書」字，手稿無，據後漢書補。
〔二〕「桓曄」，手稿作「曄桓」，據後漢書改。
〔三〕「姑」，手稿作「始」，據後漢書改。

仕郡功曹。後舉孝廉、有道、方正、茂才，三公並辟，皆不應。永平中，辟地會稽，遂浮海客交阯。爲凶人所誣，死合浦獄。傅山曰：廣韻「礹」字在上聲。

2465 宗　謙　桓帝紀，延熹五年十一月，京兆虎牙都尉宗謙坐臧，下獄死。天文志，延熹四年，京兆虎牙都尉宗謙坐臧，下獄死。

2466 曹　謙　靈帝紀，光和五年七月，巴郡板楯蠻詣太守謙降。南蠻傳，靈帝從程苞言，遣太守曹謙宣詔赦，板楯蠻卽皆降服。

2467 趙　謙　靈帝紀，中平元年四月，汝南黄巾敗太守趙謙於邵陵。袁閎傳，袁祕以身扞太守趙謙。祕等死，謙得免。

2468 趙　謙　獻帝紀，初平元年二月，以光祿勳趙謙爲太尉，代黄琬也。注：「謝承書：謙字彦信，太尉戒之孫，蜀郡成都人也。」二年七月，太尉趙謙罷，馬日磾代之。三年六月，李傕殺王允。丙子，前將軍趙謙爲司徒，代王允也。八月，司徒趙謙罷，淳于嘉代之。趙典傳，典兄子謙，字彦信，初平元年，代黄琬爲衛尉。獻帝遷都長安，以謙行車騎將軍事。病罷。復爲司隸校尉。車師王侍子爲董卓所愛，數犯法，謙收殺之。卓怒，殺都官從事，素敬憚謙，故不加罪。轉前將軍，因白波賊有功，封郫侯。復代王允爲司徒，病免，拜尚書令。卒，謚忠。謝弼傳，司隸校尉趙謙。見曹紹下。

2469 魯　謙　魯恭傳，長子謙，爲隴西太守，有名績。

2470 蘇　謙　蘇章傳，父謙，初爲郡督郵。案得李暠臧罪。累遷至金城太守。去郡，私至京，暠爲司隸校尉，收謙詰掠，死獄中，因刑其屍，以報昔怨。

2471
## 陶謙

字恭祖，丹陽人也。少爲諸生，仕州郡，四遷爲車騎將軍張温司馬。會徐州黄巾起，以謙爲徐州刺史，擊黄巾，破走之。傕、汜之亂，四方斷絕，謙每使間行，奉貢西京。詔爲徐州牧，以信用非人，刑政不理，由是漸亂。初平四年，曹操以徐州襲殺嵩，報怨擊謙，破彭城傅陽。謙退保郯。興平元年，操復擊謙，略定琅邪、東海諸縣，謙懼，欲走歸丹陽。會張邈迎呂布據兗州，操還擊布，而謙病死。鄭玄傳，避地徐州牧，陶謙接以師友之禮。許劭傳，徐州刺史陶謙禮之甚厚，劭不安，告其徒曰：「陶恭祖外慕聲名，内非眞正。待吾雖厚，其勢必薄。不如去之。」其後謙果捕諸寓士。朱儁傳，傕、汜之亂，儁時在中牟。陶謙以儁名臣，數有戰功，可委以大事，乃與諸豪傑共推儁爲太師，因移檄牧伯，同討傕等，奉迎天子。奏記儁曰：「某某敢言之車騎將軍河南尹莫府」云云，「以爲自非明哲雄霸之士，曷能尅濟禍亂！自起兵以來，於兹三年，州郡轉相顧望，未有奮擊之功，而互爭私辨，更相疑惑。謙等並共諮諏，議消國難。僉曰：『將軍君侯，既文且武，應用而出，凡百君子，靡不顒顒。』故相率厲，簡選精悍，堪能深入，直指咸陽，多持資粮，足支半歲，謹同心腹，〔二〕委之元帥。」李傕用周忠、賈詡策，徵儁入朝。軍吏皆憚入關，欲應陶謙。儁辭謙議。荀彧傳，興平二年，陶謙死。應劭傳。

2472
## 王謙

王龔傳，暢子謙，〔三〕爲大將軍何進長史。

〔二〕「腹」，手稿作「服」，據後漢書改。
〔三〕「謙」，手稿作「諫」，據後漢書改。

2473 祝　恬　桓帝紀，延熹二年八月，光祿大夫中山祝恬爲司徒，代韓縯也。注：「恬字伯休，盧奴人。三年六月辛丑，司徒祝恬薨。盛允代之。」黄瓊傳，司隸校尉祝恬等皆稱冀功德，宜比周公云云。

2474 饑　恬　皇甫規傳，沈氏大豪饑恬等詣規降。

2475 蒙　恬　西羌傳。

2476 王　恬　南匈奴傳，安帝永元六年，降胡五六百人夜襲師子，安集掾王恬將衛護與戰，破之。於是新降胡相驚動，十五部二十餘萬皆反畔。

2477 韓　暹　獻帝紀。見胡才下。建安元年二月，韓暹攻衛將軍董承。八月，暹爲大將軍。荀彧傳，衆多以山東未定，韓暹、楊奉負功恣睢，未可卒制。董卓傳，董承遣間使至河東，招故白波帥韓暹等。互見李樂、胡才下。建安元年，諸將爭權，韓暹遂攻董承。之後天子至洛陽，以韓暹爲大將軍，領司隸校尉，假節鉞。暹矜功恣睢，董承潛召曹操。操因奏暹及張楊之罪。暹懼誅，單騎奔張楊。後與楊奉要遮車駕，曹操擊之，與楊奉奔袁術。劉備斬奉。暹懼，還并州，道爲人所殺。呂布傳，術遣張勳等與韓暹攻布。布用珪策，與韓暹等書云云。遂共擊張勳，大破之。

2478 宋　暹　清河王傳，除慶舅宋暹等爲郎。

2479 李　暹　董卓傳，楊定與郭汜謀迎天子幸其營，傕乃使兄子李暹將數千人圍宮，以車三乘迎天子、皇后。楊彪謂暹曰：「古今無帝王在人臣家者」云云。暹曰：「將軍計決矣。」

2480 謝　暹　西南夷傳，公孫述時，牂柯大姓龍、傅、尹、董氏，與郡功曹謝暹保境爲漢。

2481 任僉 律曆志，博士黄廣、大行令任僉議，如九道。

2482 焦廉 五十六卷。見馮巡下。巡起兵應光武，而爲廉所反。

2483 謝廉 臧洪傳，注：「左雄奏徵海内名儒爲博士」云云，「汝南謝廉，河南趙建章，年始十二，各能通經，並奏拜童子郎。於是負書來學，雲集京師。可也。」左雄傳。

2484 汲廉 朱儁傳，陶濬奏記列有彭城相汲廉。

2485 成廉 呂布傳，布投袁紹。布與其健將成廉、魏越等數十騎馳突張燕陣，破燕軍。

2486 濮陽濳 爰延傳，令牛述請爲主簿。

2487 酈炎 文苑傳，字文勝，范陽人，食其之後也。有文才，解音律。靈帝時，州郡辟命，皆不就。有志氣，作詩二章。後風病慌忽。性至孝，遭母憂，病甚發動。妻始産而驚死，妻家訟之，收繫獄。炎病不能理對，死獄中，時年二十八。尚書盧植爲之誄讚，以昭懿德。

2488 比銅鉗 西羌傳，燒何豪有婦人比銅鉗者，年百餘歲，多智算，爲種人所信向，皆從取計策。時爲盧水胡所擊，比銅鉗乃將其衆來依郡縣。種人頗有犯法者，臨羌長收繫比銅鉗，而誅殺其種六七百人。顯宗下詔云云，「比銅鉗尚生者，所在致醫藥養親，令招其種人，若欲歸故，厚遺送之。」

# 卷一百八十四　東漢書姓名韻（十一）

## 上聲

### 一董

2489 彭　寵　光武紀。南陽宛人也。地皇中，爲大司空士，從王邑東拒漢兵。到洛陽，聞同産弟在漢兵中，懼，即與鄉人吳漢亡至漁陽，抵父時吏。更始謁者韓鴻拜寵偏將軍。光武至河北，彭寵發步騎三千人，與上谷兵合而南，及光武於廣阿。光武承制封寵建忠侯。圍邯鄲時，寵轉粮食，前後不絕。後反，自立爲燕王，蒼頭子密殺之。蘇竟傳，與劉龔書曰：〔二〕「尾爲燕分，〔三〕漁陽是也」，「彭寵逆亂擁兵。」朱浮傳，密奏寵迎妻而不迎其母，又受貨賄，殺害友人，多聚兵穀，意計難量。寵既積怨，遂舉兵攻浮。又郭伋傳。五十六卷。

2490 陳　寵　和帝紀，永元十六年十月辛卯，大鴻臚陳寵爲司空，代徐防。殤帝延平元年四月，司空寵薨，尹勤代之。本傳，字昭公，沛國洨人。明習家業，少爲州郡吏，辟司徒鮑昱

〔二〕「龔」，手稿誤作「龍」，據後漢書改。

〔三〕「分」字，手稿無，據後漢書補。

府，轉爲辭曹。爲昱撰辭訟比七卷，決事科條，皆以事類相從。昱奏上之，以爲法。肅宗初，爲尚書。是時承永平故事，吏政尚嚴切，寵上疏言蕩滌煩苛之法。帝納之，詔絕鉆鑽諸慘酷之科，解妖惡之禁，除文致之請讞五十餘事，著於令。元和二年，議不宜改十月報重，從之。竇憲恨寵，出爲太山太守。轉廣漢太守，勑葬洛縣城南骸骨，而陰雨哭聲遂絕。憲征匈奴，公卿及郡國無不遣吏獻遺，寵獨守正不阿。和帝聞之，擢爲大司農。永元六年，代郭躬爲廷尉。性仁矜，務從寬恕。鉤較律令，溢於甫刑者除之。未及施行，坐詔獄吏與囚交通抵罪，詔特免刑，轉爲尚書。遷大鴻臚。代徐防爲司空。薨。初，太尉張禹、司徒徐防欲與忠父寵共奏追封和熹后父鄧訓，寵以先世無奏請故事；及訓追加封謚，禹、防復約寵俱遣子奉禮於子鄧騭，寵不從，騭心不平之，故忠不得志於鄧氏。韓稜傳，肅宗賜尚書陳寵劍曰「濟南椎成」。論者以寵敦朴，善不見外，故得椎成。王渙傳，和帝問寵：「在郡何以爲理？」對曰：「臣任功曹王渙以簡賢選能，主簿鐔顯拾遺補闕。」又陳忠傳。循吏傳序。

2491 朱寵

順帝紀，永建元年正月丙戌，大鴻臚朱寵爲太尉，代劉熹也，參錄尚書事。注：「寵字仲威，京兆杜陵人。」二年七月，日食。壬午，太尉寵罷，劉光代之。鄧訓傳，辟朱寵置之幕府。騭死，大司農朱寵痛騭無罪遇禍，肉袒輿櫬，上疏追訟云云。免官歸田里。順帝立，擢寵爲太尉，錄尚書事。寵字仲威，京兆人，初辟騭府，稍遷潁川太守。及拜太尉，封安鄉侯。桓榮傳，郁門人朱寵至三公，注。鄧騭傳，朱寵字仲威，京兆人也。陳忠傳，忠陷成鄧騭之惡，遂詆劾大司農朱寵。張奂傳，奂師太尉朱寵，學歐陽尚書。劉矩傳，矩以叔父遼未仕，遂絕州郡之命。太尉朱寵、太傅桓焉嘉矩志義，

2492 劉寵 而遼以此爲諸公所辟。桓焉傳。西羌傳，安帝永初五年，羌入寇河東，至河内，百姓爲驚，多奔南度河。使北軍中候朱寵將五營士屯孟津。〔一〕桓帝紀，延熹四年九月，大鴻臚劉寵爲司空，代黄瓊也。六年十一月，司空劉寵免，周景代之。靈帝紀，建寧元年八月，宗正劉寵爲司空，代王暢也。九月，司空劉寵爲司徒，代胡廣也。二年六月，司徒劉寵爲太尉，代聞人襲也，許訓代之。十一月，太尉劉寵免，郭禧代之。周景傳，代劉寵爲司空。郭鎮傳，鎮弟子禧，建寧二年代劉寵爲太尉。謝弼傳，今之四公，惟司空劉寵斷斷首善，餘皆素餐致寇之人。蔡邕傳，故太尉劉寵忠實守正。羊陟傳，薦前太尉劉寵。戴就傳，太守劉寵舉就孝廉。循吏傳，寵字祖榮，東萊牟平人，齊悼惠王後。以明經舉孝廉，除東平陵令。母疾，棄官去。歷豫章、會稽太守，徵爲將作大匠。山陰縣有五六老叟，尨眉皓髮，自若邪山谷間出，人賫百錢以送寵云云，寵爲人選一錢受之。轉宗正、大鴻臚。延熹四年，代黄瓊爲司空，免。建寧元年，又代王暢爲司空，遷司徒，以日食免。卒於家。陽球傳。

2493 董寵 靈帝紀，建寧三年九月，執金吾董寵下獄死。孝仁董后紀，建寧二年，徵貴人兄寵拜執金吾。後坐矯稱永樂后屬請，下獄死。

2494 樂安王寵 章帝八王傳，一名伏胡。伉薨，子寵嗣。永元七年，改國名樂安。立二十八年薨，是爲夷王。父子薨於京師，皆葬洛陽。馮異傳。

2495 清河王寵 章帝八王傳。

〔一〕「北」，手稿作「此」，據後漢書改。

2496 平原王寵　章帝八王傳。

2497 陳愍王寵　孝明八王傳，孝王羨，子愍王寵嗣。熹平二年，相師遷奏前相魏愔與寵共祭天神云云，有詔赦寵不誅。寵善弩射，十發十中，中皆同處。中平初，黄巾起，寵有强弩數千張，出軍都亭。國人遂不敢反，陳獨得完。獻帝初，義兵起，寵率衆屯陽夏，稱輔漢大將軍。袁術遣客詐殺之。袁術傳，術率兵擊陳國，誘殺其王寵。

2498 關寵　耿恭傳，謁者關寵爲戊己校尉，屯前王柳中城。後北虜於柳中，救兵不至，寵上書求救，司空第五倫以爲不宜救，司徒鮑昱議當救之，會關寵歿。

2499 馬寵　李忠傳，信都大姓馬寵開城内王郎兵，收太守宗廣及忠母妻，令親招呼忠。〔二〕時寵弟從忠爲校尉，忠卽時格殺之。

2500 何寵　何敞傳，父寵，建武中爲千乘都尉，以病免，隱居不仕。又注：「鄢生寵，爲濟南都尉。」

2501 胡寵　胡廣傳，注：「襄陽耆舊傳：父名寵，寵妻生廣，卒，更娶江陵黄氏，生康。」

2502 閻礱〔三〕　和帝紀，永元二年五月己未，遣副校尉閻礱討北匈奴，取伊吾盧地。

2503 蔡諷　安帝紀，建光元年四月，遼東太守蔡諷追擊穢貊、鮮卑，戰歿。

2504 役諷　來歙傳，歷要結光祿勳役諷等十餘人詣鴻都門，證太子無過。詔脅諷等不識大典云云。

---

〔二〕「令」，手稿作「合」，據後漢書改。

〔三〕「礱」，後漢書中華書局本作「磐」。下同。

2505 祝 諷

鄧訓傳，推進賢士祋諷。陳忠傳，建光中尚書令祝諷、尚書孟布等奏，以爲孝文帝約禮之制，光武絶告寧之典，宜復建武故事。

2506 梁 諷

竇憲傳，憲班師，遣軍司馬吳汜、梁諷奉金帛遺北單于，宣明國威。時虜中乖亂，汜、諷所到，輒招降之。遂及單于西海上，單于稽首拜受。諷因説宜修呼韓邪故事，單于卽將衆與諷俱還，到私渠海云云。後單于復遣車諧儲王款居延塞，憲上遣將軍中護軍班固與司馬梁諷迎之。會北單于爲南匈奴所破，遁走，固等至私渠海而還。梁慬傳，〔一〕父諷，歷州宰。永元元年，竇憲出征匈奴，除諷爲軍司馬，令先賫金帛使北單于，宣國威德，其歸附者萬餘人。後坐失憲意，髠輸武威，武威太守承旨殺之。竇氏既滅，和帝知其誣，徵子慬，除爲郎中也。〔二〕

2507 梁 統

順烈梁后紀，以康弟統襲封昆陽君。〔三〕

2508 梁 統

字仲寧，安定烏氏人。性剛毅，好法律。初仕州郡。更始二年，召補中郎將，使安集涼州，拜酒泉太守。更始敗，與竇融起兵，爲武威太守。建武五年，〔四〕詔加統爲宣德將

〔一〕「慬」，手稿作「瑾」，據後漢書改。
〔二〕「郎中」，手稿作「中郎」，據後漢書改。
〔三〕按此條有誤，「梁統」乃「鄧統」之誤，「順烈梁后紀」乃「桓帝鄧皇后紀」之誤。「昆陽君」乃「昆陽侯」之誤。見後漢書卷十下皇后紀下。
〔四〕「五」，手稿作「八」，據後漢書改。

軍。囂敗，封統爲成義侯。〔一〕十二年，詣京師，更封高山侯，拜大中大夫，除四子爲郎。上疏宜重刑罰，以遵舊典之事，下三公、廷尉，議以爲隆刑峻法，非明王急務，統今所定，不宜開可。統復上言，願得召見，帝令尚書問狀，議上，遂寢不報。後出爲九江太守，定封陵鄉侯。寇恂傳，與竇士圍高峻於高平。互見「士」下。竇融傳，融爲張掖屬國都尉，時酒泉太守梁統等共推融行五郡大將軍事，於是以統爲武威太守。囂後反畔，統乃使人刺殺張玄，與囂絕，皆解所假將軍印綬。囂破，封成義侯。孔奮傳，奮爲姑臧長，治貴仁平，太守梁統不以官屬禮之，常迎於大門，引入見母。

2509 阜陵王統

光武十王傳，恭王便親薨，子孝王統嗣，立八年薨。

2510 鄧　統

天文志，延熹八年，昆陽侯鄧統繫暴室。鄧后猛女紀，以康弟統襲封昆陽侯，後后廢，統等亦繫暴室免。

2511 公乘蘇統

律曆中，章帝使賈逵問治曆者鉅鹿公乘蘇統等。

2512 仲長統

字公理，山陽高平人。少好學，博涉書記，贍文辭。年二十餘，遊學青、徐、幷、冀之間。幷州刺史高幹，袁紹甥也。素貴有名，招致遊士，士多歸。統過幹，幹訪以當時之事，統曰：「君有雄志而無雄才，好士而不能擇人，爲君深戒。」幹自多不納，統去之。尚書令荀彧聞名，奇之，舉爲尚書郎。後參丞相曹操軍事，每論說古今及時俗行事，恆歎息。著論名曰昌言，凡三十四篇，十餘萬言。獻帝遜位之歲，統卒。友人東海繆襲嘗稱其才足繼西京董、賈、劉、楊。

〔一〕「成」，手稿作「承」，據後漢書改。

2513 劉　統　杜詩傳，詩雅好推賢，數進知名士清河劉統。

2514 銚　統〔一〕　銚期傳，〔二〕復封丹弟統爲建平侯。注：「建平，縣名，屬沛郡，故城在今亳州酇縣西北，一名馬頭城。」

2515 楊　統　楊厚傳，父統。春卿臨命戒子統曰：「吾綈袠中有先祖所傳祕記，爲漢家用，爾其修之。」統感父遺言云云。又見周循、鄭伯山下。建初中爲彭城令，一州大旱，統推陰陽消伏，縣界蒙澤。太守宗湛使統爲郡求雨，亦得降澍。統作家法章句及内讖二卷解說。位至光祿大夫，爲國三老。年九十卒。

2516 亳　統　李雲傳，注：「封亳后弟統爲昆陽侯。」

2517 韓　統　南匈奴傳，光武六年，漢復令中郎將韓統報命，賂遺金幣，以通舊好。單于興驕踞，自比冒頓，〔三〕對使者辭語悖慢。

2518 梁　竦　章德后紀。松弟竦，字叔敬，習孟氏易。坐兄松事徙九眞，有悼騷賦。顯宗詔聽還本郡。閉門自養，以經籍爲娛，著書數篇，名曰七序。嘗登高歎息：「大丈夫生當封侯，死當廟食」云云，「州郡之職，徒勞人耳。」肅宗納其二女爲貴人，小貴人生和帝，竇后養以爲子，諸竇恐梁氏得志，建初八年遂譖殺二貴人，而陷竦等以惡逆，考死獄中。後追封謚爲褒親愍侯。

〔一〕「銚」，手稿作「姚」，據後漢書改。
〔二〕「銚」，手稿作「姚」，據後漢書改。
〔三〕「比」，手稿脱，據後漢書補。

2519 陳懷王竦　孝明八王傳，思王薨，子懷王竦嗣，立二年薨，無子，國絕。

2520 張竦　杜林傳，外氏張竦父子喜文采，林從竦受學。

2521 楊竦　西南夷傳，安帝元初四年，益州刺史張喬遣從事楊竦將兵至揲榆擊卷夷大牛種封離等，戰，斬首三萬餘級，獲生口千五百人，資財四千餘萬，悉以賞軍士。封離等惶怖，斬其同謀渠帥，詣竦降，竦厚加慰納。其餘三十六種皆來降附。竦因奏長吏姦猾侵犯蠻夷者九十人，皆減死。州中論功未及上，會竦卒，張喬痛惜之，乃刻石勒銘，圖畫其像。

2522 第五種　字興先，倫之曾孫。永壽中，以司徒掾清詔使冀州，廉察災害，還，以奉使稱職，拜高密侯相。以能換爲衛相。遷兗州刺史。單超積忿，以事陷之，徙朔方。孫斌劫歸，匿於閭、甄氏家，會赦出，卒。又楊震傳。苑康傳。〔二〕又見壺嘉下。

2523 班勇　超少子，字宜僚，少有父風。永初元年，西域反畔；以勇爲軍司馬，與兄雄俱出敦煌，迎都護及西域甲卒而還。元初六年，曹宗請出兵報索班之恥，因復取西域。鄧太后召勇會議，以爲「不可許，宜復舊敦煌營兵三百，復置護西域長史，將五百人屯樓蘭，西當焉耆、〔三〕龜茲徑路，南彊鄯善、于窴心膽，北扞匈奴，便。」卒從勇議。延光二年，復以勇爲西域長史，屯柳中。明年正月，勇至樓蘭，降龜茲王白英。又到車師

〔二〕「苑」，手稿作「范」，據後漢書改。
〔三〕「當」，手稿脱，據後漢書補。

前王庭，[二]擊走匈奴伊蠡王，收得前部五千餘人，於是前部始得開通。四年，發敦煌等郡及前部兵擊後部，破之，擊軍就。永建元年，更立後部故王子加特奴爲王。又斬東且彌王，更立其種人，於是車師六國悉平。發兵擊匈奴呼衍王，王亡走，其衆二萬餘人降。捕得單于從兄，斬之。二年，與張朗分道擊焉耆王元孟。勇從南道，以後期，徵下獄，免。後卒於家。西域傳，安帝延光二年，帝納陳忠議，以班勇爲西域長史，將弛刑士五百人西屯柳中，勇遂破平車師。順帝永建二年，勇復擊降焉耆。又見焉耆國傳。建武以後，西域傳事異於前者，皆班勇所記云。

## 二紙

2524 劉盆子　光武紀，建武元年六月，赤眉立劉盆子爲天子。本傳，太山式人，陽城景王章之後。樊崇等立爲帝，降光武，待以不死，[三]賞賜甚厚，以爲趙王郎中。後病失明，賜滎陽均輸官地，以爲列肆，使食其稅終身。又沛王傳。

2525 徐次子　劉盆子傳，注：「東觀記曰：賓客徐次子等自號『搤虎』。搤音于責反，力可搤虎，言其勇也。」

2526 召公子　郭泰傳，召公子、許偉康並出屠沽。

2527 周康子　郭泰傳，定襄周康子。

[二]「到」，手稿脫，據後漢書補。

[三]「以」，傅山全書初版本作「汝」，據手稿改。

2528 樂羊子　列女傳，樂羊子妻。羊子嘗行路得遺金，妻曰：「志士不飲盜泉水，廉者不受嗟來之食，求利以污其行乎？」羊子遠學，一年來歸，妻乃引刀斷機云云。羊子復還終業。

2529 陳平子　范式傳，時諸生長沙平子亦同在學，與式未相見，平子被病將亡，謂其妻曰：「吾聞山陽范巨卿，烈士也，可以託死」云云。式爲營護平子妻兒，身自送平子喪於臨湘。委素書於柩上，哭別而去。

2530 王仲子　郭憲傳，少師事東海王仲子。時莽爲大司馬，召仲子，仲子欲往，憲諫曰：「禮有來學，無往教」云云。

2531 師　子　竇憲傳，憲與耿秉各四千騎及南匈奴左谷蠡王師子萬騎出朔方雞鹿塞。〔一〕南匈奴傳，章帝章和二年，屯屠何請遣左谷蠡王師子等將萬騎出朔方。和帝永元二年，屯屠何復上求滅北庭，於是遣師子等將左右部八千出雞鹿塞，至涿邪山，留輜重，分爲二部，各引輕兵兩道襲之。左部北過西海至河雲北，〔二〕右部從匈奴河水西繞天山，南渡甘微河，二軍會，夜圍北單于。大驚，率精兵千餘人合戰，被創，墮馬復上，將輕騎數十遁走，僅爲免脫。得其玉璽，獲閼氏及男女五人，斬首八千級，掠虜數千口而還。師子勇黠多智，前單于宣及屯屠何皆愛其氣決，故數遣兵將出塞，掩擊北庭，還受賞賜，天子亦加殊異。是以國中盡敬師子而不附安國。由是安國疾師子，〔三〕欲殺之。其諸新降胡初

〔一〕「鹿」，手稿作「塵」，據後漢書改。下同。
〔二〕「海」，手稿作「河」，據後漢書改。
〔三〕「疾」，手稿作「擊」，據後漢書改。

在塞外，數爲師子所驅掠，皆多怨之。安國因是委計降者，與同議。安國既立爲單于，〔一〕師子以次轉爲左賢王，覺單于與新降者有謀，乃别居五原界。每龍會議事，師子輒稱病不往。單于懷憤益甚。朝廷議遣朱徽、〔二〕杜崇發兵造其庭觀動静，安國聞漢軍至，大驚，棄帳去，因舉兵及新降者欲誅師子。師子先知，乃悉將廬落入曼柏城。後骨都侯喜格殺安國而師子立，是爲亭獨尸逐侯鞮單于，立當和帝永元六年。降胡五六百人夜襲師子，安集掾王恬將衞護士與戰，破之。於是新降胡遂相驚動，十五部二十餘萬人皆反畔。師子立凡四年死。

2532 春陵嫡子　光武紀。

祉

2533 吳　祉　安帝紀，永初六年十一月辛丑，護烏桓校尉吳祉下獄死。

2534 吳　祉　西羌傳，和帝永元九年，〔三〕代郡太守吳祉代史充爲校尉。十年，〔四〕吳祉等乃多賜迷唐金帛，令羅縠市畜，促使出塞。種人更懷猜驚。十二年，遂復背畔。吳祉等皆坐徵。

2535 城陽恭王祉　城陽恭王祉，字巨伯，光武族兄春陵康侯敞之子。敞卒，祉廢。光武起兵，祉兄弟相率從軍。更始立，以祉爲太常將軍，紹封春陵侯。從西入關，封爲定陶王。更始降赤眉，祉間亡奔洛陽，宗室惟祉先至。建武二年，封爲城陽王。十一年，上城陽王璽綬，

〔一〕「單于」，手稿脱，據後漢書補。
〔二〕「朝廷」上，手稿衍一「乃」字，據後漢書删。
〔三〕「九」，手稿作「四」，據後漢書改。
〔四〕「十」，手稿作「五」，據後漢書改。

願以列侯奉先人祭祀。薨，曰恭王，葬洛陽北邙。劉玄傳，先封宗室太常劉祉爲定陶王。

2536 劉　祉　耿夔傳，何熙司馬劉祉。見耿溥下。

2537 河南尹祉　律曆中，河南尹祉等四十人議：即用甲寅元，當除元命苞天地開闢獲麟中百一十四歲，推閏月六直其日，或朔、晦、弦、望，二十四氣宿度不相應者非一。用九道爲朔，月比三大二小，皆疏遠。元和變曆，以應保乾圖『三百歲斗曆改憲』之文。四分曆本起圖讖，最得其正。

2538 來　祉　來歙傳，永建元年，歷弟祉爲步兵校尉。

2539 曹　祉　歐陽歙傳，曹曾子祉，河南尹，傳父業教授。

2540 饑　指　西羌傳，順帝永和二年，校尉馬賢又擊斬其渠帥饑指累祖等三百級，於是隴右復平。

2541 骨都侯喜　和帝紀。

2542 唐　喜　安帝紀，永初六年六月，遣侍御史唐喜討漢陽賊王信，斬之。西羌傳，安帝永初五年，侍御史唐喜領諸郡兵討斬王信等六百餘級，沒入妻子五百餘人，收金銀綵帛一億已上。

2543 王　喜　質帝紀，本初元年正月壬子，廣陵太守王喜坐討賊逗留，下獄死。

2544 張　喜　獻帝紀，初平四年十二月乙巳，衛尉張喜爲司空，代趙温也。建安元年九月，司空張喜罷，曹操自爲司空。自此無司空矣。張酺傳，濟弟喜初平中爲司空。董卓傳，李傕既劫致天子於營，帝使楊彪與司空張喜等十餘人和傕、汜。

2545 劉　喜　安思閻后紀，詐遣司徒劉喜詣郊廟社稷，告天請命。馮魴傳，馮石與太尉東萊劉喜參錄尚書事。順帝立，皆以阿黨閻顯等策免。

2546 劉　喜　耿弇傳，時祭遵屯良鄉，驍騎將軍劉喜屯陽鄉，拒寵。劉植傳，與弟喜據昌城。爲偏將軍，封列侯。植卒，帝使喜代將植營，復爲驍騎將軍，封觀津侯。注：「東觀記喜作嘉，字共仲。」

2547 頃王喜　齊武王傳，惠王無忌薨，子頃王喜嗣，立五年薨。

2548 傳　喜　桓譚傳，董賢果使眞欽求傳氏罪過，逮后弟侍中喜，詔獄無所得，乃解。故傳氏終全於哀帝之時。

2549 耿　喜　耿弇傳，隃糜侯文金卒，子喜嗣。

2550 楊　喜　楊震傳，八世祖喜，高祖時有功，封赤泉侯。

2551 夏　喜　董宣傳，江夏賊夏喜寇亂，宣到官移檄「幸思自安之宜」，喜卽降散。

2552 趙　憙　馮魴傳，建武二十七年，入代趙憙爲太僕。虞延傳，永平三年，代趙憙爲太尉。

2553 馮　禧　黨錮傳序，朱並告禧爲「八俊」。

2554 耿　鄙　靈帝紀，中平四年四月，涼州刺史耿鄙討韓遂，鄙兵大敗。傅燮傳，涼州刺史耿鄙委任治中程球。詳「球」下。董卓傳，隴西太守李相如反，與韓遂共殺涼州刺史耿鄙。劉焉傳，涼州刺史耿鄙爲寇賊所殺。

2555 刑　紀　靈帝紀，中平五年正月，休屠各胡寇西河，殺郡守刑紀。

2556 耿　紀　獻帝紀，建安二十三年正月甲子，少府耿紀等起兵誅操，不克。耿秉傳，秉曾孫紀，有美名，辟公府，曹操敬異之，稍遷少府。建安二十三年，〔二〕與吉平等謀誅操，不克，夷三族。

2557 **梁紀** 鄧后猛女紀，后母宣改嫁梁紀，大將軍冀妻孫壽之舅也。梁冀傳，鄧香妻宣更適梁紀。紀者，冀妻壽之舅也。

2558 **陳紀** 寔子，字元方。兄弟孝養，閨門雍睦，遭黨錮，著書數萬言，曰陳子。黨禁解，四府並命，無所屈就。遭父憂，殆滅性。董卓入洛，就拜五官中郎將，不得已，到，遷侍中，出爲平原相。往謁卓，卓謂紀：「欲西遷，何如？」對曰：「天下有道，守在西夷」云。卓意迕，而敬紀名行，無所復言。時議以爲司徒，紀見禍亂方作，即時之郡。追拜太僕，又徵爲尚書令。建安初，拜大鴻臚。年七十一，卒於官。董卓傳，卓以染黨錮者陳紀之徒爲列卿。互見「融」下。李郃傳，郃弟子歷與紀爲友。

2559 **龐紀** 何進傳，因博徵智謀之士龐紀、何顒、荀攸等，與同腹心。

2560 **逢紀** 荀彧傳，紀果而自用。袁紹傳，紹客逢紀謂紹曰：「舉大事，非據一州，無以自立。今冀部强實，而韓馥庸才，可密要公孫瓚將兵南下，馥聞必駭懼。並遣辨士爲陳禍福」云。紹然之，益親紀。復欲攻許，以逢紀統軍事。官渡之敗，紀謂紹曰：「田豐聞將軍之退，拍手大笑，喜其言之中也。」而紹遂殺豐。紀與審配不睦，及孟岱譖配，郭圖、辛評亦爲然。紹問之紀，紀曰：「配天性烈直，每所言行，慕古人之節，不以二子在南爲不義也。公勿疑之。」紹曰：「君不惡之耶？」紀曰：「先所爭者私情，今

〔二〕「二十三」，手稿作「二十」，據後漢書改。

所陳者國事。」紹乃不廢配。配、紀由是更協。紹死，紀與配宿以驕侈爲譚所病，恐譚立而辛評等爲害，遂矯紹遺命奉尚爲嗣。譚出軍黎陽，尚少與其兵，而使紀隨之。譚求益兵，審配等議不與，譚怒，殺紀。〔一〕

2561 公孫紀

2562 郭汜 劉虞傳，初平四年，虞率諸屯兵合十萬人以攻瓚。時州從事公孫紀者，瓚以同姓厚待遇之。紀知虞謀而夜告瓚。瓚遂追攻虞，執虞還薊。

獻紀，初平三年五月，卓部曲將郭汜等反，互見「傕」下。興平元年八月，馮翊羌叛寇郡縣，汜與樊稠擊破之。二年七月，車駕東歸，汜自爲車騎將車。又种暠傳。〔二〕又九十一卷。王允傳。

2563 暴汜 賈復傳，引東擊更始淮陽太守暴汜降。

2564 維汜 臧宮傳，妖巫維汜。馬援傳，初，卷人維汜妖言稱神，〔三〕有弟子數百人，坐伏誅。弟子李廣等宣言汜神化不死。

2565 吳汜 竇憲傳，遣司馬吳汜等奉金帛遺單于。見梁諷下。

2566 樊汜 樊儵傳，儵卒，子汜嗣燕侯。

2567 張汜 陰興傳，興友張汜。見杜禽下。

2568 張汜 陳蕃傳，南陽大猾張汜乘中官勢犯法，太守成瑨考殺之。

〔一〕「殺紀」，手稿作「殺尚」，據後漢書改。
〔二〕「种暠」，手稿作「仲稿」，據後漢書改。
〔三〕「卷」，手稿作「養」，據後漢書改。

2569 張　汜　王景傳，建武十年，陽武令張汜上言：「河決積久，宜改修隄防。」

2570 掾　汜　桓榮傳，上疏謝，太子使掾臣汜再拜歸道。

2571 田　汜　西羌傳，和帝永元四年，校尉聶尚遣譯田汜等五人護送迷唐祖母卑缺至廬落。迷唐因而反叛，與諸種共生屠田汜等。傅山曰：不知「汜」的是何音，「郭汜」在感韻收之。

2572 苗　祀　獻帝紀，興平二年，東澗之敗，傕殺太長秋苗祀。

2573 董　祀　列女傳，曹操以邕女琰重嫁陳留董祀。祀爲屯田都尉，犯法當死，琰詣操請之。

2574 陰后母　麗華紀，有盜劫殺后母鄧氏。

鄧　氏

2575 江夏黄氏　五行志，靈帝時，黄氏母浴而化爲黿。

2576 長沙桓氏　五行志，獻帝初平中，長沙桓氏死，月餘，復生。

2577 楚王英母　光武十王傳。

許　氏

2578 趙　氏　章帝八王傳，孝穆后。

2579 夏　氏　章帝八王河間王傳，建寧元年，追尊皇祖淑夫人夏氏爲孝后。

2580 馬　氏　河間王傳，馬氏尊爲孝崇博園貴人者。

2581 董　氏　河間王傳，靈帝立，追尊皇考長夫人董氏爲慎園貴人。

2582 莽貴人　虞延傳，延爲戶牖亭長，時莽貴人魏氏賓客放縱，延率吏卒突其家捕之。

魏　氏

2583 黄允妻夏　見「允」下。

后　氏

2584 袁紹妻　袁紹傳，紹後妻有寵而愛尚，〔二〕數稱於紹。

劉　氏

2585 何　氏　劉玄傳，注：「子張納平陵何氏女，生更始。」

2586 耿　氏　鄧騭傳，閻女耿氏有節操，痛鄧氏誅廢，子忠早卒，乃養河南尹豹子氏閻後。耿氏教之書學，遂以通博稱。

2587 郇　氏　杜茂傳。

2588 帛　氏　馬援傳，依帛氏口齒。

2589 謝　氏　馬援傳，依謝氏脣髻。

2590 儀　氏　馬援傳，謹依儀氏觭中。

2591 丁　氏　馬援傳，依丁氏身中。

2592 盛　氏　郅惲傳，注：「東觀記：董子張父及叔父爲鄉里盛氏所害。」

2593 陰　氏　梁商傳，夫人陰氏薨，追號開封君。

2594 亳　氏〔三〕李雲傳，立掖庭民女亳氏爲皇后。

〔二〕「愛」字下，手稿衍一「受」字，據後漢書刪。

〔三〕「亳」，手稿作「毫」，據後漢書改。

2595 高　氏　夏馥傳，同縣高氏、蔡氏並富殖，馥比門不與交通。
2596 蔡　氏　夏馥傳。見高氏下。
2597 蔡　氏　劉表傳，表將斬韓嵩，表妻蔡氏知嵩賢，諫止之。
2598 甄　氏　孔融傳，袁熙妻。
2599 薛　氏　蔡邕傳，注：「謝承書：史弼遷山陽太守，其妻鉅野薛氏以三互自上，轉拜平原相。」
2600 彭　氏　黄昌傳，昌遷陳相，縣人彭氏造大舍，高樓臨道。昌出行縣，彭氏婦人輒升樓而觀。昌遂收案殺之。
2601 東海王祇　光武十王傳，孝王臻薨，子懿王祇嗣，立四十四年薨。
2602 東海王祇　孔融傳，東海王祇薨，帝傷其早殁，欲爲脩四時之祭。注：「獻帝子。」
2603 彭城王祇　孝明八王傳，孝王薨，孫祇嗣。立七年，魏受禪，以爲崇德侯。
2604 劉　祇　黨錮傳序，朱並告祇爲「八顧」。
2605 劉　祇　唐檀傳，元初七年，南昌郡界有芝草生，太守劉祇欲上言之，以問檀。檀曰：「方今外戚豪勝，陽道微弱，斯豈嘉瑞乎？」祇乃止。永寧元年，有婦人生四子，祇復問檀。檀以爲京師當有兵變，其禍發於蕭牆。延光四年，孫程應之。〔二〕
2606 葛　祇　天文志，延熹八年，交阯刺史葛祇爲賊拘。〔三〕

〔二〕「程」，手稿作「承」，據後漢書改。
〔三〕「拘」，手稿作「狗」，據後漢書改。

2607 朱　祇　趙咨傳，咨將終，告其故吏朱祇、蕭建等，使薄斂素棺，藉以黄壤，不聽子孫改之。後祇等送喪到家，子胤不忍父體與土并合，欲更改殯，朱祇等譬以顧命也。

2608 蘇　祇　崔瑗傳，〔一〕門生蘇祇具知瑗謀廢立事，欲上書言狀，瑗止之。司隸校尉陳禪謂瑗曰：「第聽祇上書，禪請爲之證。」

2609 服　祇　儒林傳，服虔一名祇。〔二〕

2610 皇女中禮　光武女中禮封涅陽長公主，適竇固。

2611 王　禮　梁節王傳，暢乳母王禮等因自言能見鬼神。事見下忌下。

2612 李純母禮　李忠傳。見「純」下。

2613 范仲禮　袁閎傳，注，「七賢」有門下督范仲禮。

2614 張季禮　劉翊傳，陳國張季禮遠赴師喪，遇寒冰，車毀，翊見之，謂曰：「君慎終赴義，行宜速達。」即下車，與之，不告姓名而去。

2615 劉　禮　劉隆傳。

2616 孫　禮　郎顗傳，同郡孫禮者，凶暴好遊俠，常慕顗名德，欲與親善。顗不顧，以此結怨，殺顗。

2617 趙　禮　趙孝傳，弟禮爲餓賊所得，孝曰：「禮瘦，不如孝肥」云。顯宗徵禮爲御史中丞。帝

〔一〕「瑗」，手稿作「援」，據後漢書改。下同。

〔二〕「祇」，手稿作「祇」，據後漢書改。

嘉其兄弟篤行，詔禮十日，一就衛尉府，大官送供具，令相對盡歡。數年，禮卒，帝令孝從官屬送葬。拜禮兩子爲郎。

2618 劉　鯉　劉玄傳，玄三子，又次鯉，帝封爲壽光侯。光武十王傳，壽光侯劉鯉，更始子也，得幸於沛王輔。鯉怨劉盆子害其父，因輔結客，報殺盆子兄故式侯劉恭。傅山曰：報仇泄忿，不得於其仇而於其仇之兄，亦不得不然情事。

2619 鄧　鯉　寒朗傳，顔忠、王平辭連及護澤侯鄧鯉。

2620 甘陵王理　章帝八王傳，梁冀惡清河名，改爲甘陵。梁太后立安平孝王子經侯理爲甘陵王，奉孝德皇祀，是爲威王。立二十五年薨。

2621 伏　理　伏湛傳，父理爲當世名儒，以詩授成帝，爲高密太傅，别自名學。

2622 竇　士　寇恂傳，耿弇率大中大夫竇士、武威太守梁統圍高峻於高平，一歲不拔。竇融傳，八年，拜從弟士爲大中大夫。

2623 李　士　申屠蟠傳，注：「續漢書曰：緱玉爲從父報仇，〔二〕殺夫之從母兄李士，〔三〕姑執玉告吏。

2624 和陽士　許劭傳，賞識和陽士等，並顯名於世。注：「魏志：洽字陽士，西平人。魏國建，爲侍中。」

2625 尹更始　賈逵傳，注：「五家穀梁之學，一尹更始。」

2626 劉　始　馮異傳，異與赤眉遇於華陰，戰數十合，降其將劉始、王宣等。

〔二〕「報」，手稿作「執」，據後漢書改。
〔三〕「從」，手稿脱，據後漢書補。

2627 班　始

班超傳，雄卒，子始嗣，尚清河孝王女陰成公主。主順帝之姑，貴驕淫亂，與嬖人居帷中而召始入，使伏牀下。始積怒，永建五年，遂拔刃殺主。帝怒，腰斬始，同產皆棄市。

2628 甘　始

方術傳，甘始等三人率能行容成御婦人法，或飲小便，或自倒懸，受嗇精氣，不極視大言。甘始、元放、延年皆爲操所錄，問其術而行之。注：「曹植辨道論曰：甘始者，老而有少容，嘗與師於南海作金，前後數四，投數萬斤金於海。又言：諸梁時，西域胡來獻香罽腰帶割玉刀，時悔不取也。又言：車師之西國，兒生劈背出脾，欲其食少而怒行也」云云。

2629 岑　杞

岑彭傳，細陽侯伉卒，子杞嗣。元初三年，坐事失國。建光元年，安帝復封杞細陽侯。順帝時爲光祿勳。

2630 日逐王比

耿國傳。

2631 單于比

南匈奴傳，醢落尸逐鞮單于比，呼韓之孫，烏珠留若鞮單于之子。至比季父單于輿時，以比爲右薁鞬日逐王，部領南邊及烏桓。後單于殺知牙師，比出怨言：「以兄弟言之，右谷蠡王次當立；以子言之，我前單于子，我當立。」遂内會猜懼，庭會稀闊。單于輿疑之，乃遣兩骨都侯監領比所部兵。後輿死，比不得立，既懷憤恨，密遣漢人郭衡奉匈奴地圖，二十三年，詣西河太守求内附。兩骨都侯頗覺其意，會五月龍祠，因白單于，言比欲爲不善，若不誅，且亂國。比弟漸將王聞之，馳報比，比懼，欲斂所主南邊八郡衆四五萬人，待兩骨都，欲殺之。骨都且到，知其謀，亡去，告單于。單于遣萬騎擊之，見比衆盛，不敢進而還。二十四年春，八部大人共議立比爲呼韓邪單于，以其大父嘗依漢得安，故襲其號。於時款五原塞，願永爲藩蔽，許之。比立爲單于九年死。

2632 郎　顗　字雅光，北海安丘人。少傳父宗學。順帝時，災異屢見，陽嘉二年，〔一〕公車徵對尚書事。又上言薦光祿大夫黃瓊、處士李固，復條便宜四事，特拜郎中，辭病歸。至四月，京師地震，陷，夏大旱，秋鮮卑入馬邑，破代郡兵，明年西羌寇隴右，皆如顗言。後爲同郡孫禮所殺。

2633 虞　顗　虞詡傳，詡子顗與門生百餘人舉幡候中常侍高梵車，叩頭流血，訴言枉狀。

2634 梁　益耳　梁統傳。

2635 樂　己　樂恢傳，除子己爲郎。注：「三輔決錄曰：己字伯文，爲郎，非其好也，去官。」

2636 卜　己　皇甫嵩傳，又進擊東郡卜己於倉亭，〔二〕生擒之，斬首七千餘級。

2637 徐　齮　周榮傳，竇氏客太尉掾徐齮脅榮曰：「子爲袁公腹心，排奏竇氏，竇氏悍士刺客滿城中，謹備之矣。」

2638 岑　起　馬融傳，城門校尉岑起舉融敦朴。

2639 許　水　羊陟傳，薦司隸校尉許水。〔三〕

〔一〕「嘉」，手稿作「許」，據後漢書改。
〔二〕「於」，手稿作「己子」，據後漢書改。
〔三〕「水」，後漢書中華書局本作「冰」。

2640 良　史　蔡倫傳，謁者劉珍及博士良史讎校東觀。
2641 騰　是　曹節傳，與長樂謁者騰是等十七人矯詔。
2642 蘇馬提　東夷傳，建武二十年，韓人蘇馬提等詣樂浪貢獻。光武封蘇馬提爲漢廉斯邑君，使屬樂浪郡，四時朝謁。
2643 岸　尾　西羌傳，桓帝永康元年，東羌岸尾等脅同種連寇三輔，張奐擊破之。
2644 彡　姐　西羌傳，元帝時，彡姐等七種寇隴西。注：「音紫。」
2645 牢　姐　西羌傳。
2646 勒　姐　西羌傳。
2647 累　姐　西羌傳。

## 四語

2648 鄧　禹　光武紀，建武元年七月辛未，拜前將軍鄧禹爲大司徒。〔一〕三年閏正月乙巳，大司徒禹免，伏湛代之。明帝紀，以禹爲太傅。永平元年五月，太傅禹薨。本傳，太傅高密侯禹字仲華，南陽新野人。年十三，能誦詩，受業長安。時光武亦遊學京師，遂相親附。歸，及漢兵起，更始立，多薦禹，禹不肯從。及聞光武安集河北，即杖策北渡，追及於鄴。光武見之甚歡，曰：「我得專封拜，生來欲仕乎？」對曰：「不願也。」光武

〔一〕「徒」字，手稿脱，據後漢書補。

曰：「卽如是，欲何爲？」對曰：「但願明公威德加於四海，〔一〕禹得效其尺寸」云云。因勸延攬英雄，務悅民心，立高祖之業，光武大悅。因令左右號禹曰「鄧將軍。」任使諸將，多訪於禹，所舉皆當其才。及北州略定，拜爲前將軍，授以西討之任。自箕關入河東，進圍安邑，斬更始將樊參。以六甲窮日破王匡等，遂定河東。光武卽位，使拜禹爲大司徒，封酇侯。時年二十四。渡汾陰河，入夏陽。破公乘歙，走之，而赤眉遂入長安。禹計休兵北道就粮觀弊，〔二〕至栒邑。建武二年春，遣使者更封禹爲梁侯。赤眉西走扶風，禹乃南至長安，軍昆明池。擇吉祠高廟，收十一帝神主，奉詣洛陽，因循行園陵，置吏士奉守。與延岑戰，不克，復就穀雲陽。赤眉復還入長安，禹與戰，敗走，至高陵，數以飢卒徼戰，輒不利。三年春，與車騎將軍鄧弘擊赤眉，遂爲所敗，衆皆死散，獨與二十四騎歸宜陽，謝上印綬，有詔歸還印綬。數月，拜右將軍。四年，遣禹護鄧曄、于匡等，追延岑至武當，岑奔漢中。十三年，天下平定，封禹爲高密侯。其後左右將軍官罷，以特進奉朝請。禹事母至孝，天下既定，常欲遠名勢。有子十三人，各使守一藝。脩整閨門，教養子孫，皆可爲後世法。資用國邑，不脩産利。中元元年，復行司徒事。從東巡。顯宗卽位，拜太傅，進見東向。永平元年，年五十七，薨，謚曰元侯。伏湛傳，建武三年，代鄧禹爲大司徒。張宗傳，宗客安邑禹定河東，宗歸之，表宗爲偏將。劉平傳，王扶，太傅鄧禹辟之，不至。野王二老傳。衛颯傳。

---

〔一〕「德」字，手稿誤作「得」，據後漢書改。

〔二〕「就」，手稿脫，據後漢書補。

2649 **張　禹**

王丹傳。趙典傳。劉玄傳。和帝紀，永元十二年九月丙寅，大司農張禹爲太尉，代張酺。殤帝延平元年正月，太尉禹爲太傅，徐防代之。安帝紀，永初元年九月庚寅，太傅張禹爲太尉。代徐防，五年正月己丑，太尉禹免，李脩代之。字伯達，趙國襄陽人。性篤厚節儉。父卒，汲吏人賻送數百萬，〔二〕不受。又以田宅推與伯父，身自寄止。永平八年，舉孝廉。建初中，拜揚州刺史。元和二年，轉兗州刺史。三年，遷下邳相，開蒲陽陂、水門，灌溉熟田數百頃。鄰郡歸者千餘戶。永元六年，入爲大司農，拜太尉。十五年，南巡，以太尉兼衛尉留守。聞車駕當進幸江陵，驛馬上諫，臨漢回輿。延平元年，遷太傅，錄尚書事。鄧太后以殤帝初育，詔禹舍宮中。安帝卽位，數上疾乞身。詔遣小黃門問疾，賜牛酒。永初元年，以定策功封安鄉侯。秋，乞骸，更拜太尉。疏諫皇太后連日宿新野君第，固爭，三上乃還。〔三〕後災荒，上疏，入三歲租稅以助郡國稟假，許。五年，免，卒於家。周防傳，太尉張禹薦防補博士。陳忠傳。

2650 **竟陵侯禹**

城陽恭王傳，竟陵侯眞卒，子禹嗣。

2651 **王　禹**

王梁傳，梁卒，子禹嗣。

2652 **任　禹**

馬援傳，使援將突騎往來遊說囂將任禹之屬。

2653 **朱　禹**

陽球傳。

〔二〕「吏」字上，手稿衍一「令」字，據後漢書刪。
〔三〕「還」，手稿作「遷」，據後漢書改。

賓客百餘人。

2654 呂　禹　梁冀傳，冀刺殺放，推疑于放之怨仇，請以放弟禹爲洛陽令，使捕之，盡滅其宗親、

2655 郭　舉　和帝紀，見「璜」下。郭后紀，郭璜子舉爲侍中，兼射聲校尉，後以竇憲壻故，父子俱下獄死。竇憲傳，憲女壻郭舉與鄧疊母元並出入禁中，舉得幸太后云云。憲、疊班師，帝幸北宮，詔執金吾、五校尉閉城門，收捕疊、磊、璜、舉，皆下獄誅。

2656 周　舉　順帝紀，「八使」。字宣光，汝南汝陽人。父防，在儒林傳。舉姿貌短陋，而博學洽聞，京師之爲語曰：「五經縱横周宣光。」延熹四年，辟司徒李郃府。勸郃密表朝廷，令奉閻太后，以答人望，〔二〕郃陳。明年，帝朝東宮。後舉茂才，爲平丘令。上言得失，尚書郭虔、應賀等見之歎息，共疏舉忠直。稍遷并州刺史，轉冀州。陽嘉三年，左雄薦之，徵拜尚書。河南、三輔大旱，特下策問舉，舉對，因召見，言司徒劉崎無忠言異謀，遂免崎，遷司隸校尉。永和元年，災異數見，省内詔議加北鄉侯尊號，舉言北鄉無他功德云云。出爲蜀郡太守，坐免。大將軍梁商表爲從事中郎，商疾篤，薦舉清高忠正，由是拜諫議大夫。拜侍中，巡行風俗，遷河内太守，徵爲大鴻臚。時議殤帝廟次，舉僖、閔之事曰：「殤在前，於秩爲父，順在後，於親爲子。請從諫議大夫呂勃議。」遷光祿勳，遭母憂去職，後拜光祿大夫。建和三年，卒。梁商傳，辟周舉爲從事中郎。种暠傳，「八使」周舉等多所舉奏。李固傳，言光祿大夫周舉才謨高正。周防傳。黄憲

〔二〕「人」，手稿脱，據後漢書補。

傳。欒巴傳。

2657 公孫舉 桓帝紀，永興二年十一月，太山、琅邪賊公孫舉等反，殺長吏。永壽二年，段熲破斬之。度尚傳，抗徐擊太山賊公孫舉，平之。韓韶傳，時太山賊公孫舉僞號歷年，守令不能破散，尚書選三府掾能理劇者，以詔爲贏令。段熲傳，太山、琅邪賊公孫舉。詳東郭竇下。

2658 張舉 靈帝紀，中平四年六月，漁陽人張舉等叛。劉虞傳，中平初，張純謂前太山太守張舉云云。張舉稱天子，移書州郡，云舉當代漢。舉後走出塞。互見「純」下。

2659 張孟舉 李充傳，同坐張孟舉讓充曰：「聞足下與鄧將軍說士未究，激刺面折，不由中和，出言之責，非所以光祚子孫者也。」

2660 廖孟舉 廖扶傳。

2661 廖偉舉 廖扶傳。

2662 丘靈舉 郭泰傳，注：「丘季智名靈舉。」

2663 耿舉 耿弇傳，況病，以國弟廣、舉並爲中郎。

2664 甄舉 傅燮傳，執金吾甄舉謂趙忠曰：「傅南容前在東軍，有功不侯，天下失望。今將軍親當重任，宜進賢理屈，以副衆心。」

2665 邢舉 烏桓傳，建安初，廣陽人閻柔因鮮卑衆，殺烏桓校尉刑舉而代之。

2666 周栩 順帝紀，「八使」。東平王傳，見丁牧下。栩後爲上蔡令。〔二〕周舉傳，八使：守光祿大

〔二〕「令」下，手稿衍一「傳」字，據後漢書刪。

2667 許栩　夫周栩。桓帝紀，延熹六年三月，衛尉潁川許栩爲司徒，代种暠也。九年四月，司徒栩免，胡廣代之。注：「栩字季闕，偃人也。」靈帝紀，建寧元年九月，大鴻臚許栩爲司空，代劉寵也。二年五月，司空許栩免，劉囂代之。四年七月，前司空許栩爲司徒，代橋玄也。熹平元年十二月，司徒許栩罷，袁隗代之。

2668 向栩　靈帝紀，中平元年，侍中向栩坐言宦者，下獄死。獨行傳，字甫興，河内朝歌人。性詭卓不倫，恆讀老子，狀如狂生。後爲趙相，拜侍中。張讓讒殺之。

2669 節王栩　趙孝王良傳，良薨，子節王栩嗣，立四十年薨。樓望傳。

2670 劉矩　桓帝紀，延熹四年四月，太常劉矩爲太尉，代黄瓊也。五年十一月，太尉劉矩免，楊秉代之。靈帝紀，建寧元年，大中大夫劉矩爲太尉，代周景也。十一月，太尉劉矩免，聞人襲代之。楊秉傳，延熹五年，代劉矩爲太尉。謝弼傳，「四公」，注謂：「劉矩爲太尉。」陳蕃傳，與司徒劉矩等共諫劉瓆等罪，有司劾奏，矩等不復言。循吏傳，字叔方，沛國蕭人。舉孝廉，遷雍丘令，以母憂去官。太尉胡廣舉賢良方正，四遷爲尚書令。性亮直，不能諂附貴勢，失梁冀意，出爲常山相，以疾去官。補從事中郎，復爲尚書令，遷宗正、太常。延熹四年，代黄瓊爲太尉，復爲司空，號爲賢相。以蠻夷反叛免。〔二〕靈帝初，代周景爲太尉。日食免，卒於家。又劉愷傳。皇甫規傳。竇武傳。

2671 陳文矩　列女傳，穆姜之夫。

〔二〕「叛」，手稿作「畔」，此據後漢書。

2672 朱寓　靈帝紀，建寧二年十月，鉤黨，死。前司隸校尉。黨錮序，「八俊」：朱寓，沛人，與杜密俱死獄中。竇武傳，徵名士廢黜者，盧江太守朱寓，將發，爲司隸校尉。

2673 朱瑀　五行志，霖雨下，與曹節等共誅竇武等。竇武傳，長樂五官史朱瑀盜發武奏，罵曰：「中官放縱者，自可誅，〔一〕我曹何罪，而當盡見族滅？」因大呼曰：「陳蕃、竇武爲大逆！」乃夜召素所親壯健者長樂從官史共普、〔二〕張亮等十七人，哂血共盟，〔三〕誅武等。曹節傳，與長樂五官史朱瑀等矯詔害竇武。先是，瑀等陰於明堂中禱天輔皇帝誅武，〔四〕令事必成云云。瑀封都鄉侯，更封爲華容侯，後因災異，郎中審忠乃上書言：「瑀興造逆謀，作亂王室，撞蹋省闥，執奪璽綬」云云，「誠皇天所不赦」。章寢不報。後瑀病死。

2674 陳瑀　陳球傳，子瑀，吳郡太守。

2675 阮瑀　孔融傳注。

2676 郭主　郭后紀，昌娶眞定恭王女號郭主，生后。

2677 新平主　明德后紀，時新平主家御者失火，太后以爲己過。

2678 寧平主　陰麗華紀，光武卽位，令傅俊迎寧平主。

〔一〕「誅」，手稿作「罪」，據後漢書改。
〔二〕「普」，傅山全書初版本誤作「曾」，據手稿改。
〔三〕「哂」，手稿作「插」，據後漢書改。
〔四〕「輔」，手稿作「轉」，據後漢書改。

2679 湖陽主　陰麗華紀。董玄傳。

2680 湖陽主　宋弘傳，時湖陽主新寡，帝與朝臣微觀其意，主曰：「宋公威容德器，羣臣莫及。」

2681 沘陽主　章德竇后紀，后父勳尚東海恭王彊女沘陽主。竇融傳，竇勳尚。

2682 益陽主　匽后紀，桓帝妹。見安平王豹下。

2683 舞陽主　虞美人紀。

2684 舞陰主　章德后紀，梁貴人爲伯母舞陰主所養。

2685 舞陰主　鄧禹傳。

2686 舞陰主　梁統傳，松尚舞陰主。梁竦傳，語連及舞陰主，舞陰坐徙新城，使者護守。

2687 別得舞陰主　清河王傳。

2688 長社主　匽后紀，桓帝姊。見安平王豹下。

2689 長社主　耿弇傳，耿援尚。

2690 萬年公主　靈帝女，封萬年公主。

2691 陽安主　伏后紀，后父完尚桓帝女陽安公主。伏湛傳。

2692 直得平氏主　清河王傳。

2693 久長濮陽主　清河王傳。

2694 濮陽主 耿弇傳，耿良尚。
2695 湼陽主 東平王傳。
2696 湼陽公主 竇融傳，竇固尚。
2697 侍男湼陽 清河王傳。
主
2698 比陽主 東海王傳。清河王傳，竇太后與母比陽主謀陷宋氏。注：「比陽主，東海王彊女。」
2699 平陽主 馮勤傳。
2700 安平主 馮勤傳。
2701 高平主 伏湛傳，伏晨尚。
2702 平皋主 鄧禹傳。
2703 臨潁主 賈復傳。
2704 隆慮主 耿弇傳，耿襲尚。
2705 館陶主 東海王傳。阜陵王傳。
2706 陰城主 班超傳，班始尚。見「始」下。
2707 敬卿公主 樊儵傳，樊鮪爲子賞求敬卿公主。
2708 酈邑公主 陰興傳，陰豐尚之，殺之。
2709 獲嘉公主 馮魴傳，子柱尚。

2710 **賈　詡**

王美人紀。朱儁傳，李傕用賈詡計，徵儁入朝。董卓傳，傕等求赦，不許。武威人賈詡在傕軍，說傕：「攻長安，爲卓報仇。〔一〕事濟，奉國家以正天下；若不合，走未後也。」傕殺王允，以賈詡爲左馮翊，欲侯之，詡曰：「此救命之計，何功之有！」固辭，乃止。更以爲尚書典選。劉表傳，隨張濟歸表。見「濟」下。

2711 **虞　詡**

字升卿，陳國武平人也。十二能通尚書。早孤，詡孝養祖母。國相欲以爲吏，辭曰：「祖母九十，非詡不養。」祖母終，〔二〕服闋，辟太尉李脩府，拜郎中。議鄧騭棄涼州非計，爲朝歌長。遷武都太守，坐法免。永建元年，代陳禪爲司隸校尉。三公劾奏詡盛夏多繫無辜，詡上書自訟：「二府恐爲臣所奏」云云。自繫廷尉，奏張防，防訴帝，坐輸左校。尋赦出，復徵拜議郎。駮寧陽主簿不當誅，上言：「台郎顯職，或一郡七八，或一州無人，宜令均平。」好刺舉，無所回容，九見譴考，三遭刑罰。永和初，遷尚書令，以公事去官，卒。雜見「驚」、「季」、「稜」、「防」、「程」、「梵」、「恭」下。來歙傳，歷謂侍御史虞詡曰：「耿寶託元舅之親」云云。陳忠傳，詡追奏忠罪過。龐參傳，尚書僕射虞詡薦參有宰相器能。杜根傳，虞詡上書，成翊世徵拜議郎。左雄傳，僕射虞詡上疏薦：「雄宜擢在喉舌之官。」〔三〕孫程傳，程等訟詡罪。南蠻傳，順帝永和元年，武陵太守上書，以爲蠻夷率服，可比漢人增其租賦。議者皆以爲可，尚書

---

〔一〕「報」，手稿作「執」，據後漢書改。
〔二〕「終」，手稿脫，據後漢書補。
〔三〕「之」字上，傅山全書初版本衍一「之」字，據手稿刪。

令虞詡獨奏曰：「自古聖王不臣異俗，非德不能及，威不能加，知其獸心貪婪，難率以禮。是故羈縻而綏撫之，附則受而不逆，畔則棄而不追。先帝舊典，貢稅多少，由來久矣。今猥增之，必有怨叛。計其所得，不償所費，必有後悔。」帝不從。其冬澧中、漊中蠻果爭貢布非舊約，遂殺鄉吏，舉種反叛。西羌傳，安帝元初二年，遣任尚爲中郎將，將羽林、緹騎、五營子弟三千五百人，代班雄屯三輔。尚臨行，懷令虞詡說尚曰：「使君頻奉國命討逐寇賊，三州屯兵二十餘萬人，棄農桑，疲苦徭役，而未有功效，勞費日滋。若此出不克，誠爲使君危之。」尚曰：「憂惶久矣，不知所如。」詡曰：「兵法弱不攻强，走不逐飛，自然之勢也。今虜皆馬騎，日行數百里，來如風雨，去如絕弦，以步追之，勢不相及，所以曠而無功也。爲使君計者，莫如罷諸郡兵，各令出錢數千，二十人共市一馬，如此，可捨甲冑，馳輕騎，以萬騎之衆，逐數千之虜，追尾掩截，其道自窮。便人利事，大功立矣。」尚喜，用其計。順帝永建四年，尚書僕射虞詡上疏曰：「臣聞子孫以奉祖爲孝，君上以安民爲明，此高宗、〔二〕周宣所以上配湯、武也。禹貢雍州之域，厥田爲上。且沃野千里，穀稼殷積，又有龜茲鹽池以爲民利。水草豐美，土宜產牧，牛馬銜尾，羣羊塞道。北阻山河，〔三〕乘阸據險。因渠以漑，水春河漕。用功省少，而軍粮饒足。故孝武皇帝及光武築朔方，開西河，置上郡，皆爲此也。而遭元元無妄之災，衆羌內潰，郡縣兵荒二十餘年。夫棄沃壤之饒，損自

〔二〕「宗」，手稿作「祖」，據後漢書改。
〔三〕「阻」，手稿作「沮」，據後漢書改。

然之財，不可謂利；離河山之阻，守甚險之處，難以爲固。今三郡未復，園陵單外，而公卿選懦，容頭過身，張解設難，但計所費，不圖其安。宜開聖德，考行所長。」書奏，帝乃復三郡。

2712 曹　詡　馮異傳，時左丞相曹竟子詡爲尚書，父子用事，異勸光武厚結納之。及渡河北，詡有力焉。

2713 劉　詡　任光傳，更始封助國侯。見爰曾下。

2714 高　詡　儒林傳，字季回，平原般人也。哀平間，以父任爲郎中，世傳魯詩。以信行清操知名。莽篡，父子稱盲，逃，不仕莽世。光武即位，宋弘薦詡，徵爲郎，除符離長。去官，後徵爲博士。建武十一年，拜大司農，卒官。

2715 瑯琊王宇　光武十王傳，孝王京薨，子夷王宇嗣，立二十三年薨。

2716 荀　宇　隗囂傳，荀宇等將囂子純降，與純徙弘農。温序傳，隗囂將，拘温序。

2717 郭　宇　郭丹傳，長子宇，官常山太守。

2718 馬　宇　种拂傳，劭與諫議大夫馬宇等共攻傕、汜，〔二〕劭等皆死。董卓傳，興平元年，馬騰與侍中馬宇等合兵攻傕。

2719 甄　宇　儒林傳，字長文，北海安丘人。習嚴氏春秋。建武中，爲州從事，徵拜博士，稍遷太子少傅。註：「東觀記曰：建武中，每臘，詔賜博士一羊。羊有大小肥瘦。時博士祭酒議欲殺羊分肉，又欲投鉤，甄宇之先自取其最瘦者，由是不復有爭訟。後召會，問

---

〔二〕「與諫」，傅山全書初版本誤作「諫與」，據手稿改。

『瘦羊博士』所在。」

2720 銚羽〔一〕

2721 衛羽

銚期傳，舒卒，子羽嗣侯葛陵。

第五種傳，種爲兗州刺史，中常侍單超兄子匡爲濟陰太守，負勢貪放，種欲收舉，未知所使。會聞從事衛羽素抗厲，〔二〕乃召羽具告之。對曰：「願庶幾於一割。」羽遂馳至定陶，閉門收匡賓客親吏四十餘人，六七日中，糾發其贓五六千萬，〔三〕種卽奏匡，並劾超。匡窘迫，遣刺客刺羽，羽覺其姦，乃收繫客，具得情狀。州内震慄。又見無忌下。楊秉傳。

2722 橋羽

橋玄傳，子羽，官至任城相。

2723 田羽〔四〕

法眞傳，同郡田羽薦眞曰：「體兼四業，學窮典奧，幽居恬淡，樂以忘憂，將蹈老氏之高縱，不爲玄纁屈也。」順帝西巡，羽又薦之。

2724 耿緒

耿純傳，高亭侯忠卒，孫緒嗣。

2725 程緒

劉虞傳，虞攻瓚，將行，從事代郡程緒免胄而前曰：「瓚雖有過惡，而罪名未正。明公不先告曉使得改行，〔五〕而兵起蕭牆，非國之利。加勝敗難保，不如駐兵，以武臨之，瓚必悔過謝罪，所謂不戰而服人者也。」虞以緒臨事沮議，斬之以狥。戒軍士曰：「無

〔一〕「銚」，手稿作「姚」，據後漢書改。下同。

〔二〕「厲」，手稿作「屬」，據後漢書改。

〔三〕「千」，手稿作「十」，據後漢書改。

〔四〕「羽」，後漢書中華書局本作「弱」。

〔五〕「得」，手稿作「行」，據後漢書改。

傷餘人，殺一伯珪而已。」

2726 霍園　蔡邕傳，注：「邕別傳：上十意書曰：謹因臨戎長霍園封上。」

2727 張雨　謝夷吾傳，注：「謝承書曰：壽張縣人女子張雨，早喪父母，年五十，不肯嫁，留養孤弟二人，教其學問，各得通經，爲善士。」

2728 李南女　方術傳，亦曉家術，爲由拳人妻。晨詣爨室，卒有暴風吹竈突及井，禍爲婦女主爨者，因著其亡日，如期卒。

# 卷一百八十五　東漢書姓名韻（十二）

## 上聲

### 五姥

2729 馬　武　光武紀。捕虜將軍楊虚侯馬武，字子長，南陽湖陽人。少時避仇，客居江夏。莽末，竟陵、西陽三老起兵於郡界，武往從之，後入綠林中，遂與漢軍合。更始立，〔二〕爲侍郎，爲世祖破王尋，拜振威將軍，與謝躬共攻王郎。及世祖拔邯鄲，與武登叢台，謂曰：「吾得漁陽、上谷突騎，欲令將軍將之」云，由是歸心。及謝躬死，武馳至射犬降。從擊羣賊，〔三〕常爲軍鋒。世祖即位，爲侍中、騎都尉，爲山都侯。四年，與討劉永，別擊濟陰，下成武、楚丘，拜捕虜將軍。明年，戰破龐萌。六年，漢軍下隴，武爲後拒。十三年，更封鄃侯。屯下曲陽，備胡。坐殺軍吏，詔將妻子就國。武徑詣洛陽，上將軍印綬，削戶五百，定封爲楊虚侯。二十五年，擊武陵蠻。顯宗初，復拜捕虜將軍，擊西羌，追擊到東、西邯，大破之。永平四年卒。注：「邯川城左右有水，

---

〔二〕「始」，手稿作「侍」，據後漢書改。
〔三〕「羣」，手稿作「郡」，據後漢書改。

在今廓州化陰縣東也。」楊政傳，政詣楊虛侯，馬武難見之，稱疾不爲起。政入戶，升牀把武臂，責之曰：「卿受國恩，備位藩輔，不思求賢以報殊寵，而驕天下英俊，此非養身之道。今日動者刀入脅。」武諸子及左右大驚，操兵滿側，政顏色自若也。陰就至，責武，令爲交友。又劉永傳。西羌傳，竇固與捕虜將軍馬武擊滇吾於西邯，大破之。

2730 黄武　桓帝紀，延熹四年十月，南陽黄武與襄城惠得，昆陽樂季妖言相署，伏誅。

2731 竇武　靈帝紀，皇太后與父城門校尉武定策禁中。建寧元年正月壬午，武爲大將軍。九月丁亥，曹節等矯詔誅。本傳，字游平，扶風平陵人，安豐侯融之玄孫。少以經行著稱，教授大澤中。延熹八年，長女入掖庭，爲貴人，拜武郎中。冬，貴人爲皇后，武遷越騎校尉，封槐里侯。明年冬，拜城門校尉。多辟明士。兩宮賞賜，散太學諸生，載肴粮於路施貧民。時李膺、杜密等爲黨事逮考，永康元年，上疏諫之，因以病上印綬。帝不許，有詔原膺、密等。其冬，帝崩，武白太后，徵立解瀆亭侯宏，是爲靈帝。拜武大將軍，以定策功，更封聞喜侯。既輔朝政，常有誅翦宦官之意，太傅陳蕃亦素有謀。共朝堂，蕃私謂武曰：「曹節、王甫等，自先帝時操弄國權，濁亂海內，百姓匈匈，歸咎於此」云云。武深然之。於是引同志尹勳等列於朝廷，共定計策。會五月日食，蕃復說武：「今可且因日食，斥罷宦官，以塞天變。又趙夫人旦夕亂太后，急宜退絕」云云。武乃白太后：「宜悉誅廢黄門、常侍。」后曰：「但當誅其有罪。」時中常侍管霸有才略，專制省內，武先白誅霸及蘇康等，竟死。武復白誅曹節等，太后冘豫未忍，〔一〕故事久不發。〔二〕八月，太白出西方。劉瑜與武、蕃書，宜速斷大計。武得書將發，以朱寓爲司隸校尉，劉祐爲河南尹，虞祁爲洛陽令。使所親小黄門山冰奏鄭颯，送北寺獄。蕃謂武曰：「此曹子便當收殺，何復考爲！」武不從，令冰與尹勳等雜考颯，辭連及曹節等。勳、冰奏收節等，〔三〕使劉瑜内奏。時武出宿歸府，朱寓盜發武奏，曹節等劫太后，奪璽書，使鄭颯持節收捕武等。武不受詔，馳入步兵營，與紹共射殺使者。召會北軍五校士數千人屯都亭下。王甫屯朱雀掖門，使其士大呼武軍曰：「竇武反，汝皆禁兵，當宿衛，何故隨反者？先降有賞！」營府素畏服中官，於是武軍稍稍歸甫。武、紹走，圍之，皆自殺。初，武母産武，而並産一蛇也。又竇后紀，后妙父。〔四〕王堂傳。桓彬傳。趙咨傳。荀淑傳。陳寔傳。盧植傳。張奂傳。陳蕃傳。黨錮傳。董卓傳。郭林宗傳。

2732 何叔武

馮衍傳，注：「東觀記曰：遣諫議大夫何叔武拜田邑爲上黨太守。」

2733 胡武

梁冀傳：太原胡武等危言高論，冀誅武家，死者六十餘人。詳郝絜下。

2734 張武

獨行傳，吴郡由拳人。不識父，後受業太學，每時常持父遺劍，至亡處祭，醊泣而還。〔五〕第五倫舉孝廉，遭母憂過毁，傷父魂靈不返，哀痛絶命。

〔一〕「冘」，手稿作「冗」，據後漢書改。
〔二〕「發」，手稿作「廢」，據後漢書改。
〔三〕「奏收」，手稿作「收奏」，據後漢書改。
〔四〕「妙」，手稿作「妸」，據後漢書改。
〔五〕「醊」，手稿作「醪」，據後漢書改。

2735 耿　武　袁紹傳，注引英雄記：「韓馥欲斬劉惠，别駕從事耿武等排閤伏子惠上，願並見斬，惠得不死。」馥聽荀諶之説，以冀讓紹。馥長史耿武等諫馥。互見「援」下。注：「英雄記曰：字伯典。紹至，馥從車十人棄馥去，獨武、純仗刀拒兵，不能禁。紹令田豐殺之。」

2736 許　武　許荊傳，祖父武，太守第五倫舉爲孝廉。以二弟晏、普未顯，欲令成名，乃謂之曰：「禮有分異之義，家有别居之道。」於是共割財產以爲三分，武自取肥田廣宅奴婢强者，以此人皆稱弟克讓而鄙武。晏等以此並得選。乃會宗親，泣曰：「吾爲兄，盜聲竊位，二弟年長，未豫榮祿，所以自取大譏。今產所增，三倍於前，悉推二弟」云云。位至長樂少府。傅山曰：如此等事豈不佳？若不得遂初而死，豈再無友弟之道？東漢人之重名可耳。

2737 吴　武　南匈奴傳，順帝永和六年，以城門校尉吴武代馬續爲將軍。

2738 喬　扈　光武紀，建武七年，盧芳雲中太守喬扈舉郡降。盧芳傳，芳誅李興，其雲中太守喬扈舉郡降，光武令領職如故。

2739 高　扈　光武紀，注：「五校賊帥高扈。」劉永傳，劉紆不知所歸，軍士高扈斬其首降。

2740 梁　扈　鄧訓傳，舞陰長公主子梁扈有罪，坐私與通書，徵免歸里。又梁松子扈，後以恭懷皇后從兄，永元中，擢爲黄門侍郎。永初中，爲長樂少府。又梁竦傳。

2741 郭　扈　馬光傳，注：「光死後，〔二〕憲他奴郭扈自出證明光、憲無惡言。」互見玉當下。

2742 中山王輔　光武紀。郭后紀，十七年，廢后爲中山太后，進后中子右翊公輔爲中山王。二十年，徙封沛王。光武十王傳，建武十五年，封右馮翊公。十七年，郭后廢爲中山太后，故徙輔爲中山王，並食常山郡。二十年，復徙封沛。坐劉鯉事繫詔獄，三日出。二十八年，就國。輔矜嚴有法度，好經書，善說京氏易、孝經、論語傳及圖讖，作五經論，時號曰沛王通論。在國謹節，稱爲賢王。立四十六年薨。又樊儵傳，沛王輔事儵，以不與得免。井丹傳，建武末，沛王輔等五王居北宮，皆好賓客，更遣請丹，不能致。

2743 王　輔　順帝紀，陽嘉元年二月，詔遣侍中王輔等節詣岱山、東海、滎陽、河、洛請雨。

2744 王　輔　樊英傳，建元元年，詔徵東平王輔等六人。注：「字公助，平陸人。學公羊傳、援神契。隱居野盧，以道自娛。辟公府，舉有道，對策拜郎中。陳災異，甄吉凶，有應，拜議郎，以病遜。」

2745 王　輔　南匈奴傳，和帝永元五年，北單于於除鞬畔還北，遣將兵長史王輔以千餘騎與任尚共追誘將還斬之，破滅其衆。

2746 牛　輔　獻帝紀，永漢元年十月，白波賊郭泰寇河東，卓遣將牛輔擊之。董卓傳，中郎將牛輔屯安邑。初，卓以輔子壻，素所親信，使以兵屯陝。輔分遣其校尉李傕、郭汜、張濟擊破朱儁於中牟。因掠陳留、潁川諸縣。呂布使李肅討輔。其後輔營中無故自驚，輔

〔二〕「光」，手稿作「少」，據後漢書改。

懼，踰城走。左右利其貨，斬輔首，送安邑。互見赤兒下。

2747 陰　輔　和帝陰后紀，后弟輔考死獄中。陰識傳，綱子輔等黄門侍郎下獄死。

2748 張　輔　梁竦傳。

2749 韓　輔　韓棱傳，子輔，安帝時爲趙相。

2750 朱　輔　种暠傳，白狼、槃木、唐菆、邛、僰諸國，自前刺史朱輔卒後遂絕。暠至，復舉種向化。西南夷傳，永平中，益州刺史梁國朱輔，好立功名，慷慨有大略。在州數歲，宣示漢德，威懷遠夷。自汶山以西，前世所不至，正朔所未加。白狼、槃木、唐菆等百餘國，戶百三十餘萬，口六百萬以上，舉種奉貢，稱爲臣僕。〔一〕

2751 竇　輔　竇武傳，武孫輔，年二歲，逃竄得全。事覺，節等捕之。胡騰、張敞共逃輔於陵零界中。騰以爲己子而聘娶焉。後舉桂陽孝廉，至建安中，劉表辟爲從事，使還竇姓。表卒，操定荆州，輔從居鄴。從征馬超，中流矢死。

2752 州　輔　曹騰傳，桓帝立，騰與長樂太僕州輔等封亭侯。

2753 所　輔　劉茂傳，劇賊畢豪入平原界，縣令劉雄將吏士乘船追至厭次河，戰敗，執雄，以矛刺之。時小吏所輔叩頭求哀，願以身代。豪縱雄而刺輔，貫心洞背卽死。東郡太守以狀上，賜錢二十萬。

2754 諒　輔　獨行傳，字漢儒，廣漢新都人。仕郡五官掾。太守祈雨不應，輔積薪柴聚茭茅，將自焚。未及日中，雨澍。世稱其至誠。

〔一〕「僕」，手稿作「漢」，據後漢書改。

2755 种申輔　劉翊傳，太守种拂以黄綱恃程夫人，求占山澤，問翊，翊曰：「名山大澤不以封，蓋爲民也，明府聽之，則被佞倖之名矣。若以此獲禍，貴子申輔，則自以不孤也。」

2756 鮮于輔　公孫瓚傳，劉虞從事漁陽鮮于輔等合率州兵，欲共報瓚云云。互見王柔下。後將其衆歸曹操，操以輔爲度遼將軍，封都亭侯。

2757 耿溥　安帝紀，元初二年十月，京兆虎牙都尉與羌戰，敗歿。耿恭傳，恭卒，溥爲京兆虎牙都尉。元初二年擊叛羌丁奚城，敗歿。西羌傳，安帝元初二年，司馬鈞督京兆虎牙都尉耿溥等，合八千餘人擊零昌。耿夔傳，何熙推夔爲先鋒，而遣其司馬耿溥、劉祉與夔俱進，到屬國故城云云。

2758 梁溥　梁統傳，注：「東觀記曰：梁橋之子溥。」

2759 羊溥　黄瓊傳，太常羊溥等咸稱冀功德，宜比周公云云。

2760 郭溥　董卓傳，注：「帝以尚書郎郭溥喻汜，汜以屯部未定，乞須留之。溥因罵汜曰：卿庸人賤夫，爲國上將」云云。注：封尚書郭溥爲列侯。

2761 黄虎　沖帝紀，九江賊黄虎等攻合肥。滕撫傳，賊馬勉遣别帥黄虎攻沒合肥。

2762 來虎　來歙傳，定卒，子虎嗣，桓帝時爲屯騎校尉。

2763 張虎　劉表傳，江夏賊張虎。見蒯越下。

2764 張魯　獻帝紀，建安二十年，操破漢中，張魯降。劉焉傳，沛人張魯母有姿色，兼挾鬼道，往來焉家，遂任魯爲督義司馬，將兵掩得漢中。後以劉璋闇弱，不復承順。璋怒，殺魯母及弟。後襲璋之巴郡，遂雄於巴。建安二十年，曹操破張魯，定漢中。魯字公旗，祖陵，父衡，相傳爲五斗米賊。魯自號爲「師君」云云。朝廷不能討，就拜鎮夷中郎將，領漢寧太守。後降曹操，封閬中侯，爲鎮南將軍。將還中國，以客禮待之。〔一〕卒，謚曰原侯。董卓傳。

2765 鄧　魯　天文志，延熹八年，安豐侯鄧魯繫暴室死。

2766 張　酺　章德后紀，太尉張酺、司徒劉芳、司空張奮上奏，依光武黜呂后故事貶太后尊號。又桓郁傳。劉愷傳。

2767 翟　酺　張霸傳，將作大匠翟酺與諸門人追錄本行，謚霸曰憲文。李郃傳，將作大匠翟酺上郃「潛圖大計，〔二〕以安社稷。」

2768 彭　午　彭寵傳，韓立立寵子午爲王。

2769 高　午　公孫述傳，注引吳漢傳：「護軍高午奔陳刺殺述。」吳漢傳，述自將數人出城大戰，漢使護軍高午、唐邯將數萬鋭卒擊之。述敗，午奔陳刺述，殺之。

2770 祭　午　祭遵傳，范升疏曰：「遵同産兄午以遵無子，娶妾送之，遵使人逆而不受。」〔三〕午官至酒泉太守。

2771 北海王普　北海靖王傳，永初元年，鄧太后復封睦孫壽光侯普爲北海王。立七年薨，謚頃。

〔一〕「將還」下九字，手稿在「原侯」下，據後漢書改。
〔二〕「圖」，手稿作「國」，據後漢書改。
〔三〕「逆」，手稿作「送」，據後漢書改。

2772 劉　普　單超傳，封小黃門劉普等八人爲鄉侯，〔一〕後貶爲關内侯。〔二〕

2773 馮　普　馮異傳，平鄉侯彭卒，子普嗣。有罪，國除。

2774 萬　普　萬脩傳，脩卒，子普嗣，徙封泫氏侯。注：「泫氏，今澤州高平縣。」

2775 朱　普　桓榮傳。

2776 桓　普　桓郁傳，郁卒，子普嗣。

2777 趙　普　趙孝傳，父普，莽時爲田禾將軍。

2778 共　普　竇武傳，朱瑀與共普等喢血。〔三〕見「瑀」下。曹節傳，與從史官共普、張亮等矯詔。

2779 樊　普　荀彧傳，注：「伏完以伏后書示其妻弟樊普，普呈操。」

2780 許　普　許荊傳，武三弟。見「武」下。

2781 甄　普　甄宇傳，宇傳業子普。〔四〕

2782 吳　普　華佗傳，廣陵吳普從佗學，普依準佗療，多所全濟。佗語普曰：「人體欲得勞動，但不當使極耳。吾有五禽之戲：一曰虎，二曰鹿，三曰熊，四曰猿，〔五〕五曰鳥。亦以除疾，兼利蹏足，以當道引」云云。普施行之，九十餘，耳目聰明，齒牙完堅。

---

〔一〕「小」，手稿作「上」，「八人」作「父」，據後漢書改。

〔二〕「關内侯」，手稿作「都亭侯」，據後漢書改。

〔三〕「喢」，手稿作「插」，據後漢書改。

〔四〕此條兩「宇」字，傅山全書初版本誤作「于」，據手稿改。

〔五〕「猿」，傅山全書初版本誤作「狷」，據手稿改。

2783 魯　撫　魯恭傳，永元十五年，從巡狩南陽，除子撫爲郎中。

2784 杜　撫　儒林傳，字叔和，犍爲武陽人。少有高才，受業薛漢，定韓詩章句。歸里教授。爲東平王辟，又辟太尉府。建初中，爲公車令。其所作詩題約義通，學者傳曰杜君法。馬嚴傳，永平十五年，詔留仁壽闥，與校書郎杜撫、班固等雜定建武注記。周燮傳，〔一〕馮良從杜撫學。

2785 滕　撫　字叔輔，北海劇人。初仕州郡，稍遷涿令，有文武才。太守以其能，委任郡職，兼領六縣。三公舉，拜九江都尉，與中郎將趙序助馮緄擊范容、周生、馬勉等，拜中郎將，督揚、徐二州事。復擊張嬰，破斬華孟，東南平，振旅還。爲左馮翊，除一子爲郎，性方正，不交權宦。及論功封，太尉胡廣時録尚書事，承旨奏出撫。卒於家。

2786 王　甫　千乘王傳，勃海王悝許王甫謝錢五千萬，〔二〕後復國，知非甫功，不肯還謝錢。甫怒。竇武傳，王甫將虎賁、羽林、廐騶、都侯、劍甲士，合千餘人，與奐等合。與武對陣，甫兵漸盛。曹節傳，矯詔以長樂食監王甫爲黄門令，將兵誅竇武等。遷中常侍、黄門令如故。後與曹節誣勃海王悝反，以功封冠軍侯。陳球傳。蔡邕傳。盧植傳。段熲傳。陳蕃傳。黨錮傳。陽球傳。鮮卑傳，靈帝熹平六年，中常侍王甫議遣田晏與夏育討鮮卑。

2787 張　甫　張奮傳，奮卒，子甫嗣武始侯，官至津城門侯。

〔一〕「周」，傅山全書初版本誤作「用」，據手稿改。
〔二〕「許」，手稿脱，據後漢書補。

2788 韋休甫 呂布傳，注：典略曰：金元休，京兆人，與同郡韋休甫號『三休』。」互見「休」下。

2789 范特祖 郭泰傳，知特祖郵置之役。

2790 張元祖 符融傳，注：「謝承書：潁川張元祖，志行士也，來存融，吊其妻亡。便推所乘羸車牛以給殯，融受而不辭也。」

2791 張恭祖 鄭玄傳，又從東郡張恭祖受周官、禮記、左氏春秋、韓詩、古文尚書。

2792 黄　祖 孔融傳，時袁、曹方盛，而融無協附。左丞黄祖者，稱有意謀，勸融有所結納。融知袁、曹終圖漢室，不欲與同，故怒而殺之。

2793 黄　祖 禰衡傳，表恥不能容，以江夏太守黄祖性急，送衡與之。劉表傳，堅圍襄陽，表將黄祖救至。注：「典略曰：表遣祖潛出兵，堅逆與戰，祖敗走，竄峴山中。堅乘勝夜追，黄祖部兵從竹木間射堅，殺之。又曰：表將江夏太守黄祖爲孫權所殺，琦求代其任。

2794 累　祖 西羌傳，順帝永和二年，馬賢擊斬武都塞白馬羌渠帥飢指累祖等三百級，隴右復平。

2795 漢陰老父 逸民傳，不知何許人。桓帝延熹中，幸竟陵，過雲夢，臨沔水，百姓莫不觀者，有老父獨耕不輟，張溫使人問之，[一]笑而不答。又曰：「請問天下亂而立天子耶？理而立天子耶？立天子以父天下耶？役天下以奉天子耶」云云。問其姓名，不告而去。

2796 陳留老父 逸民傳，不知何許人。桓帝世，黨錮事起，守外黄令張升去官歸鄉，與友人相抱而泣

[一]「使」，手稿作「殺」，據後漢書改。

云云。老父趨而過之，植杖太息曰：「吁！二大夫何泣之悲也？夫龍不隱鱗，鳳不藏羽，網羅高懸，去將安所？〔二〕雖泣何及乎？」不顧而去。

2797 閻　圃　劉焉傳，羣下欲尊張魯爲漢寧王。功曹閻圃諫曰：「漢川之民户出十萬」云云，上匡天子，則爲桓、文，次方竇融，不失富貴。今承制署置，勢足斬斷。遽稱王號，必爲禍先。」及陽平破，魯將降，閻圃又諫：「且依巴中，然後委質，功必多也。」

2798 羌　舞　西羌傳，羌無弋爰劍曾孫舞生十七子，爲十七種。

2799 飢　五　西羌傳，安帝永寧元年，當煎種大豪飢五等，以馬賢兵在張掖，乃乘虚寇金城，賢軍還追之，斬首數千級而還。

2800 犀　苦　西羌傳，順帝延光三年，〔三〕麻奴弟犀苦立。永建四年，〔三〕馬賢以犀苦兄弟數背叛，因繫質於令居。明年，犀苦詣校尉韓皓自言求歸故地，皓不遣。

## 六解

2801 春陵節侯買　光武紀，發生春陵節侯買。城陽恭王傳，敞曾祖父買以長沙定王子封爲春陵侯。

2802 劉　愷　安帝紀，永初六年四月己卯，太常劉愷爲司空，代張敏。元初二年十二月庚戌，司空

〔二〕「將」，手稿脱，據後漢書補。
〔三〕「延光」，手稿作「永建」，據後漢書改。
〔三〕「四」，手稿作「元」，據後漢書改。

劉愷爲司徒，代夏勤。永寧元年十二月戊辰，司徒劉愷爲太尉，代馬英。延光二年十月辛未，太尉愷罷，楊震代之。本傳，字伯豫。以當襲父般爵居巢侯，讓弟憲，逃避封。永元十年，〔一〕徵拜爲郎，稍遷侍中、步兵校尉。十三年，遷宗正，免。復拜侍中，遷長水校尉。永初元年，代周章爲太常。六年，代張敏爲司空。元初二年，代夏勤爲司徒。議牧守行三年喪。永寧元年致仕，以千石祿歸養，河南尹以八月致羊酒。陳忠薦之，詔拜太尉，視事三年，乞骸，許之。歲餘卒，禮秩如前。又律曆中。詳延施下。又延光論曆，愷等八十四人議宜從太初。韋彪傳。見韋著下。丁鴻傳，門人彭城劉愷等皆至公卿。袁敞傳，元初三年，代劉愷爲司空。楊震傳，永寧元年，代劉愷爲司徒。延光二年，代愷爲太尉。劉陶傳，同宗劉愷雅德知名，獨深契陶。陳寵傳。

2803 吳 愷 吳祐傳，小子愷，新息令。

2804 張 愷 段熲傳，遣司馬張愷等將三千人上東山。

2805 任 愷 任延傳，延子愷官至太常。

2806 彭 愷 孫程傳，中黃門彭愷封西平昌侯，早卒。

2807 毛 愷 西域傳，桓帝元嘉元年，呼衍王將三千餘騎寇伊吾。伊吾司馬毛愷遣吏兵五百人於蒲類海東與戰，悉爲所沒。

2808 趙 愷 西羌傳，沖帝永嘉元年，封趙沖子愷爲義陽亭侯。

2809 襄 楷 字公矩，平原隰陰人。善天文陰陽之術。延熹九年，自家詣闕上疏，不省。十餘日，

〔一〕「十」字上，傅山全書初版本衍一「十」字，據手稿删。

2810 張　楷

復上，及古無宦官云云。尚書承旨奏：「宦官非今世所置。誣上罔事，收送洛陽獄。」論司寇。靈帝即位，陳蕃舉方正，不就。中平中，與荀爽、鄭玄以博士徵，不至，卒。

張霸傳，中子楷，字公超。通嚴氏春秋、古文尚書，門徒常百人。自父黨夙儒偕造，〔一〕車馬塡街，徒從無所止，黄門及貴戚之家，皆起舍巷次，以候過客往來之利。楷徒避之。家貧，常乘驢車至縣賣藥，足給食，輒還鄉里。司隸舉茂才，除長陵令，不至官。隱居弘農山，學者隨之，所居成市，後華陰山南遂有公超市。〔二〕五府連辟，舉賢良方正，不就。漢安元年，順帝特下詔告河南尹，以禮發遣。楷告疾不至。性好道術，能作五里霧。裴優學之，避不肯見。桓帝即位，優行霧，事覺，引楷坐繫廷尉。積二年，恒諷經籍，作尚書注。後以事無驗，原還家。建和三年，詔安車聘之，不行。年七十終。樊英傳，初，河南張楷與英俱徵，既而謂英曰：「天下有二道，出與處也」云云。翟酺傳，被章云酺前與河南張楷等謀反。

2811 杜　楷

蓋勳傳，注：「勳表用處士京兆杜楷爲威虜都尉。」

2812 朱　楷

黨錮傳序，朱並告朱楷爲「八及」。

2813 田　揩〔三〕

公孫瓚傳，遣其青州刺史田揩據有齊地。紹遣兵數萬與揩連戰二年，粮食並盡，士卒疲困，互掠百姓，野無青草。紹遣子譚爲青州刺史，揩與戰，退還。後與袁紹戰，

〔一〕「偕」，手稿作「楷」，據後漢書改。
〔二〕「後」，手稿作「從」，據後漢書改。
〔三〕「揩」，手稿作「楷」，據後漢書改。下同

死。

2814 東平王凱　光武十王傳，頃王蕘，子凱嗣。魏受禪，以爲崇德侯。

2815 趙凱　楊璇傳，荆州刺史趙凱誣奏實非身破賊，妄有其功。璇與相章奏，凱有黨助，遂檻車璇。璇噬臂血書衣訴之。凱反受誣人之罪。

2816 侯海　張酺傳，竇景遣緹騎侯海等五百人歐傷市丞。〔一〕

2817 和海　黨錮傳序，光和二年，上祿長和海上言：「禮從祖兄弟別居異財，恩義已輕，服屬疎末。而今黨人錮及五族，既乖典訓之文，有謬經常之法。」帝覽而悟之，黨錮自從祖以下皆得解。

2818 姜仲海　姜肱傳。〔二〕

2819 荀采　列女傳，陰瑜妻采，字女荀。瑜死，爽令改嫁郭奕，以衣帶自縊死。粉書扉上曰「尸還陰」。傷哉！

## 七賄

2820 朱鮪　光武紀，建武元年九月辛卯，朱鮪舉洛陽降。劉玄傳，王匡等及其支黨朱鮪、張卬等北入南陽，號「新市兵」。更始元年，以鮪爲大司馬。李松、趙萌說更始宜悉王諸功臣，朱鮪爭之，以爲高祖約非劉氏不王。後封鮪爲膠東王，鮪辭曰：「臣非劉宗，不

〔一〕「五百人歐傷市丞」，手稿作「五人歐陽市丞」，據後漢書改。

〔二〕「姜」，手稿作「羌」，據後漢書改。

敢干典。」遂讓不受，乃徙鮪爲大司馬。與李軼等鎮守關東。更始三年三月，遣李松會鮪與赤眉戰於蓩鄉。岑彭傳，彭說降鮪，封扶溝侯。鮪，淮陽人，後爲少府，傳封累代。劉永傳。寇恂傳。馮異傳。

2821 梁鮪　殤帝紀，延平元年正月癸卯，光祿勳梁鮪爲司徒，代徐防。注：「字伯元，河東平陽人。」安帝紀，永初元年二月庚午，司徒梁鮪薨，魯恭代之。又律曆中，章帝使賈逵問治曆者太尉屬鮪等。魯恭傳，永初元年，復代梁鮪爲司徒。注：「漢官儀曰：鮪字伯元，河東平陽人。」

2822 周鮪　和帝紀，永元十三年八月，護羌校尉周鮪擊燒當，破之。西羌傳，和帝永元十二年，迷唐復叛，以酒泉太守周鮪代吳祉爲校尉。十三年秋，迷唐向塞，周鮪與諸郡兵、屬國湟中月氏諸胡、隴西牢姐羌合三萬人，出塞至允川。周鮪還營自守。明年，周鮪坐畏懦徵。

2823 劉鮪　清河王傳，南郡妖人劉鮪。見劉文下。李固傳。杜喬傳。

2824 呂鮪　隗囂傳，陳倉人呂鮪擁衆數萬，與述通，寇三輔。囂復遣兵佐馮異擊破之，走鮪。公孫述傳，關中豪傑呂鮪等，往往擁衆以數萬，多往歸述。更始遣將軍李育、程烏與鮪徇三輔。馮異擊鮪等於陳倉，大敗之。鮪、育奔還漢中。馮異傳，時呂鮪據陳倉，後降蜀。岑彭傳，述使呂鮪拒廣漢及資中。

2825 石鮪　盧芳傳，代郡人。

2826 樊鮪　樊儵傳，弟鮪爲子賞求楚王英女敬鄉公主，儵聞而止之曰：「奈何爾一子棄之於楚乎！」鮪不從。

2827 陰鮪 陰識傳，原鹿侯淑卒，子鮪嗣。

2828 嚴鮪 朱穆傳，嚴鮪謀立清河王蒜。

2829 王鮪 張酺傳，帝幸東郡，令酺講尚書一篇。注：「東觀記：使尚書令王鮪與酺相難。」

2830 任隗 章帝紀，章和元年六月癸卯，光祿勳任隗爲司徒，代袁安。注：「字仲和，南陽人。」和帝紀，永元四年八月辛亥，司空任隗薨，劉芳代之。任光傳，子隗嗣，字仲和，性好黃老，位至司空。和帝即位，竇憲擊匈奴，國用勞費，隗奏議徵憲還。永元四年薨。樊儵傳，遣儵爲羽林監，南陽任隗雜理廣陵王荆事。袁安傳，與司空任隗諫北征，安與隗守正不移。餘詳袁安下。召馴傳，代任隗爲光祿勳。

2831 袁隗 靈帝紀，熹平元年十二月，大鴻臚袁隗爲司徒，代許栩也。五年十月壬午，御殿後槐樹自拔倒豎，司徒袁隗罷，楊賜代之。光和五年四月，太常袁隗又爲司徒，代陳耽也。中平三年三月，司徒袁隗免，崔烈代之。六年，皇子辨即位，〔一〕後將軍袁隗爲太傅，參錄尚書事。獻帝紀，初平元年三月，卓殺太傅袁隗，夷其族。律曆志，見太尉耽下。鄭玄傳，將軍袁隗表玄爲侍中。桓典傳，辟司徒袁隗府舉高第。袁安傳，逢弟隗，字次陽，少歷顯官，獻帝初爲太傅，董卓殺之。崔寔傳，大鴻臚袁隗樹碑頌德。楊賜傳，熹平五年，代袁隗爲司徒。陳寔傳。王允傳，請允。郭泰傳。何進傳，〔二〕進與太傅袁隗

〔一〕「即位」，手稿脫，據後漢書補。
〔二〕「何進傳」，手稿作「竇武傳」，據後漢書改。

輔政。

2832 李　隗　天文志，延熹八年，荆州刺史李隗爲賊所拘。

2833 鄧　磊　和帝紀，見「疊」下。竇憲傳，鄧疊與其弟步兵校尉磊云云，後誅。見郭舉下。

2834 魯　丕　魯恭傳，弟丕，字叔陵。年十五，與母及丕俱居太學，學魯詩。恭憐丕，欲先就其名。丕兼通五經，以魯詩、尚書教授。後歸郡，爲督郵功曹。建初元年，舉賢良方正，對策高第，爲議郎，遷新野令。擢拜青州刺史。坐事論司寇。元和元年，拜趙相。拜陳留太守，坐禀貧人不實，論司寇。十一年徵，再遷中散大夫。召會諸儒，與賈逵等相難數事。十三年，遷侍中。永初二年，〔一〕復爲侍中、左中郎將，再爲三老。五年，年七十五，卒於官。

2835 曹　丕　趙典傳。

2836 劉　丕　劉寵傳，父丕博學，號「通儒」。

2837 陳　亹　陳球傳，父亹，廣漢太守。

2838 岸　尾　張奐傳，羌岸尾。

2839 王　累　劉焉傳，璋迎劉備拒曹，從事廣漢王累自倒懸於州門以諫，璋不納。

2840 孫　美　孫程傳，程臨終遺言上書以國傳弟美，帝許之。

2841 孔　美　孔僖傳，注：「臣賢按：至魏封孔子二十一葉孫美爲崇聖侯。」

2842 周　偉　列女傳，沛郡周郁妻阿傳，郁多行無禮，郁父偉謂阿曰：「新婦賢者，當以匡夫」云

〔一〕「二」，手稿作「元」，據後漢書改。

云。

2843 褕鬼 西羌傳，安帝元初四年，任尚遣當闐種羌褕鬼等五人刺殺杜季貢，封褕鬼爲破羌侯。

2844 蘇拔廆 南匈奴傳，和帝永元六年，任尚率鮮卑大都護蘇拔廆等擊逢侯於滿夷谷，大破之。七年，罷遣鮮卑烏桓兵，封蘇拔廆爲率衆王。

2845 戎朱廆 烏桓傳，安帝永初二年，稍復親附，拜其大人戎朱廆爲親漢都尉。鮮卑傳，順帝陽嘉元年冬，耿曄遣烏桓親漢都尉戎朱廆等出塞擊鮮卑，大斬獲而還。

## 八軫

2846 徐惲 光武紀，建武四年八月，大中大夫徐惲擅殺臨淮太守劉度，坐誅。

2847 謝惲 安帝紀，延光四年，中常侍樊豐、侍中謝惲、周廣、乳母王聖等，坐相阿黨，惲下獄死。

2848 夏惲 呂强傳，中常侍夏惲等共搆强。張讓傳。

2849 任惲 譙玄傳，平帝元始四年，玄爲繡衣使者，持節與太僕任惲分行天下，觀覽風俗。

2850 王敏 明帝紀，永平十六年六月丙寅，大司農西河王敏爲司徒，代邢穆。注：「漢官儀曰：敏字叔公，幷州隰城人。十七年二月乙巳，司徒敏薨，鮑昱代之。鮑昱傳，代王敏爲司徒。」

2851 王敏 靈帝紀，中平三年六月，荆州刺史王敏討趙慈，斬之。羊續傳，與荆州刺史王敏共討賊趙慈。

2852 張　敏　安帝紀，永初元年十二月乙卯，潁川太守張敏爲司空，代周章。六年四月乙丑，敏罷，劉愷代之。本傳，字伯逢，河間鄚人。建初二年，舉孝廉，四遷。五年爲尚書。建初中，有侮辱人父者，而其子殺之，肅宗宥之，〔一〕自後遂定議，以爲輕侮法。敏再上疏駁之。九年，拜司隸校尉，遷汝南太守，坐事免。延光元年，拜議郎，遷潁川太守。徵拜司空。在位奉法而已。六年春，大射禮，陪位頓仆，乃策罷之。卒。曹節傳，尚書張敏等奏褒擅制漢禮。見張酺下。劉愷傳，永初六年，代張敏爲司空。李恂傳，恂詣洛陽，敏餽粮。

2853 鄉侯敏　東海恭王傳，封臻二弟敏等爲鄉侯。

2854 甘里侯敏　成武孝侯傳，順叔父弘生二子：敏與國。隨更始藏長安。建武二年詣洛陽，封爲甘里侯。敏通經有行，永平初，官至越騎校尉。

2855 賈　敏　賈復傳，忠卒，子敏嗣。建初元年，坐誣告母殺人，國除。

2856 尹　敏　班固傳，與長陵令尹敏共成世祖本紀。儒林傳，字幼季，南陽堵陽人。少爲諸生，習歐陽尚書。後受古文，兼善毛詩、穀梁、左氏春秋。建武二年，陳洪範消災之術，命待詔公車。拜郎中，辟大司空府。帝較圖讖，對曰：「讖非聖人所作，其中多近鄙別字」云云。後三遷長陵令。坐善周慮免官。十一年除郎中，遷諫議大夫。卒於家。

2857 孟　敏　郭泰傳，字叔達，鉅鹿楊氏人。客居太原。落甑墮地，不顧而去，林宗見而問其意。

〔一〕「之」，手稿作「人」，據後漢書改。

曰：「甑已破矣，問之何益？」林宗異之，勸遊學。十年知名，三公辟，並不屈云。

2858 左敏

單超傳，左悺弟敏，爲陳留太守。

2859 樊準

安帝紀，永初二年二月乙丑，遣光祿大夫樊準、呂倉分行冀、兗二州，稟貸流民。本傳，字幼陵，宏之族曾孫也。少勵志，修儒術，以先父產業數百讓孤兄子。永元十五年，和帝幸南陽，準爲郡功曹，召見，拜郎中，從車駕還，特補尚書郎。鄧太后臨朝，儒學凌替，上疏言：「宜寵進儒雅，有如趙孝、承宮者，徵詣公車，公卿各舉明經及舊儒子孫。」太后納之。再遷御史中丞。永元初，連年水旱，上疏言：「調和陰陽，實在節儉」云云。卽擢準守光祿大夫，使冀州，開倉賑饑，還拜鉅鹿太守。五年，轉河內太守，視事三年，以疾徵爲尚書令。元初三年，代周暢爲光祿勳。五年，卒於官。龐參傳，御史中丞樊準上書薦參有魏尚之風云云。鄧太后納之，卽擢參於徒中，召拜謁者，督三輔諸屯。儒林傳序。

2860 胡鮮準

東夷傳，武王封箕子於朝鮮。後四十餘世，至朝鮮侯準，自稱爲王。漢初大亂，燕、齊、趙人往避地者數萬口，而燕人衞滿擊破準而自王朝鮮。準將千餘衆走入海，攻馬韓，破之，自立爲韓王。準後滅絕，馬韓人復自立爲辰王。

2861 盛允

桓帝紀，延熹二年八月，大鴻臚梁國盛允爲司空，代孫朗也。注：「允字伯代。三年七月，盛允爲司徒，代祝恬也。四年二月，司徒盛允免，种暠代之。黃琬傳，司徒盛允有疾，瓊遣琬候，會江夏上蠻賊事副府，允發書，微戲琬曰：「江夏大邦，而蠻多士少。」琬奉手對曰：「蠻夷猾夏，責在司空。」拂衣去，允甚奇之。

2862
## 王　允

獻帝紀，初平元年二月，太僕王允爲司徒，代楊彪也。三年四月，司徒允錄尚書事。六月，李傕殺司徒王允，趙謙代之。本傳，字子師，太原祁人。郭林宗見之，曰：「王生一日千里，王佐才也。」十九爲郡吏，討捕殺小黄門趙津，帝怒，徵太守劉瓆，〔一〕死。允送還平原，終三年。還仕，郡太守王球欲殺之，刺史鄧盛辟爲别駕從事。允有志立功，常習誦經傳，朝夕試馳射，以司徒高第爲侍御史。中平元年，特選拜豫州刺史，以辟荀爽、孔融等爲從事。討黄巾，受降數十萬。於賊中得張讓賓客書，具發其奸，以狀聞。靈帝怒責讓，不能罪。讓以事中允，明年，遂傳下獄。會赦，還復刺史。旬日間，復以他罪被捕，司徒楊賜遣客謝之曰：「幸爲深計。」諸從好氣者，共流涕以藥進。〔二〕允投杯而起，出就檻車。既至廷尉，何進、袁隗、楊賜共疏請之，得以減死論。明年得釋，變易姓名，轉側河内、陳留間。及帝崩，乃奔喪京師。何進謀誅宦官，請爲從事中郎，轉河南尹。獻帝卽位，拜太僕，再遷守尚書令。初平元年，代楊彪爲司徒，守尚書令如故。及卓遷都，允悉收蘭台、石室圖書秘緯要者以從。既至長安，皆分别條上。又集漢朝舊事所當施用者，奏之。經籍具存，允有力焉。時卓留洛陽，朝政悉委之允。允矯情屈意，每相承附，故得扶持王室於危亂之中。與黄琬、鄭公業共謀誅卓。二年，卓還長安，錄入關之功，封允爲温侯，讓不受。士孫瑞説之，乃受二千戶。三年春，遂結呂布，刺殺卓。允欲罷軍，百姓訛言當悉誅涼州人，傕、汜之亂

〔一〕「瓆」，手稿作「質」，據後漢書改。
〔二〕「藥」，手稿作「樂」，據後漢書改。

見殺，年五十六。後遷都許，帝思允忠節，改殯葬之，贈本官印綬。蓋勳傳，董卓問司徒王允曰：「欲得快司隸校尉，誰可作者？」允曰：「惟蓋京兆耳。」蔡邕傳，允收邕付廷尉，曰：「昔武帝不殺司馬遷，使作謗書，流於後世。今國祚中衰，不可令佞臣執筆，使吾黨蒙其訕議。」何進傳，以從事中郎王允爲河南尹。董卓傳，允與呂布、士孫瑞謀誅卓。傕入長安，王允奉天子保宣平城門樓上。傕等圍門樓，表請王允出，問「太師何罪？」允窮蹙下，數日見殺。呂布傳。魯恭傳。趙典傳。黃琬傳。荀爽傳。

2863 馬　允　馮緄傳，弟允，清白有孝行，能理尚書，善推步之術。拜降虜校尉，終於家。

2864 黃　允　郭泰傳，字子父，濟陰人。以俊才知名，林宗見而謂曰：「卿有絕人之才，然恐守道不篤。」後黜遣妻夏侯氏，〔二〕數允隱匿穢惡十五事，允以此廢於世。

2865 邊　允　董卓傳，卽章也。

2866 張　允　劉表傳，甥允睦于表。見「琮」下。

2867 馮　緄　桓帝紀，延熹三年十二月，武陵蠻寇江陵，車騎將軍馮緄討，降散之。五年，又以緄爲車騎將軍討武陵叛蠻，大破之。六年八月，車騎將軍馮緄免。本傳，字鴻卿，巴郡宕渠人。少學春秋、司馬兵法。父煥死，緄爲郎中。初舉孝廉，七遷爲廣漢屬國都尉。徵拜御史中丞。順帝末，持節督楊州諸郡軍事，擊破羣賊，遷隴西太守，後爲遼東太守。徵拜京兆尹，轉司隸校尉，遷廷尉、太常。延熹五年，拜車騎將軍，討長沙五陵諸蠻夷，斬四千餘級，受降十萬餘，荊州平。還京，以軍還賊復發策免。頃之，拜將

---

〔二〕「侯」，手稿作「后」，據後漢書改。

作大匠，轉河南尹，上言：「舊典中官子不得爲牧人職。」不納。復爲廷尉。中官共誹，坐與李膺、劉祐俱輸左較，〔一〕應奉理之，得免。後拜屯騎校尉，復爲廷尉，卒官。應奉傳，緄以奉前有恩威，爲蠻夷所服，請與俱征。皇甫規傳，書言馮緄等正直多怨，流放家門。許曼傳，隴西太守馮緄始拜郡，開綬笥，〔二〕有兩赤蛇分南北走。緄令曼占之，曰：「三歲之後，當爲邊官，有東名，當北行三千里。後五年，更爲大將軍，南征。」延熹元年，緄爲遼東太守云云，皆如占。陳蕃傳。黨錮傳。南蠻傳，延熹三年，車騎將軍馮緄討武陵蠻，皆降散。又程苞曰：「馮緄南征武陵蠻，雖受丹陽精兵之鋭，亦倚板楯以成其功。」

2868 荀緄

荀淑傳，「八龍」，次緄。竇武傳。鄭太傳。

2869 胡軫

獻帝紀，初平二年二月，袁術遣將孫堅與卓將胡軫戰於陽人，軫大敗。董卓傳，孫堅屯陽人，卓遣將胡軫與呂布攻之，布與軫不相能，軍中自驚恐，士卒散亂，堅追擊，軫、布敗走。後傕向長安，王允遣卓故將胡軫等擊之於新豐，軫以衆降傕。

2870 毛軫

班勇傳，太尉屬毛軫難曰：「今若置校尉，則西域駱驛遣使，求索無厭，一旦爲匈奴所迫，當復求救，則爲役大矣。」

2871 嚴本

劉玄傳，右輔都尉嚴本恐失更始爲赤眉所誅，將兵在外，號爲屯衛，〔三〕而實囚之。

---

〔一〕「輸」，手稿作「輪」，據後漢書改。
〔二〕「笥」，手稿作「筒」，據後漢書改。
〔三〕「衛」，手稿作「尉」，據後漢書改。

2872 安成孝侯　安成孝侯傳，賜卒，子閔嗣。

## 閔

2873 劉　閔　馬援傳，妖人李廣破皖城，殺皖侯劉閔。

2874 寇　損　寇恂傳，恂卒，子損嗣侯。後徙封損爲扶柳侯。

2875 孔　損　孔僖傳，孔志子損，永元四年徙封褒亭侯。

2876 焉耆王舜　班超傳，詔曰：「焉耆王舜。舜子忠，獨謀懷逆，恃其險隘，覆沒都護。」

2877 何　瑾　班勇傳。

2878 鍾　瑾　鍾皓傳。又見去聲震韻。

2879 梁　瑾　龐參傳。

2880 張　隱　黨錮傳序，朱並告隱爲「八顧」。

2881 潘　隱　何進傳，蹇碩司馬潘隱與進早舊，迎而目之，進驚馳。

2882 羌　忍　西羌傳，爰劍曾孫忍時，秦獻公初立，欲復穆公之迹，忍季父卬南出賜支河曲西數千里，〔二〕與衆羌絕遠。忍及弟舞獨留湟中。忍生九子，爲九種。

## 九旱

2883 張　滿　光武紀，建武二年二月，祭遵圍蠻中賊張滿。祭遵傳，新城蠻中山賊張滿屯結爲害，

〔二〕「父」，手稿脫，據後漢書補。

遵攻之，生獲之。初，滿祭祀天地，自云當王，既執，歎曰：「讖文誤我！」

2884 任　滿　光武紀。公孫述傳，遣將軍任滿從閬中下江州，東拒扞關。又遣田戎及大司徒任滿將兵下江關，王政斬之，降岑彭。岑彭傳，九年，述遣將任滿、田戎、程汎等乘枋箄下江關，〔一〕擊破馮駿等，拔夷陵。又見魯奇下。

2885 鄧　滿　王昌傳，留將軍鄧滿守鉅鹿。

2886 魏　滿　戴憑傳，時南陽魏滿，字叔牙，亦學京氏易，教授。永平中，至弘農太守。

2887 衛　滿　東夷傳，燕人衛滿避地朝鮮，擊破王準而自王朝鮮。

2888 質帝纘　肅宗玄孫，父勃海孝王鴻。梁冀立之，冀酖之。謚法：「忠正無邪曰質。」年號本初，一年。又李固傳。

2889 夏　纂　董扶傳，注：「廣漢太守夏篹請秦宓爲師友祭酒。」

2890 左　悺　宦者傳，注音工奐反，當在翰韻，正韻翰韻不收，在旱韻。河南平陰人。桓帝時爲小黃門史，梁冀誅，遷中常侍，封上蔡侯，是曰「左回天。」延熹八年，司隸校尉韓演奏悺罪惡，悺自殺。梁冀傳。蔡邕傳。李雲傳。杜喬傳。趙岐傳。皇甫規傳。

## 十產

2891 劉子產　濟南王傳，人上書告康招來姦猾漁陽顏忠、劉子產。

2892 諸王子簡　孫程傳，閻顯白太后徵諸王子簡爲嗣，未及至。

---

〔一〕「箄」，手稿與傅山全書初版本均作「簞」，據後漢書改。

2893 陳簡　袁術傳，建安四年，術資實空虛，不能自立，乃燒宮室，奔部曲陳簡、雷薄於灊山，爲簡等所拒。

2894 韋誕　董卓傳。

## 十一銑

2895 潘蹇　光武紀，建武二年四月，更始將蘇茂殺淮陽太守潘蹇而附劉永。

2896 張顥　殤帝紀，延平元年四月，漁陽太守張顥追擊鮮卑，戰歿。劉茂傳。鮮卑傳，殤帝延平元年，鮮卑復寇漁陽，太守張顥率數百人出塞追之，中流矢死。鄧太后賜顥錢六十萬，以家二人爲郎。互見「援」下。

2897 閻顯　安帝紀，延光四年，閻太后臨朝，以后兄大鴻臚顯爲車騎將軍。安思閻后紀，后父暢卒，子顯嗣。建光元年，顯及弟景等並典禁兵。太后臨朝，顯爲車騎將軍，陳禪傳，後爲車騎將軍閻顯長史。楊震傳，執金吾閻顯亦薦所親厚於震，震不從。孫程傳。皇后兄大鴻臚閻顯阿附云云。安帝崩，立北鄉侯爲天子，顯等遂專寵爭權，乃諷有司奏誅樊豐、耿寶、王聖等。孫程立順帝，收顯送獄。唐檀傳，延光四年，孫程誅皇后兄閻顯，立濟陰王爲天子，果如檀占。馮魴傳。翟酺傳。崔瑗傳。

2898 鄧顥　沖帝紀，九江太守鄧顥。見尹耀下。滕撫傳，馮緄督楊州刺史尹耀、九江太守鄧顥等討周生、范容，敗，爲賊所殺。

2899 濟南王顯　濟南王傳，王香無子，國絕。永建元年，順帝立錯子阜陽侯顯爲嗣，是爲釐王。立三年，薨。

2900 劉　顯　安成孝侯傳，賜少孤，兄顯報怨殺人。注：「賜兄顯欲爲騫報怨，賓客劫人，發覺，州郡殺顯獄中。」

2901 黄　顯　李通傳，通父守素與邑人黄顯相善，時顯爲中郎將，〔二〕謂守曰：「今關門嚴禁，君狀貌非凡，將以此安之」云云。後莽並殺之。

2902 孔　顯　來歙傳，歷要結羽林右監孔顯。

2903 耿　顯　耿弇傳，隃麋侯喜卒，子顯嗣爲羽林左監。

2904 樊　顯　張堪傳，蜀郡計掾樊顯曰：「漁陽太守昔在蜀漢，仁以惠下，威能討姦，述破時，珍寶山積，捲握之物，足當十世，而堪去職之日，乘折轅車，布被囊而已。」帝拜顯爲漁復長。

2905 何　顯　何敞傳，注：「壽生顯，爲京輔都尉。」

2906 鐔　顯　陳寵傳，寵爲廣漢太守，用良吏鐔顯等，訟者日減，郡中清肅。班勇傳，顯難勇。見「參」下。王渙傳。見陳寵下。主簿鐔顯拾遺補缺。安帝時爲豫州刺史，擅赦饑荒盜賊萬餘人。後位至長樂衛尉。

2907 范　顯　范滂傳，注：「謝承書：滂父顯，故龍舒侯相也。」

2908 馬　勉　沖帝紀，九江盜賊馬勉等。見徐鳳下。質帝紀，九江賊馬勉稱「黄帝」，滕撫討斬之。

〔二〕「將」手稿脱，據後漢書補。

2909 韓　縯

滕撫傳，陰陵人馬勉皮冠黃衣，帶玉印，稱「黃帝」，築營於當塗山中，建年號，置百官。李固傳，注。朱穆傳，奏記梁冀曰：「永和之末，綱紀少弛，頗失人望。四五歲耳，而財空戶散，下有離心，馬勉之徒，乘敝而起。〔一〕

桓帝紀，永壽元年六月，太常韓縯爲司空，代房植也。永壽三年，司空韓縯爲司徒，代尹頌也。延熹二年八月，司徒韓縯下獄。注：「東觀記曰：坐不衞宮，止長壽亭，減死一等，以爵贖之。」祝恬代之。胡廣傳，梁冀誅司徒韓縯，坐不衞宮。減死，免爲庶人。韓稜傳，孫縯，順帝時爲丹陽太守，有能名。桓帝時爲司徒。梁冀誅縯，坐阿黨，減死，歸。後復拜司隸校尉。注：「華嶠書：冀冒姓爲貴人父，縯許諾。」周景傳，先是，司徒韓縯在河內，舉吏當行，一辭而已，恩亦不及其家。曰：「我舉若可矣，豈可令偏積一門！」與周景相反。黃瓊傳，冀誅，司徒韓縯坐阿附免。單超傳，延熹八年，司隸校尉韓縯奏左悺罪惡，及悺兄稱請託爲姦，及沛相具恭臧罪。

2910 齊武王縯

字伯升，光武長兄也。自莽篡，常憤憤，懷復社稷之慮。不事家人居業，破產交結天下英俊。自發舂陵子弟，合七八千人，部署賓客，自稱柱天都部。誘新市、平林兵，合軍進屠長聚及唐子鄉，殺湖陽尉，進拔棘陽。至小長安，軍敗，保棘陽。新市、平林兵各欲解去，會下江兵至，縯往說之，潛師襲取藍鄉，斬甄、賜等。又尤、茂等戰育陽下，大破之，自號柱天大將軍。聖公卽位，拜縯爲大司徒，封漢信侯。五月，縯拔宛，六月，光武破尋、邑兄弟，威名益甚，更始不自安，遂共謀害。

〔一〕「敝」，手稿作「敞」，據後漢書改。

2911 鄧演　鄧后猛紀，封兄演爲南頓侯，位特進。

2912 朱演　朱祐傳，鬲侯商卒，子演嗣。永元十四年，坐從兄伯爲外孫陰皇后巫蠱事，免爲庶人。

2913 樊演　南蠻傳，順帝永和二年，交阯刺史樊演發交阯、九眞二郡兵，救象林縣。互見「憐」下。

2914 皇子辨　靈帝紀，中平六年，皇子辨卽位，年十七。董卓廢爲弘農王。改元光熹，又改爲昭寧。何進傳，何皇后生皇子辨，王貴人生皇子協。羣臣請立太子，帝以辨輕佻無威儀，不可爲人主。然皇后有寵，且進又居重權，故久不決。

2915 劉辨　劉瑜傳，瑜父辨，清河太守。注：「又名祥。」

2916 堂谿典　靈帝紀，熹平五年四月，復崇高山爲嵩高山。注：前書武帝改爲崇高。東觀曰：使中郎將堂谿典請雨，因上言改之。」蔡邕傳，與五官中郎將堂谿典等奏正六經文字。注：「先賢行狀：典字子度，潁川人，爲西鄂長。」延篤傳，從堂谿典，受左氏傳。

2917 伏典　伏后紀，完子。

2918 趙典　字仲經，蜀郡成都人。少篤行隱約。建和初，徵拜議郎，侍講，遷侍中。諫開鴻池。父戒卒，襲封廚亭侯，出爲弘農太守，轉右扶風，公事去，徵拜城門校尉，轉將作大匠，遷少府，轉大鴻臚。〔一〕奏削免恩澤爵土，不從。頃之，轉太僕，遷太常。以諫諍違旨免，就國。會帝崩，馳至京師奔吊。州郡及大鴻臚並處其罪，公卿表請以租自贖，

〔一〕「大」，傅山全書初版本誤作「六」，據手稿改。

許之。遷長樂少府、衛尉，病卒。注：「續漢書：典與竇武等謀共誅中常侍等，皆下獄自殺。不言病卒也。竇太后贈謚曰獻侯。荀爽傳，太常趙典舉爽至孝。皇甫規傳。總見「祐」下。黨錮傳序，唯趙典名見而已。「八俊」。郭泰傳，太常趙典舉有道。曹騰傳，進名人潁川堂谿趙典等。

2919 桓 典

桓焉孫典，字公雅，復以尚書教授潁川。舉孝廉，爲郎。辟司徒袁隗府，舉高第，拜侍御史，時宦官秉權，典無所避，常乘驄馬，語曰：「行行且止，避驄馬御史。」督軍破滎陽黃巾。還，以牾宦官，賞不行。在御史七年不調，後出爲郎。靈帝崩，何進秉政，與同謀議，三遷羽林中郎將。獻帝即位，拜家一人爲郎。從入關，拜御史中丞，賜爵關内侯。車駕都許，遷光祿勳。建安六年卒。〔一〕趙岐傳，光祿勳桓典、少府孔融上疏薦岐。

2920 宋 典

張讓傳，中常侍宋典。自讓至典等十二人皆爲中常侍，父兄子弟布列州郡，所在貪殘，爲人蠹害。又使鉤盾令宋典繕脩南宮玉堂。

2921 黃 琬

獻帝紀，永漢元年九月甲午，豫州牧黃琬爲司徒，代丁宮也。十二月戊戌，司徒黃琬爲太尉，代董卓也。初平元年二月乙亥，太尉黃琬免，趙謙代之。三年六月李傕殺司隸校尉黃琬。本傳，字子琰，瓊之孫。少慧，隨瓊在魏郡，建和元年正月日食，京師不見，太后詔問食狀，瓊未知所況，琬年七歲，在傍，曰：「何不言日食之餘，如月之初？」瓊即以其言應詔。後以公孫拜童子，辭病。稍遷五官中郎將，與光祿勳陳蕃

〔一〕「六」，手稿作「八」，據後漢書改。

顯用志士，〔一〕爲權富郎中傷。琬禁錮幾二十年。〔二〕光和末，楊賜薦琬有撥亂之才，徵拜議郎，擢爲青州刺史，遷侍中。中平初，爲右扶風，徵拜將作大匠、少府、太僕、豫州牧，封關内侯。董卓秉政，徵爲司徒，遷太尉，更封陽泉鄉侯。卓議遷都，琬駁之，坐免。卓敬其名德，不敢害。後與楊彪同拜光祿大夫，及徙都，轉司隸校尉，與王允同謀誅卓。傕、汜之亂，收下獄死。趙典傳，趙謙代黃琬爲衛尉。申屠蟠傳，聞蟠言，免馮雍罪。見馮雍下。楊彪傳，中平六年，代黃琬爲司徒。董卓欲遷都，黃琬曰：「此國之大事，楊公之言得無所思！」華佗傳，太尉黃琬辟佗，不就。孫期傳，司徒黃琬特辟，不行。董卓傳，卓與司徒黃琬上書，追理陳蕃、竇憲及黨人。卓欲遷都，黃琬、楊彪廷爭不能。互見「彪」下。劉焉傳，以太僕黃琬爲豫州牧。陳蕃傳。王允傳。

2922 東海王琬　光武十王傳，初平四年，王祇遣子琬至長安奉章，獻帝封琬汶陽侯，拜爲平原相。

2923 劉　琬　劉瑜傳，子琬傳瑜學，明占候，能著災異。舉方正，不行。

2924 張　宛　蔡邕傳，自陳曰：「臣被召，問以大鴻臚劉郃前爲濟陰太守，〔三〕臣屬吏張宛長休百日。」

2925 朱　展　獻帝紀，興平二年，東澗之敗，傕殺侍中朱展。〔四〕

2926 原　展　西羌傳，安帝永初三年，〔五〕鄭勤門下史王宗、原展以身扞，與勤俱死。互見「琮」下。

〔一〕「與」字上，手稿衍一「將」字，據後漢書删。
〔二〕「琬」字上，手稿衍「蕃、琬」二字，據後漢書删。
〔三〕「郃」，傅山全書初版本誤作「部」，據手稿改。
〔四〕「傕」，傅山全書初版本誤作「催」，據手稿改。
〔五〕「初」，傅山全書初版本誤作「元」，據手稿改。

2927 劉　煇　泗水王傳，歙薨，封小子煇爲棠谿侯，奉歙後。

2928 鄭　戩　耿夔傳，夔勇而有氣，侵淩匈奴中郎將鄭戩。元初元年，坐徵下獄，以減死論，笞二百。

2929 趙　戩　趙岐傳，與從子戩逃避之。王允傳，故吏平陵令趙戩棄官營喪。字叔茂，長陵人，性質正多謀。初平中，爲尚書，典選。卓欲有私授，拒不聽。卓怒，將殺之，而戩辭貌自若。長安亂，客荊州，劉表禮之。操平荊州，執戩手曰：「恨相見晚。」卒相國鍾繇長史。

2930 馬　鱄　馬嚴傳。又見先韻。

2931 馮　偃　馮勤傳，馮揚八子，形皆偉壯，惟勤祖父偃長不滿七尺，常自恥短陋，恐子孫之似也，乃爲子伉娶長妻。

2932 宋　衍　清河王傳，詔宋氏悉歸京師，除慶舅衍等皆爲郎。和帝崩，諸王就國，鄧太后以宋衍等爲清河中大夫。注：「中大夫，秩六百石，無員，掌奉王使至京師。」永初二年，太后封衍爲盛鄉侯。

2933 下邳惠王衍　孝明八王傳，永平十五年封。〔二〕帝崩，就國。後病荒忽，而太子卬有罪廢，諸姬爭欲立子爲嗣，上書相告。和帝使彭城王恭至下邳，正其嫡庶，立子成爲太子。衍立四十五年薨。

〔二〕「封」字下，傅山全書初版本衍一「衍」字，據手稿删。

2934 思王衍　劉般傳，楚孝王生思王衍。

2935 馮衍　字敬通，京兆杜陵人，九歲能誦詩，二十博通羣書。莽更始將軍廉丹辟爲掾，說丹，丹不從，丹戰死，衍亡命河東。更始二年，鮑永行大將軍事，安集北方，衍以說永鎮太原，撫上黨云云。永乃以衍爲立漢將軍，領狼孟，屯太原。更始沒，永、衍幅巾降河內，帝怒衍不時至，見黜，頃以爲曲陽令。論功當封，以讒毁，故不行。建武末，上書自陳，猶以前過不用，退作顯志賦。居貧年老，卒於家。注：「衍集有二十八篇。」

2936 鄧衍　虞延傳，永平初，有新野功曹鄧衍，以外戚小侯每豫朝會，而容姿趨步，有出於衆。顯宗目之，顧左右曰：「朕之儀貌，豈若此人！」特賜輿馬衣服，衍未嘗加禮。詔衍令自稱南陽功曹詣闕，到，拜郎中，遷玄武司馬。在職不服父喪，帝乃歎曰：「知人則哲，唯帝難之。」衍慚而退。

2937 黄衍　傅燮傳：王國使故酒泉太守黄衍說燮曰：「成敗之事，已可知矣」云云。燮按劍叱衍曰：「若剖符之臣，反爲賊說耶！」遂麾左右進兵。

2938 蔡衍　黨錮傳，「八顧」。〔二〕字孟喜，汝南項人。少明經，舉孝廉，稍遷冀州刺史。徵拜議郎、符節令。梁冀請見，衍辭疾不往，冀恨之。時汝南太守成瑨等考廷尉，衍與議郎劉瑜表救之，坐免官歸。靈帝卽位，復拜議郎，病卒。又見恭鼎下。

2939 徐衍　呂强傳，宦者下邳徐衍等稱爲清忠。

---

〔二〕「八」，手稿無，據東漢書姓名韻文例補。

2940 梁 衍 皇甫嵩傳，初平元年，董卓徵嵩爲城門校尉，因欲殺之。將行，長史梁衍說曰：「漢室微弱，閹豎亂朝，卓雖誅之，而不能盡忠於國，遂復寇掠京邑，廢立從意。今徵將軍，大則危禍，小則困辱。今卓在洛陽，天子來西，以將軍之衆，將精兵三萬，迎接至尊，奉令討逆，發命海內，徵兵羣帥。袁氏逼其東，將軍迫其西，此成禽也。」〔一〕嵩不從。

2941 法 衍 劉焉傳，注：「正之父，字季謀。」

2942 陸 儁 陸康傳，康守廬江，死。朝廷愍其守節，拜子儁爲郎中。

2943 朱 儁 楊彪傳，代朱儁爲太守。蓋勳傳，時河南尹朱儁爲董卓陳軍事，卓折儁曰：「我百戰百勝，決之於心，卿勿妄說，且污我刀。」又見董卓傳。又見震韻。〔二〕

2944 沮 儁 董卓傳，車駕至華陰，楊奉、董承等攻段煨，傕、汜，復欲劫帝而西，張濟、傕、汜共追乘輿，射聲校尉沮儁被創墜馬，〔三〕見害。後贈爲弘農太守。又見震韻。

2945 霍 儁 霍諝傳，子儁，安定太守。

2946 黃 儁 馮緄傳，張敞奏緄云云。尚書令黃儁議以爲罪無正法，不合致糾。蓋勳傳，注：「續漢書：中平元年，黃巾賊起，故武威太守黃儁被徵，失期，梁鵠欲奏誅儁，勳爲言得

〔一〕「成」，傅山全書初版本誤作「分」，據手稿改。
〔二〕此四字原在「楊彪傳」後，據下條文例侈至此。
〔三〕「聲」，手稿手「擊」，據後漢書改。

免。雋以黄金二十斤謝勳，〔二〕勳曰：『吾以子罪在八議，故爲子言。』終辭不受。」

2947 第五雋　蓋勳傳，注：「表用處士長陵第五雋爲清寇都尉。」

2948 申轉　章帝八王濟北王傳，永初元年，鄧太后封王舅申轉爲新亭侯。

2949 李善　獨行傳，字次孫，南陽淯陽人，同縣李元蒼頭也。

2950 許子遠　袁紹傳。

## 十二條

2951 和帝名肇　肅宗第四子。注：「伏侯古今注：肇之字曰始，音兆。臣賢按：許慎説文：肇音大可反，上諱也。但許慎、伏侯並漢時人，而帝諱不同，蓋因别有所據。」謚法：「不剛不柔曰和。」

2952 劉表　獻帝紀，初平三年正月，孫堅攻表於襄陽。建安十三年七月，曹操征表，八月表卒。本傳，字景升，山陽高平人，魯恭王後。身長七尺餘，姿貌温偉，名在「八顧」。黨禁解，辟何進掾。初平元年，詔書以表爲荆州刺史，用蒯越計，理兵襄陽，以觀時變。孫堅圍襄陽，表將黄祖救解。冬，李傕以表爲鎮南將軍、荆州牧，封成武侯。建安三年破平長沙太守。於是開土遂廣，南接五嶺，北據漢川，地方數千里，帶甲十餘萬。關西、兖、豫學士歸者千數，遂起立學校，撰立五經章句，謂之後定。官度之持，紹遣人求助，表許之而不至，亦不援操。六年，劉備自紹奔荆州，表厚待之，不能用。

〔二〕「勳」，傅山全書初版本脱，據手稿補。

十三年，操自將征表，未至，八月表疽發背卒。在荊州幾二十年，家無餘積。王龔傳，暢爲南陽守，車馬羸敝。同郡劉表時年十七，從暢受學，進諫曰：「循道行禮，貴處可否之間。府君不希孔聖之明訓，而慕夷齊之末操，無乃皎然自貴於世乎？」黨錮傳序，「八及」，又朱並告爲「八顧」。趙岐傳。詳「岐」下。王允傳。竇武傳。孔融傳。荀彧傳。袁術傳，譚、尚之閱，表各詒書諫之，皆不聽。劉焉傳，先是，荊州牧劉表表焉，僭擬乘輿」云云，趙韙以此遂屯兵朐忍備表。袁紹傳，紹連劉表。潁容傳，表以爲武陵太守，不肯就。禰衡傳。龐公傳，荊州刺史劉表數延請，不能屈，乃就候之，曰：「夫保全一身，孰若保全天下乎」云云。

2953 史子眇　何后紀，注：「史道人子眇。」

2954 宋伉　劉玄傳，更始二年，封驃騎大將軍宋伉爲潁陰王。

2955 李嬈　陳思王傳，注：「寧了反。」鈞取掖庭之女李嬈爲小妻，〔一〕復坐削縣。

2956 趙嬈　蔡邕傳，前者乳母趙嬈，貴重天下，生則貲臧侔於天府，死則丘墓踰於園陵，兩子受封，兄弟典郡。陳蕃傳，帝乳母趙嬈旦夕在太后側，太后信之。竇武傳。

## 十三巧

2957 耿寶　安帝紀，延光三年八月辛巳，大鴻臚耿寶爲大將軍。四年三月辛酉，令大將軍寶行太

〔一〕「鈞」，手稿作「鈞」，據後漢書改。

尉事。〔一〕四年四月，自殺。安思閻后紀，顯忌大將軍耿寶，貶爲則亭侯，遣就國，自殺。清河王傳，耿貴人兄寶襲封牟平侯，帝以嫡舅，寵遇甚渥，位至大將軍。五行志，外屬耿寶等陷楊震。來歙傳，陷楊震。耿弇傳，牟平侯襲卒，〔二〕子寶嗣。寶女弟爲清河孝王妃，安帝立，以妃爲甘園大貴人，寶監羽林左車騎，位至大將軍，附事內寵，陷楊震。後策免，自殺。翟酺傳，時元舅耿寶並有威權。楊震傳，帝舅大鴻臚耿寶薦中常侍李閏兄於震，震不從。寶乃自往候震曰：「李常侍國家所重，欲令公辟其兄，寶唯傳上意耳。」震拒不許，寶大恨而去。孫程傳，帝舅大將軍耿寶阿附云云，閻顯爭權，誅之。

2958 張　寶　靈帝紀，中平元年，皇甫嵩斬張角弟寶於曲陽。皇甫嵩傳，張角弟寶稱「地公將軍」，嵩與郭典斬之於下曲陽。

2959 沛侯寶　沛王傳，中元二年，封輔子寶爲沛侯。

2960 博平侯寶　陳思王傳，注：「鈞弟寶，博平侯。」

2961 劉　寶　文苑傳，劉珍一名寶。

2962 李　寶　順陽懷侯傳，延岑爲更始柱功侯李寶所破，岑走天水，嘉收散卒數萬人，以寶爲相，從武都南擊公孫述將侯丹。〔三〕又見順陽懷侯嘉下。劉盆子傳，延岑及更始將軍李寶，與

〔一〕「行」，手稿無，據後漢書補。
〔二〕「襲」，手稿作「龔」，據後漢書改。
〔三〕「擊」，手稿脫，據後漢書補。

逢安戰於杜陵。寶敗，降安，密使人謂岑曰：「子努力還戰，〔一〕吾當於內反之，表裏合勢，可大破也。」岑卽還挑戰，安等空營擊之，寶從後悉拔赤眉旌幟，更立己幡幟。安等戰疲還營，見旗幟皆白，大驚亂走，自投川谷，死者十餘萬，逢安與數千人脫歸長安。公孫述傳，更始遣柱功侯李寶等徇蜀、漢，〔二〕述擊寶，破，走之。順陽懷侯傳，嘉以寶爲相，嘉到雲中就穀，〔三〕寶等勸嘉擁兵自守，以觀成敗。鄧禹傳，漢中王劉嘉詣禹降，嘉相李寶倨慢無禮，禹斬之。趙憙傳，更始遣柱天將軍李寶降舞陰，〔四〕李氏不肯，云：「聞宛之趙氏有孤孫憙，信義著名，願得降之。」

2963 楊　寶　鄧禹傳，禹獲更始河東太守楊寶，斬之。

2964 楊　寶　楊震傳，父寶習歐陽尚書。哀平間，隱居教授。居攝二年，與兩龔、蔣詡俱徵，遂逃遁，不知所處。建武中，公車徵，老病不到，卒。

2965 陳　寶　陳禪傳，禪曾孫寶亦剛壯有禪風，爲州別駕從事，顯名。

2966 訾　寶　董卓傳，注：「袁山松書：沮儁督訾寶負沮戶而瘞之。」

2967 順帝名保　安帝子。永建六年，陽嘉四年，永和五年，漢安二年，建康一年。謚法：「慈和徧服曰順。」

2968 皇子保　安思閻后紀，廢皇子保濟陰王。

---

〔一〕「努力」，手稿作「弩弓」，據後漢書改。
〔二〕「徇蜀」，手稿作「狥述」，據後漢書改。
〔三〕「中」，手稿脫，據後漢書補。
〔四〕「陰」，手稿脫，據後漢書補。

2969 廣川王常　章帝八王清河王傳，永初元年，鄧太后分清河爲二國，封慶少子常保爲廣川王。明年，

保　常保薨，無子，國除。

2970 皇女保　和帝女，脩武長公主。

2971 杜保　馬援傳，杜季良名保，京兆人，爲越騎司馬。保仇人上書訟保「爲行浮薄，伏波將軍萬里還書以誡兄子，而梁松、竇固以之交結」云云。詔免保官。

2972 張皓　順帝紀，永建元年十月壬寅，廷尉張皓爲司空，代陶敦也。四年八月丁丑，司空張皓免。注：「以陰陽不和，久託病，策免也，王龔代之。來歙傳，廷尉張皓議太子不當廢。劉愷傳，廷尉張皓議范邠事。桓焉傳。杜根傳，司空張皓辟翊世以訟前太子之廢，薦爲議郎。本傳，字叔明，犍爲武陽人，六世祖良。皓少遊京師，永元中，歸仕州郡，辟大將軍鄧騭府，五遷尚書僕射。出爲彭城相。永寧元年，徵拜廷尉。安帝廢太子，皓與桓焉、來歷廷爭之不得，退，上疏，不省。順帝卽位，拜司空。時清河趙騰上言災變，下有司收騰繫考，引黨輩八十餘人，皆以誹謗當伏重法。皓上疏諫之，減騰死，除司寇。四年以陰陽不和策免。陽嘉元年，復爲廷尉，其年卒官，年八十三。

2973 楊皓　順帝紀，永和四年，〔二〕中常侍張逵等連及安平相楊皓下獄死。

2974 薛皓　來歙傳，歷要結將作大匠薛皓，證太子無過，帝詔脅云云。薛皓先頓首曰：「固宜如明詔。」來歷廷詰皓。

---

〔二〕「和」，手稿作「平」，據後漢書改。

2975 **鍾皓** 字季明，潁川長社人。世善刑律，而皓少以篤行稱。公府連辟，爲二兄未仕，避隱密山，以詩律教授。爲郡功曹，辟司徒府，舉陳寔自代，頃之自劾去。前後九辟公府，徵爲廷尉正、博士、林慮長，皆不就。李膺歎曰：「鍾君至德可師。」年六十九，卒於家。諸儒頌之曰：「林慮懿德，非禮不處。悅此詩書，弦琴樂古。五就州招，九應台輔。〔一〕逡巡王命，卒歲容與。」

2976 **嫣皓** 竇武傳，書言尚書郎嫣皓等文質彬彬。

2977 **朱皓** 朱儁傳，儁子皓有才行，官豫章太守。陶謙傳，笮融奔豫章，殺郡守朱皓，入據其城。

2978 **王皓** 李業傳，平帝時，蜀郡王皓爲美陽令，莽篡，棄官歸。公孫述稱帝，遣使徵皓等，恐不至，遂先繫其妻子。王皓先自刎，以首付使者，述怒，遂誅皓家屬。

2979 **韓皓** 西羌傳，順帝永建三年，右扶風韓皓代馬賢爲校尉。明年，犀苦詣皓自言求歸故地，皓不遣，因轉湟中屯田，置兩河間，以逼羣羌，皓復坐徵。

2980 **嚴皓** 西域傳，桓帝永興元年，車師後部王阿羅多與戊部候嚴皓不相得，〔二〕遂忿戾反叛。〔三〕

2981 **張顥** 靈帝紀，光和元年三月，太常常山張顥爲太尉，代孟彧也。注：「顥字智明。」九月，太尉張顥罷，陳球代之。蔡邕傳，對曰：「聞太尉張顥爲霍玉所進。」羊陟傳，太尉張顥、司徒樊陵、大鴻臚郭防、太僕曹陵、大司農馮方，並與宦豎姻，公行貨賂，陟奏

---

〔一〕「應」，手稿作「膺」，據後漢書改。
〔二〕「戊部候」，手稿作「戍部侯」，據後漢書改。
〔三〕「戾」，手稿作「居」，據後漢書改。

罷出之，不納。陽球傳：〔二〕時天下大旱，司空張顥條長吏苛酷貪污者，皆罷免之。球坐嚴苦徵。

2982 馮顥　西南夷傳，順、桓間，廣漢馮顥爲太守，政化尤多異迹云。

2983 牽灝　皇甫規傳，上疏曰：「臣實賴兗州刺史牽灝之清猛。」

2984 馮卯　馮勤傳，平陽侯勤卒，子卯嗣。延光中，爲侍中。

2985 王考　黨錮序，「八廚」，〔三〕王考字文祖，東平壽張人，冀州刺史。

2986 鄧伯考　應奉傳，注：「鄧伯考爲尚書僕射，子元義還鄉里，留妻事姑甚謹，姑憎之，幽閉空室，節其飲食云云。伯考怪而問之。時義子朗數歲，言母不病，但苦飢耳。伯考流涕云云，因遣歸家，更嫁爲應華仲妻。傅山曰：華仲即應順也。

2987 彭城考王　孝明八王傳，靖王薨，子考王道嗣，立二十八年薨。元初五年，封道弟三人爲侯。

道

2988 王道　孫程傳，中黄門王道封范縣侯。永建元年，就國。三年徵還，拜騎都尉。

2989 侯子道　嚴光傳，注：「皇甫謐高士傳：霸遣西曹屬侯子道奉書，光不起，於牀上問子道曰：『君房素癡，今爲三公，寧小差否？』子道曰：『位已鼎足，不癡也』。子道傳霸言，光曰：『卿言不癡，是非癡語也。』子道求報。光口授之，使者嫌少，光曰：『買菜乎？求益也？』」

〔二〕「陽」，手稿作「楊」，據後漢書改。

〔三〕「八」，手稿無，據本書文例補。

2990 盛　道　列女傳，犍爲盛道。互見「姜」下。

2991 衞仲道　列女傳，蔡琰先適河東衞仲道。

2992 野王二老　逸民傳，不知何許人。光武送鄧禹西征，因於野王獵，見二老者卽禽。光武問曰：「禽何向？」並舉手西指，「此中多虎，臣每卽禽，虎亦卽臣，大王勿往也」云云。光武將悟其旨，顧左右曰：「此隱者也。」將用之，辭而去。

## 十四帤

2993 种　暠　曹騰傳。

2994 李　暠　單超傳，徐宣爲下邳令，將吏卒至暠家，載其女歸，戲射殺之，埋著寺内。

2995 何　果　何敞傳，注：「成生果，爲大中大夫。果生比干。」

2996 宋　果　郭泰傳，字仲乙，扶風人。性輕悍，喜與報仇，爲郡縣所疾。林宗訓主義方，改節自勅。後以烈氣聞，辟公府，侍御史、幷州刺史，所在德化。

## 十五馬

2997 堅　雅　堅鐔傳，合肥侯浮卒，子雅嗣。

2998 韓　雅　甘始傳，註：「曹植辯道論曰：始語余本師姓韓名雅。」

2999 董君雅　董卓傳，卓之父爲潁川輪氏尉，生卓及旻，故卓字仲潁，旻字叔潁。

3000 任嘏　鄭玄傳，門人樂安任嘏。注：「字昭光，魏黄門侍郎。」〔二〕玄稱嘏有道德。

3001 二司馬　臧洪傳，先是，洪遣二司馬出，求救於吕布。比還，〔三〕城陷，皆赴敵死。

3002 梁馬　梁冀傳，永興二年，封不疑子馬爲潁陰侯。

3003 周馬

十六者

3004 朱野　朱穆傳，子野，少有名節，仕至河南尹。注：「字子遼。見荀爽薦文。」

〔二〕「黄」，手稿脱，據後漢書補。

〔三〕「比」，手稿作「皆」，據後漢書改。

# 卷一百八十六　東漢書姓名韻（十三）

## 上聲

### 十七養

3005 李　廣　光武紀，建武十七年七月，妖巫李廣等起，據皖城。九月，馬援、段志討斬之。馬援傳，維汜弟子李廣等宣言汜神化不死，以誑惑百姓。十七年，共聚會徒黨，攻沒皖城，自稱「南岳太師。〔一〕」援發兵擊廣等，斬之。

3006 李　廣　李忠傳，琴亭侯純卒，子廣嗣。

3007 周　廣　安帝紀，侍中周廣下獄死。見謝惲下。安思閻后紀，顯奏耿寶黨與，侍中周廣下獄死。來歙傳，周廣、謝惲等陷楊震，來歷遂不與交通。〔二〕楊震傳，震疏曰：「周廣、謝惲，與國無肺腑枝葉之屬，依倚近倖姦佞之人，與樊豐、王永等分威共權」云。又李固傳。

3008 胡　廣　順帝紀，漢安元年十一月壬午，大司農胡廣爲司徒，代劉壽也。質帝紀，本初元年閏六月甲申，〔三〕梁冀鴆殺。戊子，司徒胡廣爲太尉，代李固也。與冀參錄尚書事。桓帝

〔二〕「遂」，手稿作「謝純」，據後漢書改。
〔三〕「閏」，手稿脱，據後漢書補。

紀，建和元年六月，太尉胡廣罷，杜喬代之。十月，前太尉胡廣爲司空，代袁湯也。元嘉元年十月，司空胡廣罷，黄瓊代之。永興元年，太常胡廣爲太尉，代袁湯也。二年九月，太尉胡廣免，黄瓊代之。延熹元年七月甲子，太常胡廣爲太尉，代黄瓊也。二年八月，太尉胡廣坐梁冀事免，黄瓊代之。九年五月，太常胡廣爲司徒，代許栩也。靈帝紀，建寧元年，司徒胡廣等參録尚書事。九月，司徒胡廣爲太傅，代陳蕃也，録尚書事。熹平元年三月，廣薨。本傳，字伯始，南郡華容人也。少孤貧。長爲郡散吏，法雄舉孝廉，試章奏第一，拜尚書郎，五遷尚書僕射。順帝欲以探籌定立后，廣與郭虔、史敞上疏諫之。時左雄改察舉之制，限年四十以上。廣與虔、敞上書駁之，不從。出爲濟陰太守，以舉吏不實免。復爲汝南太守，入拜大司農。漢安元年，遷司徒。質帝崩，代李固爲太尉，録尚書事。以立桓帝，封育陽安樂鄉侯。以病遜位。又拜司空，告老致仕。尋以特進徵拜太常，遷太尉，以日食免。復爲太常，拜太尉。延熹二年，梁冀誅，廣坐不衞宫，減死，免爲庶人。拜大中大夫、太常。九年，復拜司徒。靈帝立，與陳蕃參録尚書事，復封故國。蕃誅，代爲太傅，總録如故。年八十，〔二〕繼母在堂，傍無几杖，言不稱老。母卒，哀禮無愆。京師諺曰：〔三〕「萬事不理問伯始，天下中庸有胡公。」共李固定策，大議不全，又與中常侍丁肅婚姻，以此獲譏。年八十二，熹平元年薨。追謚文恭侯。廣爲百官箴四十八篇。崔援傳，援薦廣宿德大儒。謝弼傳，

〔二〕「八」，手稿作「六」，據後漢書改。
〔三〕「師諺」，手稿脱，據後漢書補。

「四公。」注：「胡廣爲太傅。」左雄傳，於是濟陰太守胡廣等十餘人，皆坐謬舉黜免。黄瓊傳，特進胡廣等，皆稱冀勳德宜比周公云云。冀誅，太尉胡廣坐阿附免。陳蕃傳，不愆不忘，率由舊章，臣不如胡廣。滕撫傳，太尉胡廣承旨奏黜，撫不得封。袁安傳。蔡邕傳。李固傳。杜喬傳。趙岐傳。黨錮傳。竇武傳。劉矩傳。又五行志。

3009 黄　廣　律曆中，博士黄廣等議，如九道。

3010 皇女廣　順帝女廣，汝陽長公主。

3011 沛王廣　光武十王傳，節王蕘，子孝王廣嗣。廣有固疾，立三十五年薨。

3012 濟南王廣　光武十王傳，顯薨，子悼王廣嗣，立二十五年薨。無子，國除。

3013 燕　廣　楚王英傳，〔一〕男子燕廣告英與王平、顏忠等逆謀。封燕廣爲折姦侯。

3014 楊　廣　隗囂傳，隗崔與上邽人楊廣謀起兵應漢，爲右將軍。囂亡歸天水，以楊廣、王遵、周宗及平襄人行巡、阿陽人王捷、長陵人王元爲大將軍。赤眉去長安，欲西上隴，囂遣楊廣擊破之。後囂將十三人皆降，囂將妻子奔西城，從楊廣。月餘，楊廣死，囂窮困。馬援傳，援爲書與囂將楊廣，使曉勸於囂，廣不答。廣字春卿。

3015 王　廣　王常傳，子廣嗣。三十年，徙封石城。坐楚事，國除。

3016 宗　廣　鄧禹傳，遣尚書宗廣持節降之。黄防果執馮愔，將其衆歸罪。更始將王匡、胡殷、成丹等皆詣廣降，與共東歸，至安邑，道欲亡，廣悉斬之。李忠傳，王郎將執太守宗廣。王梁傳，勑廣卽軍中斬梁，廣不忍。

〔一〕「楚」，手稿作「燕」，據後漢書改。

3017 耿　廣　耿弇傳，況病，復以國弟廣、舉並爲中郎將。〔二〕

3018 蕭　廣　杜詩傳，格殺將軍蕭廣，還以狀聞。

3019 席　廣　陰興傳，興沒後，擢廣爲光祿勳。又見陰嵩下。

3020 防　廣　鍾離意傳，意爲堂邑令，縣人防廣爲父報仇，繫獄。其母病死，廣哭泣不食，意傷之，乃聽廣歸家，得殯殮。丞掾皆爭，意曰：「罪自我歸」云云。廣殮母訖，果還入獄。意密以狀聞，廣竟得減死論。

3021 鄯善王廣　班超傳，超到鄯善，王廣奉超禮敬甚備，後忽更疏懈。超謂官屬曰：「寧覺禮意薄乎？此必有北虜使來」云云。火攻虜營，召廣以虜使首示之，廣遂納子爲質。

3022 焉耆王廣　班超傳，焉耆王廣遣其左將北鞬支奉牛酒迎超。超詰責賜遣。北鞬支還，廣乃與大人迎超於尉犁。廣國有葦橋，絕之，不欲令漢軍入國。超更從它道厲度。廣出不意，欲悉驅其人共入山保。

3023 春陵侯敞　光武紀，注：「春陵侯敞，光武季父也。東觀：光武爲季父故春陵侯訟逋租。」〔三〕

3024 袁　敞　安帝紀：元初二年十二月庚戌，光祿勳袁敞爲司空，代劉愷。四年四月戊申，司空敞薨，李郃代之。袁安傳，安子敞，最知名，字叔平。少傳易經。以父任爲太子舍人。和帝時，歷位將軍、大夫、侍中，出爲東郡太守，徵拜太僕、光祿勳。元初三年，代

〔二〕「中郎將」，手稿作「郎中」，據後漢書改。

〔三〕「逋」，手稿作「捕」，據後漢書改。

劉愷爲司空。明年，坐子與尚書郎張俊交通策免。敞廉勁不阿，失鄧氏旨，自殺。又李郃傳。

3025 陰　敞　后紀，和帝陰后弟敞徙日南比景。陰識傳，綱子敞，黃門侍郎。後徙日南。

3026 尚　敞　東平王傳。〔一〕

3027 東平王敞　東海王臻傳，詔褒臻曰：「曩者東平孝王敞兄弟行孝，喪母如禮，有增戶之封。」懷王薨，子孝王敞嗣，立四十八年薨。敞至孝。

3028 康侯敞　城陽恭王傳，舂陵侯仁卒，子敞嗣。敞謙儉好義，盡推父時金寶財產與昆弟，拜廬江都尉。〔二〕兄弟舉，莽畏劉氏，徵敞至長安，免歸國。崇敗，敞乃爲子祉娶高陵侯翟宣女爲妻。會宣弟義起兵，〔三〕南陽捕殺宣女，祉坐繫獄。敞因上書言謝罪，願率子弟云云。建武二年，追謚敞爲康侯。

3029 繒侯敞　公沙穆傳，穆舉孝廉，以高第爲主事，遷繒相。時繒侯敞，東海恭王之後，所爲多不法。穆到官，謁曰：「臣始除之日，京師咸謂臣曰『繒有惡侯』，以弔小相」云云。上敞所侵官民田地，廢其庶子，還立嫡嗣。因苦辭諫敞，敞涕泣爲謝。

3030 何　敞　濟南王康傳，永元初，國傅何敞諫康「制節謹度，然後能保其社稷。」康雖素敬重敞，

〔一〕按後漢書卷四十二光武十王傳無尚敞，有東平孝王敞、任城孝王尚。
〔二〕「江」，手稿脫，據後漢書補。
〔三〕「弟」，手稿脫，據後漢書補。

然不能改。五行志，章帝末，鳳凰四十九見，直何敞以爲羽孽。[二]郅壽傳，侍御史何敞上疏理壽。張酺傳，酺既免，左中郎將何敞訟酺公忠。本傳，字文高，扶風平陵人。性公直，以趣舍不合時務，每請召，常稱疾不應。元和中，辟太尉宋由府。時四方累有奇異鳥獸草木，言事者以爲祥瑞。敞通經傳，能爲天官，意甚惡之。言於由及司空袁安云：「異鳥怪草，不可不察。」二公懼然不敢答。肅宗崩，竇氏專政，外戚奢侈，賞賜過度，倉帑爲虚。又奏記由宜先正己以率羣下，還所得賜，因陳得失云云。由不能用。時竇憲刺殺都鄉侯劉暢於屯衞之中，主名不立。敞又奏記由，請獨奏案，由乃許焉。二府聞敞行，皆遣主者隨之，於是推舉具得其事。以高第拜侍御史。時憲征匈奴，詔使者爲篤、景起邸第，敞上書諫：「宜罷工匠，專憂北邊，恤人之困。」不省。拜爲尚書，復上封事曰：「憲秉三軍之重，篤、景總宫衞之權，今者論議洶洶。臣觀公卿懷兩端，不肯極言者，以爲憲等若有匪懈之志，則已受吉甫褒申伯之功，如憲等陷於罪辜，則自取陳平、周勃順吕后之權，終不以憲等吉凶爲憂也。臣敞上不欲令皇太后損文母之號，陛下有誓泉之譏，下使憲等得長保其福祐」云云。竇憲等怨之，白出敞爲濟南王康太傅。歲餘，遷汝南太守。以寬和爲政。立春日，召督郵還府，分遣儒術大吏，顯孝悌有義行者。置禮官，不任文吏。脩鮦陽渠，百姓賴其利[三]，墾田增三萬餘頃。及竇氏敗，有司奏敞子與夏陽侯瓌善，坐免官。永元十二年復徵，三遷五

[二]「何」，手稿作「河」，據後漢書改。

[三]「利」，手稿作「吏」，據後漢書改。

官中郎將。常忿疾中常侍蔡倫，倫憾之。元興元年，敞以祠廟嚴肅，微疾不齊，後鄧皇后上太傅禹冢，敞起隨百官會，倫因奏敞詐病，抵罪。卒於家。

3031 何　敞　周嘉傳，嘉擁太守何敞，以身扞之。詳「嘉」下。

3032 張　敞　馮緄傳，監軍使者張敞承宦官旨，奏緄將傳婢二人戎服自隨，又輒於江陵刻石紀功。

3033 張　敞　王龔傳，暢拜南陽太守，奮勵威猛，更爲設法，諸受臧二千萬以上不自首實者，使吏發屋伐樹，堙井夷竈。功曹張敞奏記諫之，暢更崇寬政。竇武傳，胡騰及令史南陽張敞共逃武子輔於零陵界。敞者，太尉温之弟也。

3034 史　敞　胡廣傳，與尚書史敞上疏諫探籌立后。又與敞上書駮左雄策舉之制。敞又上書諫廣可爲陳留太守。史弼傳，父敞，順帝時以佞辯至尚書、郡守。

3035 朱　敞　袁安傳，注：「袁山松書：漢陽太守朱敞，皆竇憲賓客。」

3036 倪　敞　崔駰傳，篆爲建新大尹，〔一〕三年不行縣，門下掾倪敞諫之，强起。

3037 楊　敞　楊震傳，高祖敞，昭帝時爲丞相，封安平侯。

3038 張　昶　張奐傳，芝弟昶，字文舒，並善草書。

3039 張　朗　順帝紀，永建二年六月，西域長史班勇、敦煌太守張朗討焉耆、尉犂、危須三國，破之。班勇傳，永建二年，敦煌太守張朗將河西四郡兵三千人配勇，因發諸國兵四萬餘，分兩道擊焉耆王元孟。朗從北道，先有罪，欲徼功自贖，遂先期至爵離關戰，元孟懼

〔一〕「建新」，手稿作「新建」，據後漢書改。

誅，逆遣使乞降，朗徑入焉耆，受降而還。西域傳，順帝永建二年，班勇與敦煌太守張朗擊破焉耆者王元孟，詣闕貢獻。

3040 孫朗

桓帝紀，永壽三年，太常北海孫朗爲司空，代韓縯也。注：「朗字代平。」延熹二年八月，司空孫朗下獄。注：「東觀記：坐不衞宫，止長壽亭，減死一等，以爵贖。」盛允代之。胡廣傳，梁冀誅，廣與司空孫朗坐不衞宫，減死，免爲庶人。黄瓊傳，冀誅，司空孫朗坐阿附免。

3041 魏朗

桓帝紀，永壽三年四月，遣九眞都尉魏朗擊九眞叛蠻，破之。靈帝紀，建寧二年十月，鉤黨死，前河内太守魏朗。黨錮傳，魏朗字少英，會稽上虞人。少爲縣吏。兄爲鄉人所殺，朗白日操刃報仇於縣中，遂亡命到陳國。從博士郤仲信學春秋圖緯，又詣太學受五經。初辟司徒府，遷彭城令。時中官子弟爲相國，朗與更相章奏，幸臣欲中之。會九眞賊起，共薦朗爲九眞都尉。到官，討賊，破之。徵拜議郎，遷尚書，出爲河内太守。陳蕃薦之，復徵爲尚書。會黨議，免歸。竇武等誅，朗以黨被徵，行自牛渚，自殺。著書數篇，號魏子。又竇武傳。南蠻傳，桓帝永壽三年，遣九眞都尉魏朗討居風縣人朱達及蠻夷等，破之，斬首二千級。

3042 馬朗

馬防傳，永初七年，鄧太后紹封光子朗爲合鄉侯。

3043 王朗

桓曄傳，注：「東觀記：曄適會稽，止山陰縣故魯相鍾離意舍，〔一〕太守王朗餉給粮食、布帛、牛羊，一無所留。臨去之際，屋中尺寸物，悉疏付主人。王充傳，注：「朗爲

〔一〕「山」，手稿脱，據後漢書補。

3044 蘇朗 會稽太守，得論衡，及還許下，人稱其才進。」邊讓傳。

3045 寒朗 班固傳，先是，扶風人蘇朗僞言圖讖事，下獄死。

字伯奇，魯國薛人也。生三日，天下亂，棄之荆棘；數日兵解，母往視，猶尚氣息，遂收養之。及長，好經學，以尚書教授，舉孝廉。永平中，以謁者守侍御史，考案楚獄，上言耿建等無奸，帝怒：「促提下！」朗曰：「願一言而死」云云。會赦，免，復舉孝廉。建初中，爲易長。遷濟陽令，以母喪去。章和元年，東巡濟陽，三老陳朗先政治狀。詔三府爲辟首，辟司徒府。遷清河太守，免。永初三年，徵公車。卒，年七十四。

3046 鄧朗 應奉傳，注：「鄧元義子朗爲郎，母與書皆不答，與衣裳輒以燒之。後母至親家李氏堂上，令人以它詞請朗。朗至再拜涕泣，因起出，遂絶。傅山曰：朗母卽嫁爲應順妻者。人子遭此，無可奈何，事只得爾。

3047 賈朗 虞詡傳，孫程叱張防下殿，程曰：「陛下急收防，無令從阿母求請！」帝問諸尚書，尚書賈朗與防善，證詡之罪。高梵言之，防徙邊，朗等六人，或死或黜。

3048 司馬朗 禰衡傳。

3049 荀爽 獻帝紀，永漢元年十二月戊戌，〔一〕光祿勳荀爽爲司空，代楊彪也。初平元年五月，司空荀爽薨，种拂代之。本傳，一名諝。「八龍」六。爽字慈明。年十二，通春秋、論語。杜喬稱之曰：「可爲人師。」語曰：「荀氏八龍，慈明無雙。」延壽元年，趙典舉至孝，

〔一〕「元」，手稿脫，據後漢書補。

拜郎中。對策陳便宜行三年喪，改尚主之制云云。奏聞，卽棄官去。後遭黨錮，隱海上，又南遁漢濱，積十餘年，著述爲事。至卓輔政，復徵之，爽欲遁，吏持之急，不得去，因就拜平原相。行至宛陵，復追爲光祿勳。視事三日，進拜司空。從遷都長安，與王允及卓長史何顒等謀誅卓，會病薨，年六十三。著有漢語。〔二〕楊彪傳，司空荀爽見卓意壯，恐害彪等，因從容言曰：「相國豈樂此耶」云。卓意小解。爽私謂彪曰：語君堅爭不止，禍必有歸，故吾不爲也。种拂傳，拂代荀爽爲司空。李膺傳，爽常謁膺，因爲其御，既還，喜曰：「今日乃得御李君矣」。膺免歸，居陽城山中，爽恐其名高致禍，欲令屈節以全亂世，貽書曰：「久廢過庭，不聞善誘，陟岵瞻望，惟日爲歲」云云，「願怡神無事，偃息衡門，任其飛沉，與時抑揚。」董卓傳，卓以處士荀爽爲司空。李固傳。見「燮」下。王允傳。朱穆傳注。孫期傳。申屠蟠傳。列女傳，荀采之夫壻陰瑜死，〔三〕而以采許郭奕。

3050 胡　爽

南蠻傳，桓帝延熹三年冬，武陵蠻六千餘人寇江陵，荆州刺史劉度、謁者馬穆、南郡太守李肅皆奔走，肅主簿胡爽叩馬諫曰：「蠻夷見郡無儆備，故敢乘間而進。明府爲國大臣，連城千里，舉旌鳴鼓，應聲十萬，奈何委符守之重而爲逋逃之人？」肅拔刃向爽，爽抱馬固諫，遂殺爽而走。後復爽門閭，拜爽家一人爲郎。

3051 樂成靖王

孝明八王傳，永平九年賜號重熹王，十五年封樂成王。黨聰慧，善史書，喜正文字。

〔二〕「著」，手稿作「注」，據後漢書改。
〔三〕「夫」，手稿作「父」，據後漢書改。

## 黨

3052 樂成王黨 與肅宗同年，尤相親愛。帝崩，就國，立二十五年薨。不道事見哀置、羽生下。章帝八王傳，鄧太后封河間王開子德爲安平王，奉樂成王黨事。注：「黨，明帝子也。」

3053 左　黨 天文志，延熹八年，左悺及弟黨皆自殺。

3054 魏　黨 吳漢傳，十二年春，與述將魏黨戰於魚涪津，大破之。

3055 陰　黨 竇憲傳，肅宗責憲曰：「昔永平中嘗令陰黨、陰博、鄧疊三人更相糾察，故諸豪戚莫敢犯法。」

3056 周　黨 八十三卷序，黨見閔貢含菽飲水，遺以生蒜。〔一〕逸民傳，字伯況，太原廣武人。家產千金。少孤，爲宗人所養，而遇之不以理，及長，又不還其財。黨詣鄉縣訟，主乃歸之。既而散與宗族，悉免遺奴婢，遂至長安遊學。莽篡，託疾杜門。建武中，徵爲議郎，以病去職，將妻子居黽池。復被徵，不得已，著短布單衣，穀皮綃頭，待見尚書。光武引見，伏而不謁，自陳願守所志，許之。

3057 楊　黨 蓋勳傳，勳爲京兆尹。時長安令楊黨父爲中常侍，恃勢貪放，勳案得其贓千餘萬，貴戚咸爲之請，勳不聽，具以事聞，並連黨父。

3058 黃　讜 包咸傳，太守黃讜欲召入授其子，咸曰：「禮有來學」云。讜遂遣子師之。

3059 王　賞 馬成傳，督射聲校尉王賞等擊李憲。

3060 韋　賞 韋彪傳，祖賞，哀帝時大司馬。

〔一〕「遺」，手稿脱，據後漢書補。

3061 樊　賞　樊儵傳，儵弟鮪子賞。見「鮪」下。

3062 袁　賞　袁安傳，竇氏敗，帝追思前議，除安子賞爲郎。

3063 毋丘長〔一〕　吳祐傳：安丘男子毋丘長與母俱行，道遇醉客辱其母，長殺之而亡，安丘追蹤於膠東得之。祐曰：「赦若非義，刑之不忍，將如之何？」問長無子，即移安丘逮長妻宿獄中，〔二〕遂孕。長臨刑曰：「妻若生子，名之『吳生』。」

3064 岑　像　岑晊傳，父像，爲南陽太守，以貪叨誅死。

3065 嚴　象　荀彧傳，〔三〕荀彧進計謀士，唯嚴象爲楊州負敗。注：「三輔決錄曰：象字文則，京兆人。少聰博有膽智，爲楊州刺史。後爲孫策廬江太守李術所殺。」

3066 閻　象　袁術傳，術將潛逆，主簿閻象進曰：「昔周自后稷至於文王，明公雖奕世克昌，孰若有周之盛」云云。傅山曰：鄧朗之母嫁應仲華順，所遭情事，極似魏榆褚氏婦嫁張氏，古時便有此局。然朗之母爲姑所憎而餓之，其公伯考主張改嫁者，褚氏婦是既寡而自嫁于張者。

## 十八梗

3067 劉　永　光武紀，建武元年十一月，劉永自稱爲天子。本傳，梁郡睢陽人，梁孝王八世孫也。

〔一〕「毋」，手稿作「母」，據後漢書改。下同。
〔二〕「逮」，手稿作「建」，據後漢書改。
〔三〕「荀彧」，手稿作「孔融」，據後漢書改。

3068 周　永　更始卽位，永先詣洛陽，紹封爲梁王，都睢陽。更始敗，永自稱天子，蓋延拔睢陽，[一]永將家屬走虞。虞人反殺其母及妻子，永與麾下奔譙。建武三年，睢陽人反城迎永，吳漢、蓋延合圍之，城中食盡，永與蘇茂、周建走酇，諸將追急，永將慶吾斬永首降。桓帝紀，延熹二年，注：「封周永下邳高遷鄉亭侯。」劉瑜傳。見霍諝下。黃瓊傳，上書曰：「尚書周永，昔爲沛令，素事梁冀，幸共威勢，坐事當罪，越拜令職。見冀將衰，乃陽毀示忠，遂因姦計，亦取封侯。」

3069 許　永　宋后紀，靈帝夢桓帝怒曰：「宋后何罪」云云。帝問羽林左監許永，對曰：「宋后過惡無聞」云云。

3070 王聖女永　安思閻后紀，永母子徙鴈門。

3071 王　永　來歙傳。陳翔傳，翔爲楊州刺史，舉奏豫章太守王永奉事中官，徵永詣廷尉。

3072 王　永　楊震傳，周廣、謝惲依倚近倖，與樊豐王永分威共權。

3073 任　永[二]　李業傳，犍爲任永託青盲避世，永妻淫於前，匿情無言，見子入井，忍不救。

3074 趙　永　耿弇傳，時更始徵代郡太守趙永，況勸永不應召，令詣於光武。光武遣永復郡。詳張曄下。

3075 孫　永　馬援傳，帥中郎將孫永等征五溪。又見耿舒下。南蠻傳，建武二十五年春，遣中郎將孫永等將兵至臨沅擊相單程，破之。

---

[一]「睢」，傅山全書初版本誤作「洛」，據手稿改。

[二]「任永」，手稿作「王永」，據後漢書改。下同。

3076 鮑永　字君長，上黨屯留人。習歐陽尚書。事後母至孝，妻常於母叱狗，卽去之。初爲郡功曹。莽以宣不附己，欲滅其子孫。太守苟諫擁護，召以爲吏。太守趙興復署功曹，諫興不謁詐稱侍中者，知名。舉秀才，不應。更始二年，徵，再遷尚書僕射，行大將軍事，安集河東、并州、朔部。擊青犢，破之，封中陽侯。光武卽位，幅巾詣河内，帝問：「卿衆所在？」對曰：「臣事更始，不能令全，誠慚以其衆幸富貴，故悉罷之。」帝不悅，拜諫議大夫。說更始河内太守降，帝乃喜，賜洛陽商里宅，辭不受。拜魯郡太守，擊董憲將，破之，格殺彭豐等，封關内侯。遷揚州牧，遭母憂，去官。十一年，徵爲司隸校尉。行縣到霸陵，拜更始墓，至扶風，上苟諫冢。後請韓歆，忤意，出爲東海相。徵拜兗州牧，病卒於官。杜詩傳，杜詩卒，永上書「詩歸無所」。侯霸傳，帝宣召責韓歆，司隸校尉鮑永固請不得。馮衍傳，更始二年，遣尚書僕射鮑永行大將軍事，安集北方，衍因以計說永「鎭太原，撫上黨，收百姓之歡心，樹名賢之良佐。天下無變，則足以顯聲，譬一朝有事，則可以建大功」云云。列女傳。

3077 杜永　梁商傳，冗從僕射杜永等共譖商，伏誅。

3078 焦永　樂恢傳，恢事博士焦永。永爲河東太守，恢隨之官。閉廬精誦，不交人物。後永以事被考，諸弟子皆以通關被繫，恢獨皎然不污於法。

3079 公孫永　吳漢傳，十二年春，與述將公孫永戰漁涪津，大破之，遂圍武陽。

3080 第五永　高彪傳，京兆第五永爲督軍御史，使督幽州，百官大會，祖餞於長樂觀。蔡邕等皆賦詩，彪獨作箴曰：「文武將墜，乃俾俊臣。整我皇綱，董此不虔。古之君子，卽戎忘身。明其果毅，尚其桓桓。呂尚七十，氣冠三軍，詩人作歌，如鷹如鸇。天有太一，五將三門；地有九變，丘陵山川；人有計策，六奇五間；總兹三事，謀則咨詢。無曰已能，務在求賢，淮陰之勇，廣野是尊。周公大聖，石碏純臣，以威克愛，以義滅親。勿謂時險，不正其身。勿謂無人，莫識己眞。忘富遺貴，福祿乃存。枉道依合，復無所親。先公高節，越可永遵。佩藏斯戒，以勵終身。」

3081 谷　永　南蠻傳，靈帝建寧三年，鬱林太守谷永以恩信招誘烏滸人十餘萬内屬，皆受冠帶，開置七縣。

3082 董　炳　安帝紀，永初二年，先零羌滇零殺漢中太守董炳。西羌傳，安帝永初元年，滇零等自稱「天子」於北地，招集武都、參狼、上郡、西河雜種，入益州，殺漢中太守董炳。[一]

3083 沖帝名炳　順帝子。改元永嘉，年三歲崩。順烈梁后紀，美人虞氏子，閻后立之。

3084 王子炳　范冉傳，知我心，李子堅、王子炳也。

3085 趙　炳　徐登傳，趙炳字公阿，東陽人。能爲越方。與徐登遇於烏傷溪水之上，各試所能，炳禁枯樹，樹卽生荑。炳師事登。炳後入章安，百姓未之知也。炳乃升茆屋，梧鼎而爨，主人見之驚懼，炳笑而不應，既而爨熟，屋無損異。又嘗臨水求渡，船人不和之，乃張蓋坐其中，長嘯呼風，亂流而濟。章安令惡其惑衆，收殺之。

3086 勞　丙　桓帝紀，延熹三年九月，太山琅邪賊勞丙等復叛，寇掠百姓。趙彥傳：延熹三年琅邪賊勞丙與太山賊叔孫無忌殺都尉。

---

[一]「漢中」，手稿作「西河」，據後漢書改。

3087 都鄉侯丙　彭城王傳，注：「東觀記：考王道弟丙爲都鄉侯。」

3088 淮陽頃王　孝明八王傳，永平五年封常山王，建初四年徙爲淮陽王，立十六年薨，未及立嗣。

昞

3089 李　昺　樊英傳，建元元年，詔公車徵英及同郡李昺。注：「昺字子然，酇人也。篤行好學，習魯詩、京易。州郡禮請，不應。」

3090 楊　秉　桓帝紀，延熹五年十一月，太常楊秉爲太尉，代劉矩也。八年五月，太尉楊秉薨，陳蕃代之。本傳，震中子，字叔節。少傳父業，兼明京氏易，博通書傳，常隱居教授。年四十餘，乃應司空辟，拜侍御史。頻出爲豫、荆、徐、兖四州刺史，遷任城相。桓帝卽位，以明尚書徵入勸講，拜大中大夫、左中郎將，遷侍中、尚書，出爲右扶風。太尉黄瓊言不宜外，留拜光禄大夫。梁冀用權，秉稱病。冀誅後，乃拜太僕，遷太常。延熹三年爭李雲不得，免官歸。其年冬，復徵拜河南尹。會任方等突獄亡，尚書召詰責秉，秉曰：「方等無狀，釁由單匡」云云。坐輸作左較，以久旱赦出。會日食，太山太守皇甫規等訟秉忠直，不宜久抑。有詔公車徵，不至。有司劾大不敬，重徵，乃到，拜太常。五年冬，代劉矩爲太尉，與司空周景言：「内外吏職，多非其人」云云，從之。時郡國計吏，多留拜爲郎。秉上言宜絶横拜。七年，從巡園陵，詔書多所除拜，〔二〕秉疏諫之，詔除乃止。明年，奏中常侍侯覽弟益州刺史侯參，檻車徵參，自殺。

〔二〕「多」，手稿作「拜」，據後漢書改。

因奏覽及具瑗等宜急屏斥。尚書召對，秉掾屬曰：「公府外職，奏劾近官，漢制有故事乎？」秉使對曰：「趙鞅以晉陽之甲逐君側之惡」云云，「漢世故事，三公之職，無所不統。」尚書不能詰，帝不得已，免覽官而削瑗國。八年，薨，時年七十四。賜塋陪陵。〔一〕秉嘗言：「我有三不或：酒、色、財也。」子賜。周景傳，與楊秉舉奏諸奸猾。爰延傳，太尉楊秉舉延賢良方正。陳球傳，楊秉表球爲零陵太守。劉瑜傳，秉舉瑜賢良方正。李雲傳，太常楊秉等上疏請雲，上恚，免歸田里。陳蕃傳，代楊秉爲太尉。侯覽傳，太尉楊秉奏侯參。

3091 鄧秉

鄧后猛女紀，又封統弟秉爲淯陽侯。天文志，延熹八年，淯陽侯鄧秉繫暴室。

3092 趙秉

隗囂傳，以趙秉爲祭酒。杜林傳，薦同郡趙秉等。

3093 耿秉

耿國之子，字伯初。腰帶八圍，博通書記，能說司馬兵法。以父任爲郎，數上言兵事。欲以戰去戰，拜謁者僕射。每公卿會議，常引秉上殿訪邊事。十五年，拜駙馬都尉。十六年，以騎都尉秦彭爲副，與奉車都尉竇固俱伐北匈奴。十七年夏，詔與固合兵萬四千騎，復出白山擊車師。明年秋，肅宗即位，拜秉征西將軍。遣案涼州邊境，進屯酒泉，救戊己校尉。建初元年，拜度遼將軍。視事七年，徵爲執金吾。章和二年，復拜征西將軍，副車騎將軍竇憲征北匈奴，破之。封美陽侯，食邑三千戶。性勇壯而簡易於事，軍行常自被甲在前，休不結營部，然遠斥候，〔二〕明要誓，有驚，軍陳立成。永

〔一〕「塋」，手稿作「營」，據後漢書改。
〔二〕「遠」，手稿脫，據後漢書補。

元二年，代桓虞爲光祿勳。三年卒，謚桓侯。匈奴聞秉卒，舉國號哭，或至梨面流血。竇固傳，出居延塞。見「彭」下。竇憲傳。魯恭傳。袁安傳，秉議阿佟事許。章彭傳。南匈奴傳，章帝建初元年，以征西大將軍耿秉行度遼將軍。七年，秉遷執金吾。章和二年，〔二〕屯屠何上書，願遣執金吾耿秉等並力而北云。和帝永元元年，以秉爲征西將軍，與竇憲等及南單于三萬騎擊北虜，大破之。

3094 宣　秉　字巨公，馮翊雲陽人。少修高節，見王氏有逆萌，遂隱遁深山。莽爲宰衡，辟命不應。及篡位，又徵之，固辭疾病。更始徵爲侍中。建武元年，拜御史中丞，光武特詔御史中丞與司隸校尉、尚書令會同並專席而坐，號曰「三獨坐」。明年，遷司隸校尉。四年，拜大司徒司直。六年，卒於官。常服布被，蔬食瓦器也。

3095 亳　秉　李雲傳，注：「封亳后弟統之從弟秉爲濟陽侯。」

3096 陳　秉　虞詡傳，詡奏中常侍程璜、陳秉、孟生、李閏等，百官側目。

3097 劉　秉　西羌傳，順帝永和二年，以劉秉爲涼州刺史。大將軍梁商與言：「防其大故，忍其小過」云云。秉等天性刻虐，遂不能從，到州多所擾發，五年夏，且凍、傅難等反叛，秉坐徵。並見「機」下。

3098 周　景　桓帝紀，延熹六年十二月，衛尉周景爲司空，代劉寵也。八年十月，司空周景免，劉茂代之。九年九月，光祿勳周景爲太尉，代陳蕃也。靈帝紀，建寧元年四月戊辰，太尉周景薨，劉矩代之。本傳，興子字仲饗。辟梁冀府，稍遷豫州刺史、河內太守。拔

---

〔二〕「二」，傅山全書初版本誤作「三」，據手稿改。

才薦善，常恐不及。每至歲時，延請舉吏，數四乃遣。既而選其父兄子弟，與前守韓演事相反。後徵爲將作大匠。冀誅，以故免。朝廷以景素忠直，復引拜尚書令，遷太僕、衛尉。延熹六年，代劉寵爲司空，與太尉楊秉舉奏奸猾，連及中常侍防東侯覽、東武陽侯具瑗，皆坐黜。〔二〕視事三年，以地震免。歲除，復代陳蕃爲太尉。建寧元年薨，以豫定策立靈帝，追封安陽鄉侯。橋玄傳，景署玄從事，案窮羊昌。楊秉傳。見邊詔下。陳蕃傳，刺史周景辟別駕從事，以諫爭不合，投轉而去。陳翔傳，太尉周景辟舉翔高第。

3099 **陳景** 桓帝紀，建和二年十月，長平陳景自號「黃帝子」，署置官屬，伏誅。

3100 **竇景** 章德后紀。竇憲傳，篤弟景、瓌並中常侍。憲振旅還京，時景、瓌皆侍中、奉車駙馬都尉。明年，封汝陽侯，爲執金吾，俱驕縱。景爲尤甚，後就國，自殺。郅惲傳。周榮傳。張酺傳。袁安傳，安劾景擅發邊兵，當伏顯誅。

3101 **閻景** 安思后紀，顯及弟景、耀、晏並典禁兵。孫程傳，顯弟衛尉景遽從省中還外府，收兵至盛德門。程傳召諸尚書使收景，郭鎮禽之，送獄，即夜死。

3102 **沈景** 章帝八王傳，河間王政不奉法，順帝以侍御史吳郡沈景有彊能稱，故擢爲河間相。景到國，謁王，王不正服，箕踞殿上。侍郎贊拜，景峙不爲禮，問王所在云云。王更服，乃拜。出住宮門外，請王傅責之，因奏治罪。捕諸姦人案罪，殺尤惡者數十人，出冤獄百餘人，王改節。

〔二〕此二句，手稿作「連及中常侍防及東陽侯侯覽、東武陽侯具瑗，皆坐默」，據後漢書改。

3103 奚景　律曆志，注：「〔一〕章帝時零陵文學奚景於泠道縣舜祠下得白玉琯。」

3104 黃景　伏湛傳，詔無忌與黃景共校中書五經、諸子百家、藝術。元嘉中復詔無忌與黃景共撰漢書。

3105 宋景　張衡傳，永元中，清河宋景遂以歷紀推言水災，而僞稱洞視玉版。注：「遯甲開山圖曰：禹遊於東海，得玉珪，碧色，長一尺二寸，圓如日月，〔二〕以自照，達幽冥。言宋景以歷紀推知水災，非洞視玉版所見也。」

3106 王景　王允傳，允子，見害。

3107 王景　循吏傳，字仲通，樂浪詽邯人。少學易，又好天文術數之事。辟司空伏恭府。有薦景能治水，顯宗詔與王吳共脩浚儀渠。〔三〕永平十二年，議脩汴渠，乃引見景，問理水形便。景陳其利害，帝賜景山海經、河渠書、禹貢圖。遂發卒數十萬，遣景與王吳築堤，自滎陽東至千乘海口千餘里。明年，渠成。帝自巡幸，景三遷爲侍御史。十五年，拜河堤謁者。建初七年，遷徐州刺史。明年，遷廬江太守，修芍陂，教民用犂及蠶織，爲作法制，著於鄉亭，廬江傳其文辭。卒於官。作金人論，頌洛邑之美。又參紀諸家數術文書，冢宅禁記，堪輿日相之屬，集爲大衍玄基云。

〔一〕「注」，手稿無，據後漢書補。
〔二〕「圓」，手稿作「圖」，據後漢書改。
〔三〕「宗」，手稿脫，據後漢書補。

3108 段　熲〔一〕

靈帝紀，熹平二年五月，以司隸校尉段熲爲太尉，代李咸也。十二月，太尉段熲罷，陳耽代之。光和二年三月，大中大夫段熲又爲太尉，代橋玄也。四月辛巳，中常侍王甫及太尉段熲下獄死，劉寬代之。千乘王傳。本傳，字紀明，武威姑臧人。西域都護會之從曾孫也。少便習弓馬，遊俠輕財，長折節好古學。初舉孝廉，爲順帝憲陵園丞、景帝陽陵令。遷遼東屬國都尉。鮮卑犯塞，熲馳赴。恐賊驚去，使驛騎詐賫璽書詔熲，熲僞退，潛於還路設伏，虜果入追，熲因縱兵，〔二〕盡斬獲之。坐詐璽書伏重刑，以有功論司寇。刑竟，徵拜議郎。永壽二年，以有文武才，選拜中郎將。擊太山琅邪賊東郭竇、〔三〕公孫舉，斬獲萬餘級，封列侯。延熹二年，遷護羌校尉。八種羌寇金城，熲追討南渡河，而有羅亭之戰。明年，餘羌復與燒何大豪寇張掖，攻沒鉅鹿塢，同種千餘落，〔四〕晨奔熲軍。熲下馬大戰，至日中，刀折矢盡，虜引退。熲追之，且鬭且行，割肉食血，四十餘日，遂至河首積石山，出塞二千餘里，竟斬燒何大帥，首虜五千餘人。遂分兵擊石城羌，斬溺死者千六百人。而燒當種九十餘口詣熲降。四年，以郭閎誣，輸左較。諸羌大陸梁，起徒中，復拜議郎，遷并州刺史。冬，復爲護羌校尉。明年，羌封僇等三千落降。冬，斬當煎、勒姐種酋豪首虜四千餘人。八年春，復擊勒姐種。夏，擊當煎湟中，

〔一〕「熲」，傅山全書初版本誤作「頴」，據手稿改。
〔二〕「因」，手稿作「圖」，據後漢書改。
〔三〕「竇」，手稿作「憲」，據後漢書改。
〔四〕「千」，手稿作「下」，據後漢書改。

用樊志張之策，〔一〕大破之。熲凡破西羌，斬首二萬三千級，獲生口數萬人，馬牛羊八百萬頭，降者萬餘落。封都鄉侯。永康元年，當煎諸種復反，熲擊于鸞烏，斬首三千餘級，西羌於此弭定。建寧元年，將兵萬餘人與先零諸種戰逢義山，斬首八千餘級，獲馬牛羊二十八萬頭，拜破羌將軍。夏，復追羌出橋門，至走馬水。熲復與田晏等追之于令鮮水上。既到涇陽，餘寇四千落散入漢陽山谷間。時張奂上言宜以恩降。熲上言願卒前所上。二年，馮禪既説降漢陽散羌，熲慮縣官無廪，必當復爲盜賊，不如乘虚，勢必殄滅。夏，進營，去羌所屯凡亭山四五十里，遣田晏、夏育據山上，殊死戰，破之。羌衆潰，東奔射虎谷，分兵守諸谷上下門。熲不欲復令散走，遣千人於西縣結木爲栅，廣二十步，長四十里，遮之。分遣晏等銜枚上西山，又遣司馬張愷將三千人上東山，進兵挾擊，追至谷上下門，斬其渠師以下萬九千級云云。〔二〕於是東羌悉平。凡一百八十戰，斬三萬八千六百餘級，獲牛馬羊等四十二萬七千五百餘頭，費用四十四億，軍士死者四百餘人。更封新豐縣侯。三年春，徵還京師，拜侍中，轉執金吾、河南尹。有盜發馮貴人冢，坐左轉諫議大夫，再遷司隸校尉。熲以曲意宦官，故得保富貴。明年，代李咸爲太尉。冬，病罷，復爲司隸校尉。數歲，轉潁川太守，徵拜大中大夫。光和二年，復代橋玄爲太尉，陳球奏誅王甫，并及熲，飲鴆死。傅山曰：「熲殺蘇不韋可恨，陳球殺之，天也。」劉寬傳，光和二年，復代段熲爲太尉。崔寔傳，少府段熲爲崔寔具棺槨。劉陶

〔一〕「樊」，手稿作「懋」，據後漢書改。

〔二〕「下」，手稿作「十」，據後漢書改。

傳，疏言西羌逆亂，私署將帥，皆多段熲。時吏曉習戰陳，識知山川。蘇章傳。酷吏傳。張奐傳，奐爲度遼，與熲爭擊羌，不相平。及熲爲司隸，欲逐奐歸敦煌，將害之。奐奏記熲，熲哀之。曹節傳，以御史中丞段熲代猛，四出逐捕，及太學遊生繫者千餘人。又使熲以他事奏劉猛。樊志張傳，〔一〕熲爲羌圍，志張教熲破賊。西羌傳，桓帝延熹二年，中郎將段熲代第五訪爲校尉，擊燒當八種，破之。會坐事徵。

3109 **張猛**　獻帝紀，建安十一年七月，武威太守張猛殺雍州刺史邯鄲商。張奐傳，初，奐爲武威太守，其妻懷孕，夢帶奐印綬，登樓而歌，占必生男，復臨此邦，命終此樓。既而生子猛。以建安中爲武威太守，殺刺史邯鄲商。州兵圍之，猛恥見擒，乃登樓燒死。

3110 **鄧猛**　后紀，桓帝鄧后女猛，和熹后從兄子香之女，母改嫁梁紀，因冒姓梁。永興中進入掖庭。冀誅，立爲后，改姓薄。後與郭貴人更相譖訴，廢憂死。梁冀傳，鄧香女猛，壽引進入掖庭，見幸，爲貴人。冀因認猛爲其女以自固，〔二〕乃易猛姓爲梁。天文志，元嘉元年，太白晝見。時上幸後宮采女鄧猛，〔三〕後四歲，立爲后。

3111 **亭侯猛**　章帝八王傳濟北王傳，本初元年，封孝王次弟猛爲亭侯。

3112 **劉猛**　桓彬傳，馮方言彬等爲酒黨。事下尚書令劉猛，猛雅善彬等，不舉正其罪，曹節劾猛阿黨，下獄。猛意氣自若，出，免官禁錮。猛，琅邪人。桓帝時爲宗正，免歸。靈帝

---

〔一〕「樊」，手稿作「懋」，據後漢書改。
〔二〕「固」，手稿作「因」，據後漢書改。
〔三〕「上」，手稿作「生」，據後漢書改。

時，陳蕃、竇武復徵用之。張奐傳，與尚書劉猛同薦王暢、李膺。竇武傳，徵名士廢黜者前宗正劉猛。曹節傳，熹平元年，竇太后崩，有何人書朱雀闕言：「天下大亂，曹節、王甫幽殺太后，侯覽多殺黨人。」於是詔司隸校尉劉猛逐捕，十日一會。猛以誹書言直，不急捕，坐左轉諫議大夫。節等恐猛不已，使段熲以他事奏猛，抵罪輸左校。〔一〕朝臣多言乃免。刑復，公車徵。

3113 銚猛〔二〕　銚期傳，父猛，爲桂陽太守。

3114 杜猛　杜茂傳，注。見董敦下。

3115 侯猛　梁冀傳，遼東太守侯猛，初拜，不謁。冀託以他事，腰斬之。

3116 夏猛　張酺傳，竇景遣掾夏猛謝酺以鄭據事云云。酺大怒，收猛繫獄，檄言執金吾府，〔三〕疑猛於鄭據子不平云云。

3117 魏猛　孫程傳，中黄門魏猛爲夷陵侯，早卒。

3118 卑整　虞美人紀，熹平四年，言虞美人、陳夫人未有稱號。見趙祐下。

3119 宗整　律曆中，賈逵論曆：熹平中故治曆郎梁國宗整上九道術，詔書下太史，以參舊術，相應。部太子舍人馮恂課較。

3120 孫整〔四〕　律曆志，論月食，光和三年孫誠兄整前後上書言：「去年三月不食，當以四月。史官

〔一〕「抵罪輸左較」，手稿作「排罪較左較」，據後漢書改。
〔二〕「銚」，手稿作「姚」，據後漢書改。
〔三〕「檄」，手稿作「樹」，據後漢書改。
〔四〕按題「孫整」誤。律曆志中云「〔宗〕紺孫誠」「誠兄整」，則「孫整」當作「宗整」，與前條爲一人。

廢誠正術，用馮恂不正術。」

3121 曹 整 袁紹傳，曹操爲子整聘袁譚女以安譚。

3122 曹 鼎 蔡衍傳，劾奏河間曹鼎贓罪千萬。鼎，中常侍騰弟。騰使梁冀爲請之，不答，鼎竟坐輸作校尉。

3123 張 炯 袁術傳，建安二年，因河内張炯符命，遂僭號。

3124 孫 幸 南蠻傳，武帝末，珠崖太守會稽孫幸調廣幅布獻之。蠻不堪役，遂攻郡殺幸。

3125 陳 省 西羌傳，安帝元初二年秋，蜀人陳省、羅横應募，刺殺呂叔都，皆封侯賜錢。

## 十九有

3126 叔 壽 光武紀，建武元年十二月，破虜大將軍叔壽擊五校賊於曲梁，戰殁。

3127 叔 壽 馮異傳，異薦邑子叔壽等，光武皆以爲掾史。

3128 劉 壽 順帝紀，永和三年九月己酉，光禄勳劉壽爲司徒，代黄尚也。注：「壽字伯長，長沙臨湘人。」漢安元年十月辛未，司徒劉壽免，胡廣代之。

3129 樂陽亭侯 陳思王傳，注：「鈞弟壽，樂陽亭侯。」

壽

3130 濟北王壽 章帝八王傳，濟北惠王壽，母申貴人。壽以永元二年封，分太山郡爲國。和帝崩，就國。立三十一年薨。自永初以後，國用不足，始封王，減賻錢爲千萬，布萬疋，嗣王錢五百萬，布五千疋，時唯壽最尊親，特賻錢三千萬、布三萬疋。

3131 伏后壽　獻帝后壽，琅邪東武人。興平二年立爲皇后。
3132 鄧壽　天文志，延熹八年監羽林右騎鄧壽係暴室。
3133 伏壽　伏恭傳，子壽，官至東郡太守。
3134 張壽　張步傳，步以弟壽爲高密太守。
3135 張壽　張酺傳。
3136 李壽　李通傳，黄卒，子壽嗣。
3137 寇壽　寇恂傳，建武十三年，復封損庶兄壽爲洨侯。注：「洨縣屬沛郡。音故交反。」
3138 郅壽　郅惲傳，惲子，字伯考。〔一〕善文章，舉孝廉。遷冀州刺史，使部從事專住王國，又徙督郵舍王宫外，動靜得失，即時奏王罪及劾傳相云。〔二〕三遷尚書令，因朝會譏刺竇憲，陷以買公田誹謗，當誅，得減死，論徙合浦。未行，自殺，家屬得歸鄉里。竇憲傳，尚書僕時郅壽以忤意自殺。韓稜傳，肅宗賜尚書郅壽劍曰「蜀漢文」，論者以壽明達有文章故得「漢文」。
3139 孫壽　梁冀傳，妻壽爲襄城君，色美而善爲妖態，作愁眉嗁粧、墮馬髻、折腰步、齲齒笑，冀敗，自殺。及孫氏中外宗親，無長少皆棄市。
3140 孫壽　孫程傳，分程半，封程養子壽爲浮陽侯。
3141 何壽　何敞傳，註：「比干生壽，爲蜀郡太守。」

〔一〕「考」，傅山全書初版本誤作「孝」，據手稿改。
〔二〕「劾」，手稿作「刻」，據後漢書改。

3142 温　壽　温序傳，序長子壽，爲鄒平侯相，夢序告之曰：「久客思鄉里。」壽棄官，〔一〕上書乞骸骨歸葬。

3143 皇甫堅壽　皇甫嵩傳，嵩子堅壽與卓素善，自長安亡走洛陽，歸投於卓。卓方置酒歡會，堅壽直前質讓，責以大義，叩頭流涕，坐者感動，皆離席請之。卓乃起，牽與共坐，使免嵩囚。堅壽後爲侍中，辭不拜，病卒。

3144 梁丘壽　蓋延傳，斬魯郡太守。註：「東觀記曰：魯郡太守梁丘壽也。」

3145 王延壽　王逸傳，子延壽，字文考。有儁才，少遊魯國，作靈光殿賦。蔡邕亦造此賦，未成，見延壽所爲，甚奇之，遂輟翰。曾有異夢，作夢賦，後溺水死。註：「到泰山，從鮑子學算，歸渡湘水，死。一字子山。」

3146 甄　阜　光武紀。劉玄傳。岑彭傳，漢兵攻拔棘陽，彭將家屬奔前隊大夫甄阜。阜怒彭不能固守，拘彭母妻，令效功自補。

3147 耿　阜　耿純傳，純卒，子阜嗣，徙封莒鄉侯。永平十四年，坐族人歙與楚人顏忠辭語相連，國除。

3148 李　阜　蘇不韋傳，掘阜冢，斷取阜頭，以祭父墳，標之于市曰：「李君還父頭。」

3149 李　阜　樂恢傳，時洛陽令李阜與竇憲厚，善縱舍自由，恢劾奏阜。

3150 何　阜　何熙傳，熙子阜俊才，早卒。

〔一〕「官」，手稿作「告」，據後漢書改。

3151 楊　阜　董卓傳，建安十九年，天水人楊阜破馬超。註：「魏志：阜字義山，天水冀人也。韋康以爲別駕。」

3152 貫　友　和帝紀，永元五年，護羌校尉貫友討燒當羌，羌遁。西羌傳，和帝永元五年，居延都尉貫友代聶尚爲校尉。友以迷唐難用德懷，終於叛亂，乃遣驛使搆離諸種，誘以財貨，由是解散。友乃遣兵出塞，攻迷唐於大小榆谷，獲首虜八百餘人，收麥數萬斛，遂夾逢留大河築城塢，作大航，造河橋，欲渡河擊迷唐，會友病卒。

3153 竇　友　竇融傳，〔一〕遣同産弟友口陳區區。友至高平，會囂反，道絶，馳還。八年，拜友爲奉車都尉。囂破，封友爲顯親侯。二十三年，〔二〕爲城門校尉，卒。

3154 陳　友　朱暉傳，暉與同郡陳揖善，揖卒，有遺腹子友，司徒桓虞爲南陽太守，召暉子駢爲吏，暉辭駢而薦友，虞歎息，遂召之。

3155 車　紐　順帝紀。南匈奴傳，順帝永和五年秋，〔三〕句龍吾斯等立句龍車紐爲單于，東引烏桓，西收羌戎及諸胡等數萬人，攻破京兆虎牙營，殺上郡都尉及軍司馬，遂掠并、涼、幽、冀四州，乃徙西河治離石，上郡治夏陽，朔方治五原。冬，中郎將張耽將幽州烏桓諸郡營兵，擊車紐等，戰於馬道，斬首三千級。車紐等將諸豪帥骨都侯乞降。

3156 趙孝穆后　章帝八王傳，追尊河間孝王夫人趙氏爲孝穆后。

〔一〕「傳」字下，手稿衍一「註」字，據後漢書删。
〔二〕「三」，手稿脱，據後漢書補。
〔三〕「五」，手稿作「元」，據後漢書改。

3157 夏孝元后 章帝八王傳。見夏氏下。

3158 明德馬后 援之小女。

3159 章德竇后 融之曾孫。又陳球傳。

3160 和帝陰后 識之曾孫，永元四年選入掖庭，八年爲后。後遷桐宮，憂死。

3161 孝仁董后 河間人，爲解瀆亭侯萇夫人，生靈帝。建寧元年以后爲愼園貴人。明年，迎入京，上號曰孝仁董后。何進奏「遷宮本國」云云，暴崩。

3162 董太后 董卓傳，卓以陳留王賢且董太后所養，卓自以與太后同族，有廢立意。

3163 安思閻后 陳球傳。

3164 長樂太后 何進傳，黄門常侍與長樂太后專同姦利。註：「長樂太后，靈帝母，居長樂宮。」

3165 宋后 靈帝宋后，扶風平陵人。建寧三年選入掖庭，明年立爲后。王甫、程阿共搆左道，光和元年以憂死。

3166 何后 靈思何后，南陽人，家本屠者，選入掖庭，生皇子辨。

3167 何皇后 董卓傳，卓又議太后。註：「靈帝何后也。」蹙迫永樂太后，至令憂死，逆姑婦之禮，遷永樂宮，以殺崩。

3168 伏皇后 董卓傳。

3169 楊厚 字仲桓，廣漢新都人。安帝永初二年，太白入北斗。洛陽大水，厚對宜遣諸王子就國。星滅，除中郎。太后引見，問：「鄧騭應輔臣否？」對曰：「不應。」不合旨，免歸犍爲，不應辟命。順帝永建二年，特徵。不得已，到長安，陳漢三百五十年之厄。拜議郎，三遷侍中，言多應。見「曄」參「元」、〔二〕「逵」下。梁冀欲與相見，稱病求退，許之。年八十二，卒於家。鄉人謚曰文父。黄瓊傳，廣漢楊厚公車徵，瓊又上書薦楊厚。李固傳，言楊厚、賀純等以病免歸，宜徵還，以副羣望。董扶傳，扶與同郡任安俱事楊厚學圖讖。任安傳，從楊厚學圖讖，究極其術。時人稱曰：「欲知仲桓問任安。」

3170 呂　母　劉盆子傳，天鳳元年，琅邪海曲有呂母者，子爲縣吏，犯小罪，宰論殺之，呂母怨宰云云。

3171 宋阿母　楊厚傳。見李元下。

3172 姜叙母　董卓傳，註：「超襲歷城，得叙母。叙母駡之曰：『背父之逆子』云云，超怒，殺之。」

3173 單于某　匈奴傳，靈帝熹平元年，屠特若尸逐就單于某立。註：「凡言『某』者，史失其名。一説『某』即是其名。」

3174 李　守　李通傳，通父守，事劉歆，好星歷讖記，爲王莽宗卿師。通起兵，欲亡歸，以黄顯計，上書歸死。會事發，莽怒，殺守，及家在長安者盡殺之。南陽亦誅通兄弟、門宗六十四人。

3175 公孫守　馮異傳，時公孫守據長陵。

3176 郭　守　岑彭傳，遣與岑彭共討鄧奉，有武威將軍郭守。

3177 馬　醜　馬成傳，棘陵侯邑卒，子醜嗣。桓帝時以罪失國。

〔二〕「元」，手稿作「李」，據後漢書改。

3178 文 醜 荀彧傳，孔融曰：「顏良、文醜勇冠三軍。」彧曰：「良、醜匹夫之勇，可一戰擒。」袁紹傳，紹攻許，以文醜將帥，曹操擊斬之。

3179 楊 醜 董卓傳，張楊將，殺楊。見「楊」下。

3180 梁胡 狗 梁冀傳，胤一名胡狗。

3181 隗 久 陳思王傳，使客隗久殺李儀家屬，吏捕得久，鈞欲絕其口，復使客篡殺久。

3182 李 久 法雄傳，賊張伯路衆逃還遼東，遼東人李久等共斬平之。

3183 腹 久 班超傳，焉耆國相腹久等十七人懼誅，亡入海。

3184 桑 藕 東南夷傳，註：「哀牢王，哀牢死，子桑藕代立。」

## 二十寑

3185 郇 恁 劉平傳，薦名士郇恁等。註：「恁字君大。」

3186 張 稟 皇甫規傳，督軍御史張稟多殺降羌。

3187 杜 稟 董卓傳，騰與中郎將杜稟等合兵攻傕。註：「獻帝紀曰：稟與賈詡有隙，脅扶風吏人爲馬騰守槐里，傕令樊稠及兄子利攻槐里，夜梯城入殺稟。」

## 二十一感

3188 賈 覽 光武紀。盧芳傳：六年，芳將軍賈覽將胡騎擊殺代郡太守劉興。十二年，芳與賈覽共攻雲中，久不下。馮異傳，擊盧芳將賈覽，破之。王霸傳，與吳漢等共擊盧芳將賈覽、

3189 巨　覽　閔堪於高柳。杜茂傳，茂與郭涼擊尹由於繁峙，芳將賈覽率胡騎萬餘救之。梁商傳，辟漢陽巨覽爲掾屬。

3190 侯　覽　度尚傳，爲侯覽視田。史弼傳，弼爲河東太守，當舉孝廉，斷絶書屬。中常侍侯覽遣諸生請之，不得通，生乃說以他事謁弼，因達覽書，弼收付安邑獄，即日考殺之。宦者傳，山陽防東人。桓帝時爲中常侍，上縑五千疋，賜爵關内侯。又託以與誅梁冀，進封高鄉侯。建寧二年，督郵張儉舉奏覽前後侵奪人田百一十八頃，宅三百八十一所，起立第宅十有六區，僭類宫省，豫作壽冢，破人居室，發掘墳墓，虜奪良人，妻略婦子等，章不得上。儉遂破覽冢宅，藉沒資財云云。復不得御。覽誣儉等，夷滅之，遂代曹節領長樂太僕。熹平元年，有司奏覽，自殺。周景傳。楊震傳。陳寔傳。陳蕃傳。黨錮傳。

3191 高　覽　袁紹傳，紹使高覽、張郃等攻操營，不下，二將聞淳于瓊等敗，遂奔操。

3192 江　覽　楊球傳。

3193 仇　覽　循吏傳，字季智，一名香，陳留考城人。少爲書生。年四十，縣召補吏，選爲蒲亭長。勸人生業，爲制科令，〔二〕至於果菜爲限，雞豚有數，農事畢，乃令子弟羣居就黌學。化。〔三〕亭人陳元爲孝子，諺曰：「父母何在在我庭，化我鳲鳩哺所生。」考城令王渙署爲主簿，使入太學。郭林宗謁之，嗟嘆，下牀爲拜。後徵方正，疾卒。互見符融下。

〔二〕「制」，手稿作「荆」，據後漢書改。
〔三〕此處後漢書原文爲：「朞年稱大化。」

3194 劉範 獻帝紀，興平元年三月，韓遂、馬騰與郭汜等戰於長平觀，左中郎將劉範戰歿。种拂傳，劭與中郎將劉範等共攻傕、汜，劭等皆死。董卓傳，騰與左中郎將劉範等攻傕，傕使劉利等與馬騰等戰，劉範等皆死。互見种劭下。劉焉傳，焉子範爲左中郎將，從獻帝在長安。興平元年，與馬騰謀誅李傕，敗見害。

3195 公孫範 公孫瓚傳，薊州諸城悉畔從瓚，紹懼，以所佩渤海太守印綬授瓚從弟公孫範，遣之郡，欲相結。而範遂背紹，領渤海兵以助瓚。

3196 張範 袁術傳，術召張範，張範辭疾。註：「魏志：範字公儀，河內人，司徒歆之孫也。」

3197 陶範 李郃傳，北鄉侯病，範陰與少府河南陶範等謀立順帝。

3198 費敢 耿弇傳，費邑分遣弟敢守巨里。又見費邑下。

3199 廉范 字叔度，京兆杜陵人。趙將頗後，曾祖褒，祖丹。范流寓西州，歸鄉里。十五西迎父喪，載船觸石，范抱柩與俱沉，衆傷其義，鉤救得之。服盡，詣京師受業，事博士薛漢。永平中，爲隴西太守鄧融謁范爲功曹，融爲州所舉案，范知事難解，託病去，變姓名，爲廷尉獄卒，衞侍左右。融繫出病困，隨而養視，及死，竟不言，自將車送喪至南陽。薛漢坐楚事誅，故人門生莫敢視，范獨收斂之。顯宗怒，詰責之，對曰：「不勝師資之情」云云。由是顯名。舉茂才，再遷雲中守。虜人入塞，范不移書傍郡，自率兵擊之，虜不復入塞。歷武威、武都二郡太守。建初中，遷蜀郡太守，是有「來何暮」之歌。〔二〕依倚竇，以此爲譏，卒於家。傅山曰：「資字從師字帶出，老子不曾云不善人善人之弟子也。」又曰：「廉叔度尚負憲勢而放縱耶，抑萋斐之詞耶？」宋意傳，故蜀郡太守廉范等出入竇憲門，負勢放縱。楊終傳，爲范游説，坐。楊由傳，有大鵲夜集於庫樓上，太守廉范問由，對曰：「此占郡内當有小兵，然不爲害。」南匈奴傳，永平十六年，匈奴入雲中，遂至漁陽，太守廉范擊卻之。

3200 郭　汜

董卓傳，牛輔分遣校尉李傕、郭汜等擊朱儁，後傕殺樊稠，諸將各相疑異，傕、汜遂復理兵相攻。傕劫致天子，使楊彪、張喜和傕、汜，汜不從，遂質留公卿，汜欲手刃彪，左右多諫乃止。汜引兵攻傕，天子東遷，汜等皆待送乘輿，汜復欲脅帝幸郿。楊定、楊奉、董承不聽，汜恐變生，乃棄軍還就傕，復欲劫帝而西。互見「傕」下。後爲其將伍習所殺。

3201 伏　黯

伏恭傳，湛弟黯，字稚文，以明齊詩，改定章句，作解説九篇。位至光祿勳，無子，以恭爲後。

## 二十二琰

3202 耿　弇

光武紀。本傳，建威大將軍好時侯耿弇，字伯昭，扶風茂陵人。少好學，見郡尉試騎士，由是好將帥之事。更始立，弇年二十一，辭父況奉奏詣更始，求自占。會王郎起，道聞光武在盧奴，馳北上謁，光武留署門下吏。傅山曰：「本欲詣更始，而王郎起，

〔二〕「是」，傅山全書初版本誤作「事」，據手稿改。

以不得詣更始而回慮趨光武。天機倚伏如此，行或使之。」從光武北至薊。會薊亂，光武南馳。弇走昌平就況，因說況使寇恂東約彭寵，各發突騎二千、步兵千人。弇與景丹、寇恂及漁陽兵合軍而南，所過擊斬王郎大將等，斬首三萬級，定涿郡、中山、鉅鹿、清河、河間二十二縣，及光武於廣阿。以爲偏將軍，從拔邯鄲。光武居邯鄲宮，晝臥温明殿，弇入造牀下請間云云。拜大將軍，與吳漢北發幽州十郡兵，引而南，從擊破銅馬、高湖、赤眉，青犢，又追尤來、大槍、五幡於元氏。從追賊至容城、小廣陽、安次，連戰破之。光武還薊，遣弇與十三將軍追賊至潞東，及平谷，遂窮追於右北平無終、土垠，至浚靡而還。光武即位，拜建威大將軍。與景丹、陳俊攻厭新賊於敖倉，破降之。建武二年，更封好畤侯。三年，降杜弘等於穰。從幸舂陵。四年，詔弇進攻漁陽。弇以父據上谷，本與寵同功，自疑，不敢獨進，上書求詣洛陽。詔與王常屯涿郡，勉思方略。命與朱祐、王常擊望都、故安西山賊十餘營，皆破之。五年，與吳漢擊富平、獲索賊於平原，大破之。詔進討張步。先擊祝阿，脅巨里，誘費邑，臨陣斬邑，平四十餘營，〔二〕定濟南。時步都劇，使弟藍將精兵二萬守西安，諸郡太守合萬餘人守臨淄，相去四十里，弇進軍畫中，居二城之間。弇視西安城小而堅，藍兵又精，臨淄名雖大實易攻，乃勑諸校會，後五日攻西安。藍聞之，晨夜驚守。至期夜半，勑諸將蓐食，會明至臨淄城。護軍荀梁等爭之，弇曰：「不然」云云。遂攻臨淄，半日拔之。入據其城。藍聞之大懼，將衆亡歸劇。弇令軍中無得亡掠劇，須張步至乃取

〔二〕「營」，手稿作「城」，據後漢書改。

之，以激怒步，步等攻弇營，弇引精兵橫突步陣，大破之。飛矢中股，以佩刀之截左右無知者。蘇茂讓張步曰：「以南陽精兵，延岑善戰，而耿弇走之，大王奈何就攻其營？」明早復出兵大戰，知步困將退，豫置左右翼爲伏以待。人定時，步果引去，伏起縱擊，追至鉅昧水上，八九十里。車駕至臨淄自勞軍，謂弇曰：「有志者事竟成」云云。因復追步，步奔平壽，肉袒降弇。傳步詣行在，勒兵入據其城，樹十二郡旗鼓，〔一〕令步兵各以郡人詣旗下，尚十餘萬，輜重七千餘兩，皆罷遣歸鄉里。齊地平，振旅還京。傅山曰：「弇功大於平齊。」六年，西拒囂，屯兵於漆。八年，從上隴。明年，與來歙分狥安定、北地，下。弇所平郡四十六，屠城三百，未嘗挫折。年五十六，永平元年卒，謚愍侯。傅山曰：「完人。」耿氏自中興迄建安，大將軍二人，將軍九人，卿十三人，尚公主三人，列侯十九人，中郎將、護羌校尉及刺史二千石數十百人。

3203 謝　弇　阜陵王傳，與姬兄謝弇作圖讖，事見「延」下。

3204 孝侯弇　成武孝侯傳，遵卒，子弇嗣。弇卒，無嗣，國除。

3205 田　弇　隗囂傳，述遣田弇助囂攻略陽，不下。囂奔楊廣，田弇、李育保上邽。來歙傳，破述將田弇。公孫述傳。

3206 黎　弇　班超傳，肅宗初卽位，下詔徵超，超發還，疏勒舉國憂恐，其都尉黎弇曰：「漢使棄我，我必復爲龜茲所滅。」因以刀自剄。

3207 陳　弇　歐陽歙傳，又陳留陳弇，字叔明。亦受歐陽尚書於司徒丁鴻，仕爲蘄長。注：「續漢

〔一〕「鼓」，手稿作「數」，據後漢書改。

3208 郗　儉　書曰：「弇以尚書教授，躬自耕種，常有黃雀飛來，隨弇翱翔。」靈帝紀，益州黃巾馬相攻殺刺史郗儉。劉焉傳，益州刺史郗儉在政煩擾，後賊馬相雒縣殺郗儉。

3209 蒸鄉侯儉　詳東海王臻下。

3210 郄　儉　楊賜傳，郄儉、梁鵠，俱以便辟之性，佞辨之心，各受豐爵，不次之寵。

3211 焦　儉　羊續傳，續遺言薄斂，不受賵遺。府丞焦儉遵意，一無所受。

3212 荀　儉　荀淑傳，子八人，長儉。

3213 張　儉　字元節，山陽高平人，張耳後也。初舉茂才。以刺史非其人，謝病不起。延熹八年，太守翟超請爲東部督郵，劾侯覽及其母罪惡，請誅之。覽遏絕章表，不得通。朱並告儉，刊章討捕，儉亡命出塞，得免。其所經歷，伏重誅者以十數。中平元年黨事解，還鄉里。建安初，徵爲衛尉。歲餘卒許下，年八十四。黨錮傳序，「及」，又朱俊告爲「俊」。劉表傳，表與同郡張儉等俱被訕議，號爲「八顧」。孔融傳。

3214 郤　儉　左慈傳，註：「典論曰：潁川郤儉能辟穀，餌茯苓。初，儉至之所，茯苓暴貴數倍。」

3215 王　琰　獻帝紀，註：「典論：上洛都尉王琰追斬高幹。」仲長統傳，註：「高幹欲奔荊州，上洛都尉王琰捕斬之。」袁紹傳，註：「上洛都尉王琰獲高幹，以功封侯。琰妻哭於室，以爲琰富貴將更娶妾媵也。」

3216 崔　琰　鄭玄傳，門人清河崔琰。註：「字季珪，魏東西曹掾，遷中尉。」

3217 蔡　琰　列女傳。

3218
范　冉　獨行傳，字史雲，陳留外黄人。十八爲縣小吏，奉檄迎督郵，恥之，乃遁去。到南陽，受業於樊英。桓帝時爲萊蕪長。後辟太尉府，狷急不能從俗，常佩韋於朝，議者欲以爲侍御史，因遁身逃命於梁、沛之間，賣卜於市。遭黨人禁錮，遂推鹿車，載妻子，捃拾自資。及黨禁解，應司空命，又辟太尉府，以疾不行。年七十四，卒於家。謚貞節先生。法眞傳，弟子陳留范冉等數百人。

# 卷一百八十七　東漢書姓名韻（十四）

## 去聲

### 一送

3219 王　鳳　光武紀，地皇三年，伯升招新市、平林兵，與其帥王鳳擊長聚。更始元年，光武乃使成國上公王鳳與廷尉大將軍王常留守昆陽。王尋等攻之，鳳等乞降，不許。劉玄傳，新市人王匡、王鳳等爲渠帥，後入南陽爲新市兵。更始立，拜王鳳爲成國上公，後封鳳爲宜成王。王常傳，與王鳳、王匡等起兵雲杜綠林中。

3220 張　鳳　順帝紀，永和四年，中常侍張逵等連及弘農太守張鳳，下獄死。

3221 張　鳳　皇甫規傳，規論輸左較，太學生張鳳等三百餘人詣闕訟之。

3222 徐　鳳　沖帝紀，九江盜賊徐鳳、馬勉等稱「無上將軍」，攻燒城邑。質帝紀，九江賊徐鳳等攻殺曲陽、東城長。謝安斬之。滕撫傳，陰陵人徐鳳、馬勉等寇郡縣。鳳衣絳衣，帶黑綬，稱「無上將軍」。勉等敗亡，鳳將餘衆攻燒東城縣。下邳人謝安斬之。周舉傳。見周生下。李固傳註。

3223 曲陽侯鳳　泗水王傳，又封終子鳳曲陽侯。

3224 鄧　鳳　鄧訓傳，騭子鳳，常與尚書郎張龕書，屬中郎馬融宜在臺閣。又中郎將任尚嘗遺鳳馬，後尚坐斷盜軍粮，檻車徵詣廷尉，鳳懼事泄，先自首於鷺。鷺遂髡妻及鳳以謝，天下稱之。

3225 鄧荆鳳　劉愷傳，註：「鄧彪讓國於弟荆鳳。」鄧彪傳，讓國於異母弟荆鳳，顯宗高其節，許之。

3226 高鳳　字文通，南陽葉人也。少爲書生，教授西唐山中。太守連召請，恐不得免，自言本巫家，不應爲吏，又詐與寡嫂訟田，遂不仕。樂恢傳，薦成陽高鳳。

3227 楊鳳　楊終傳，兄鳳爲郡吏，太守廉范爲州所考，〔一〕遣鳳候終。

3228 楊鳳　朱儁傳，黄巾賊後復有楊鳳等。

3229 吳鳳　吳祐傳，長子鳳，官至樂浪太守。註：「陳留耆舊傳：鳳字君雅。」

3230 邊鳳　延篤傳，先是，陳留邊鳳爲京兆尹，亦有能名，郡人語曰：「先有趙張三王，〔二〕後有邊延二君。」又循吏傳序。

3231 褚鳳　黨錮傳序，朱並告爲「八俊」。

3232 郭鳳　謝夷吾傳，博士渤海郭鳳亦好圖讖，自知死期。

3233 曹鳳　西羌傳，和帝永元十二年，時西海及大、小榆谷左右無復羌寇。喻麋相曹鳳上言：「西戎爲害，前世所患，臣不能紀古，且以近事言之。自建武以來，其犯法者，常從燒當種起。所以然者，以其居大、小榆谷，土地肥美，又近塞内，諸種易以爲非，難以

〔一〕「廉范」，手稿作「范廉」，據後漢書改。
〔二〕「張」，手稿作「章」，據後漢書改。

攻伐。南得鍾存以廣其衆，北阻大河因以爲固，又有西海魚鹽之利，緣山濱水，以廣田畜，故能强大，常雄諸種，恃其權勇，招誘羌胡。今者衰困，攜黨壞沮，親屬離叛，餘勝兵者不過數百，逃亡棲竄，遠依發羌。臣以爲宜及此時，復建西海郡縣，規固二榆，廣設屯田，隔塞羌胡交關之路，遏絕狂狡窺欲之源。又植穀富邊，省委輸之役，國家可以無西方之憂。」於是拜鳳金城西部都尉，將徙士屯龍耆。

3234 劉　奉　光武紀，王郎將。見倪宏下。銚期傳，擊王郎將倪宏、劉奉鉅鹿下。

3235 應　奉　桓帝紀，永興元年，武陵太守應奉招誘叛蠻，降之。本傳，字世叔，汝南南頓人。少聰明，自爲兒及長，凡所經歷，莫不暗記。讀書五行並下。爲郡決曹史，行部四十二縣，錄囚徒數百千人。及還，太守問之，奉口說罪繫姓名，坐狀輕重，無所遺脫。著漢書後序，多所述載。大將軍梁冀舉茂才。永興元年，以才堪將帥，拜武陵太守，降蠻詹山等。坐公事免。延熹中，武陵蠻復亂，車騎將軍馮緄請與俱征，拜從事中郎。破賊軍罷，緄推功奉，薦爲司隸校尉。及鄧后敗，而田貴人見幸，桓帝有建立之議。奉以田氏微賤，不宜，帝納之，竟立竇后。黨事起，奉退追愍屈原，因自傷，著感騷三十篇，數萬言。病卒。註：「謝承書：奉詣彭城相袁賀，賀時出行閉門，造車匠於內開扇出半面視奉。」馮緄傳，荊州平，緄推功於從事中郎應奉，薦以爲司隸校尉。寇恂傳，寇榮上書自訟曰：「司隸校尉應奉、河南尹何豹、洛陽令袁騰並驅爭先，[二]若赴仇敵。李膺傳，司隸校尉應奉上書，李膺及劉祐、馮緄等得免刑。南蠻傳，桓帝元嘉

[二]「令」，手稿脫，據後漢書補。

元年秋，武陵蠻詹山等四千餘人反叛，屯結深山。到永興元年，太守應奉以恩信招誘，皆悉降散。又西南夷傳，尹珍從應奉受經書圖緯。見「珍」下。

3236 陳奉　桓帝紀，延熹六年七月，武陵蠻復叛，太守陳奉與戰，大破之。南蠻傳，桓帝延熹三年，武陵蠻攻郡，太守陳奉率吏人擊破之，斬首三千級，降二千餘人。

3237 楊奉　獻帝紀，興平二年七月，車駕東歸。楊奉爲興義將軍。八月，郭汜逼脅乘輿。楊定、楊奉戰，破之。建安元年八月，奉爲車騎將軍。楊震傳，震少子奉。荀彧傳。見「暹」下。董卓傳，傕將楊奉本白波賊帥，將兵救傕，汜衆乃退。後天子東遷，汜復欲脅天子幸郿，楊奉等不聽。互見「定」下。後傕、汜等復欲劫帝而西。奉等密招白波帥李樂等擊傕。互見李樂等下。後與董承夜乃潛議過河。後天子至洛，奉出屯梁，爲車騎將軍。曹操移帝幸許，奉與韓暹欲要遮車駕，操擊之，奉、暹奔袁術。左將軍劉備誘奉斬之。呂布傳，術使楊奉等共攻布，陳珪策與奉等書，遂反攻術將勳等。互見「暹」下。

3238 鄧奉　陰后麗華紀，鄧奉起兵，陰識爲之將。王常傳，南擊鄧奉、董訢。岑彭傳，破虜將軍鄧奉謁歸新野，怒吳漢掠其鄉里，遂反擊漢軍，獲其輜重，屯據淯陽，與諸賊合從。彭等攻堵鄉，〔一〕奉救董訢。訢破，奉逃歸淯陽，彭等追至小長安，迫急，乃降。斬之。奉者，西華侯晨之兄子也。堅鐔傳，南拒鄧奉。趙熹傳，素與奉善，奉反南陽，遺書切責之，讒者言熹與奉合謀。及奉敗，帝得熹書，驚曰：「熹眞長者也。」祭遵傳。朱

〔一〕「鄉」，手稿作「陽」，據後漢書改。

祐傳。

3239 鄧朱子奉 和帝陰后紀，朱子奉考死獄中。見張愼下。

3240 杜　奉 杜茂傳，永初七年，鄧太后紹封茂孫奉爲安樂亭侯。

3241 顧　奉 張霸傳，爲會稽太守，用郡人處士顧奉。奉後爲潁川太守。程曾傳，會稽頗奉等數百人常居門下。

3242 張　奉 志尚士也。見毛義下。

3243 竇　奉 竇武傳，父奉，定襄太守。

3244 徐　奉 皇甫嵩傳，大方馬元義以中常侍徐奉等爲内應。

3245 所　奉 劉茂傳，所輔代縣令劉雄死，除父奉爲郎中。

3246 董次仲 光武紀，註：「檀鄉賊帥董次仲。」任光傳，檀鄉賊帥董次仲始起茌平，〔二〕渡河入魏郡清河，與五校合。建武元年，吳漢擊降之。

3247 皇女仲 顯宗女仲浚儀公主，適王度。

3248 哀王仲 北海王傳，光武兄仲，追謚爲魯哀王。

3249 劉　仲 劉平傳，平弟仲遺腹女始一歲，平抱仲女而棄其子。母欲還取之，平曰：「不能兩活，仲不可以絶。」遂去不顧。

3250 蔡　仲 五行志，註引搜神記：「李娥死，比舍有蔡仲，聞娥富，殯當有金寶」云云，「斧數

〔二〕「茌」，手稿作「荏」，據後漢書改。

下，娥於棺中言曰：『蔡仲，汝護我頭。』仲驚懼便出。」

3251 來　仲　來歙傳，父仲，哀帝時爲諫議大夫，〔二〕娶光武祖姑，生歙。

3252 任　仲　竇融傳，張掖太守任仲解印綬去。見馬期下。

3253 馬　仲　馬援傳，註：「東觀記：使君賓生仲，官至玄武司馬，仲生援也。」

3254 丁　仲　郅惲傳，芒縣大盜。見韓襲下。

3255 鄭　仲　鄭均傳，註：「均兄仲，爲縣游徼。」〔三〕

3256 張孝仲　郭林宗識張孝仲芻牧之中。

3257 王　仲　王景傳，八世祖仲，本琅邪不其人。好道術，明天文。諸呂作亂，齊哀王襄謀發兵，數問於仲。及濟北興居反，欲委兵師仲，仲懼禍，乃浮海東奔樂浪山中，因而家焉。

3258 王　仲　公沙穆傳，富人王仲，致產千金。謂穆曰：「方今之世，以貨自通，吾奉百萬與子爲資，何如？」對曰：「富貴在天」云云。

3259 樊　重　光武紀，註：「太彤渠帥樊重。」

3260 樊　重　北海王傳，樊重女嫺都。

3261 樊　重　樊宏傳，父重，字君雲，世善農稼，好貨殖。性温厚，有法度，三世共財，子孫朝夕禮敬，常若公家。營理產業，物無所棄，課役童僕，各得其宜，開廣土地三百餘頃。所起廬舍，皆有重堂高閣，陂渠灌注。又池魚牧畜，有求必給。嘗欲作器物，先種梓

〔二〕「哀」，手稿作「安」，據後漢書改。
〔三〕「徼」，手稿作「俠」，據後漢書改。

漆，時人嗤之，積以歲月，皆得其用。外孫何氏兄弟爭財，重以田二頃解其忿。縣中推爲三老。年八十餘終。追封壽張敬侯。

3262 **董　重** 靈帝紀，中平五年八月，衞尉董重爲驃騎將軍。光熹元年五月辛巳，重下獄死。孝仁董后紀，中平五年，以后兄子衞尉脩侯重爲驃騎將軍，領兵千餘人。何太后臨朝，重與何進權勢相害，進奏后云云。舉兵圍驃騎府，收重，自殺。

3263 **劉　重** 劉般傳，居巢侯憲卒，子重嗣。

3264 **陳　重** 袁敞傳。見張俊下。獨行傳，字景公，豫章宜春人也。舉孝廉，有同署郎負息錢數十萬，債主日至，重密以錢代還，終不言惠。又有同舍郎歸，誤持鄰舍郎袴去。主疑重所取，重不自申說，市袴以償之。雷義傳，當時諺曰：「膠漆自謂堅，不如雷與陳。」

3265 **鄭　衆** 清河王傳，和帝令慶傳語中常侍鄭衆求索故事。竇憲傳，帝與近幸中常侍鄭衆定議誅憲等。宦者傳，字季產，南陽犨人。〔二〕永平中，爲給事太子家。肅宗卽位，拜小黃門，遷中常侍。和帝初，加位鉤盾令。謀誅竇憲，以功遷大長秋。〔三〕策勳班賞，每辭多受少。由是常與議事。中官用事，自衆始焉。十四年，帝念衆功，封爲巢鄉侯。元初元年卒。

3266 **鄭　衆** 鄭興傳，子衆，字仲師。年十二，從父受左氏，明三統歷，作春秋難記條例，兼通易、詩。建武中，太子及山陽王荆，因梁松聘衆，衆辭，松敗，獨衆不染。永平中，辟司

〔二〕「犨」，手稿作「讎」，據後漢書改。

〔三〕「大長秋」，手稿作「大秋長」，據後漢書改。

空府，以明經給事中，遷越騎司馬。北匈奴遣使求和親。八年，遣衆持節使匈奴。至庭，虜欲令衆拜，不爲屈。虜奴圍之，衆拔刃自誓，單于恐，更發使隨還京師。朝議復遣衆使報之，衆諫不從。既行，在路連上書固爭之。追還擊廷尉。後復召爲軍司馬，與馬廖擊車師。拜中郎將，遷武威太守，左馮翊。建初六年，代鄧彪爲大司農。主議不復鹽鐵官，帝不從。受詔作春秋刪十九篇。耿恭傳，中郎將鄭衆疏恭節義。鄭弘傳，建初八年，代鄭衆爲大司農。馬融傳，註春秋，融曰：「鄭君博而不精。」孫期傳，鄭衆傳費氏易。周章傳。鄭太傳。衛宏傳。董鈞傳。

3267 陳　衆　李憲傳，廬江人陳衆爲從事，單車白馬，喻降淳于臨，降之。灊山人共生爲立祠，號「白馬陳從事」。

3268 杜　衆　李雲傳，弘農五官掾杜衆，上書願與雲同日死。並死獄下。襄楷傳。黃瓊傳。

3269 鮑　衆　周磐傳，太守鮑衆舉蔡順孝廉。

3270 楊　衆　楊震傳，敷子衆，亦傳先業，以謁者僕射從獻帝入關，累遷御史中丞。及帝東還，夜走渡河，衆率諸官屬步從至太陽，拜侍中。建安二年，追前功封務亭侯。董卓傳，註：「封東郡太守楊衆爲列侯。」

3271 曹　衆　蘇順傳，時三輔多士，扶風曹衆，字伯師，亦有才學，著誄、書、論四篇。註：「三輔決録曰：衆與鄉里蘇孺文、竇伯向、〔二〕馬季長並遊宦，唯衆不遇，以壽終於家。」

3272 傅　衆　南匈奴傳，安帝延光四年，漢陽太守傅衆代法度爲將軍。冬，衆卒。

〔二〕「向」，手稿作「句」，據後漢書改。

3273 張　貢　順帝紀，漢陽太守張貢。見趙沖下。西羌傳，順帝漢安三年夏，〔一〕趙沖與漢陽太守張貢掩擊燒何種參䜌北界，斬首千五百級，得牛羊驢十八萬頭。沖帝永嘉元年，以張貢代趙沖爲校尉。桓帝永壽元年卒。

3274 褚　貢　靈帝紀，中平元年三月，南陽黃巾張曼成攻殺郡守褚貢。

3275 曹　貢　馬嚴傳，註：「東觀記：建武三年，余外孫右扶風曹貢爲梧安侯相，迎嚴歸，養視之。至四年，叔父援從車駕東征，過梧安，乃將兄弟西也。」

3276 胡　貢　胡廣傳，父貢，交阯都尉。註曰：「廣父名寵。」

3277 閔　貢　八十三卷序，字仲叔，太原人，與周黨同郡。皇甫謐高士傳曰：「黨見仲叔食無菜，遺之生蒜。受而不食。」建武中，應司徒侯霸之辟。既至，霸不及政事，徒勞苦而已。仲叔恨曰：「以仲叔爲不足問，卽不當辟也。辟而不問，是失人也。」遂去，客居安邑。家貧，日買猪肝一片云云。不以口腹累安邑。去，客沛，以壽終。

3278 閔　貢　何進傳，帝奔小平津，王允遣河南中部掾閔貢隨盧植後。貢至，手劍斬數人。明日，公卿百官迎天子還宮，以貢爲郎中，封都亭侯。

3279 袁　貢　劉陶傳，見欒松下。

3280 郭　貢　荀彧傳，豫州刺史郭貢率兵數萬來到鄄城下，求見彧。彧將往，夏侯淳等止之。彧曰：「貢與邈等分非素結，今來速者，計未必定，及其猶豫，宜時說之，縱不爲用，

〔一〕「漢安三年」，手稿作「永和二年」，據後漢書改。

3281 姚貢　可使中立。若先懷疑嫌，彼將怒而成謀。」貢既見戓無懼意，知城不可攻，遂引去。公孫瓚傳，疏紹罪曰：「故甘陵相姚貢，紹以貪婪，横責其錢，錢不備畢，二人并命。紹罪八也。」互見高焉下。

3282 杜季貢　西羌傳，安帝永初五年秋，漢陽人杜琦及弟季貢、同郡王信等與羌通謀，聚衆上邽城，琦爲杜習刺殺。而杜季貢等將其衆據樗泉營。王信既爲唐喜斬之，而杜季貢亡從滇零。滇零死，子零昌立，年少，同種狼莫爲其計策，〔一〕以杜季貢爲將軍，别居丁奚城。〔二〕元初二年，龐參將兵至勇士東，爲杜季貢所敗。司馬鈞進拔丁奚城，杜季貢率衆僞逃，而設伏要擊，仲光等皆沒。中郎將任尚用虞詡策，以輕騎擊季貢於丁奚城，斬首四百餘級，〔三〕獲牛馬羊數千頭。元初四年，尚遣當闐種羌榆鬼等五人刺殺季貢。

3283 尹頌　桓帝紀，永興二年閏九月，光祿勳尹頌爲司徒，代黄瓊也。註：「頌字公孫，鞏人也。永壽三年，司徒尹頌薨，韓縯代之。」劉瑜傳，尹勳從祖睦之孫頌爲司徒。尹勳傳，兄頌爲太尉。段熲傳，永壽二年，桓帝詔選將有文武者，司徒尹頌薦熲。

3284 李頌　范滂傳，外甥西平李頌，公族子孫，而爲鄉曲所棄，中常侍唐衡以頌請宗資，資用爲吏。滂以非人，寢而不召。

3285 亶誦　律曆中，安帝延光二年，中謁者亶誦言當用甲寅元。

〔一〕「爲」，手稿脱，據後漢書補。
〔二〕「丁」，手稿作「於」，據後漢書改。
〔三〕「四百」，手稿作「千」，據後漢書改。

3286 周誦　劉永傳，周建兄子誦，閉城門拒之。王霸傳。

3287 蔡諷　東夷傳，安帝建光元年，〔一〕遼東太守蔡諷等將兵出塞擊句驪宮，捕斬濊貊渠帥。夏，復與遼東鮮卑八千餘人攻遼隊，〔二〕蔡諷等追擊於新昌，戰歿。互見「光」下。

## 二寘

3288 馮異　光武紀。本傳，征西大將軍陽夏侯馮異字公孫，潁川父城人。好讀書，通左氏春秋、孫子兵法。漢兵起，異以郡掾與父城長苗萌爲莽拒漢，行縣，被執。異曰：「一夫之用，不足爲强弱。有老母在城中，願歸據五城，以効功報德。」光武曰：「善。」歸之。及光武經父城，開門奉牛酒迎。光武署爲主簿。王郎起，異別收河間兵。還，拜偏將軍。從破王郎，封應侯。別擊破鐵脛於北平，降匈奴於林闟頓王，因從平河北。拜爲孟津將軍，與寇恂合勢拒朱鮪等。書通李軼，軼不與異爭鋒。因得北攻天井關，拔上黨兩城，又南下河南成皋以東十三縣，斬更始河南太守武勃。朱鮪遣蘇茂攻温，異與寇恂合擊，破之。因渡河擊鮪，鮪走；追至洛陽，環城一帀而歸。召至鄗，議上尊號。建武二年，定封陽夏侯。引軍擊陽翟賊嚴終、趙根，破之。詔異歸家上冢，使太中大夫賫牛酒，令二百里內太守、〔三〕都尉以下及宗族會焉。遣代鄧禹擊赤眉、延岑，降

〔一〕「光」，手稿作「元」，據後漢書改。
〔二〕「隊」，手稿作「東」，據後漢書改。
〔三〕「里」，手稿脫，據後漢書補。

赤眉將劉始、王宣。三年春，拜征西大將軍。鄧弘之潰，異救之，敗，棄馬奔上回谿阪。收散卒，招集諸營數萬人云云。追擊，大破於崤底，降男女八萬人。屯上林苑中，威行關中、上林成都。有人章言異專制關中云云，帝以章示異，異上書謝。六年春，朝京師，議圖蜀，留十餘日，令妻子隨異還西。諸將上隴，爲囂所敗，詔異軍栒邑。囂將王元、行巡下隴，因分遣巡取栒邑。異潛往閉城，行巡不知，異乘其不意，卒擊鼓建旗出，大破之。於是北地諸豪長耿定等，〔一〕悉畔囂降。異上書言狀，不敢自伐。諸將或欲分其功，帝下璽書曰：「征西功若丘山」云云。使異進軍義渠，領北地太守。降青山胡，又擊盧芳將賈覽、匈奴薁鞬日逐王，破之。上郡、安定皆降，復領安定太守事。九年春，祭遵卒，詔守虜將軍，并將其營。復行天水太守事。收蜀將趙匡等斬之，攻落門，未拔，病薨，謚節侯。劉玄傳。張宗傳。

3289 戴　異　桓帝紀，延熹九年正月，沛國戴異得黃金印。見龍尚下。

3290 重　異　耿弇傳，張步與三弟藍、弘、壽及故大彤渠帥重異等兵號二十萬，〔二〕至臨淄大城東，將攻弇。弇先出淄水上，與重異遇，突騎欲縱，弇恐挫其鋒，令步不敢進，故示弱以盛其氣。

3291 楊　異　杜詩傳，詩到大陽，聞賊規欲北渡，乃急焚其船，勒郡兵，將突騎趁擊，斬楊異，將滅之。

〔一〕「北」，手稿作「此」，據後漢書改。
〔二〕「彤」，手稿作「槍」，據後漢書改。

3292 孟　異　班固傳，與司隸從事孟異共成世祖本紀。

3293 樓　異　袁紹傳，註：「操攻呂布，陣亂，火出，墜馬燒左手掌，司馬樓異扶操上馬引去。」

3294 孔　志　光武紀，建武十四年四月辛巳，封孔子後志爲褒成侯。孔僖傳，建武十三年，復封均子志爲褒成侯。

3295 段　志　光武紀，建武十七年，遣虎賁中郎將馬援，與驃騎將軍段志討妖巫李廣。馬援傳，援督樓船將軍段志等南至交阯。軍至合浦而志病卒，援並將其兵。南蠻傳，建武十八年，樓船將軍段志發長沙、桂陽、零陵、蒼梧兵萬餘人，討徵側等。

3296 應　志　順帝紀，永和三年閏四月，九江賊蔡伯流等詣徐州刺史應志降。註：「續漢書：志字仲節，汝南汝頓人。曾祖父順也。」

3297 桓帝名志　肅宗曾孫也。父蠡吾侯翼。謚法：「克敵服遠曰桓。」建和三年，和平一年，元嘉二年，永興二年，永壽三年，延熹九年，永康一年。章帝八王河間王傳，蠡吾侯翼卒，子志嗣，梁冀立之，是爲桓帝。

3298 梁　丘　賜　光武紀。劉玄傳。

3299 楊　賜　靈帝紀，熹平二年二月，以光祿勳楊賜爲司空，代宗俱也。七月，司空楊賜免，唐珍代之。五年十一月丙戌，光祿大夫楊賜爲司徒，代袁隗也。六年十二月庚辰，司徒楊賜免，袁滂代之。光和二年十二月，光祿勳楊賜又爲司徒，代劉郃也。四年閏九月，〔一〕

〔一〕「閏」，手稿脱，據後漢書補。

司徒楊賜罷，陳耽代之。五年十月，太常楊賜爲太尉，代許馘也。中平元年四月，太尉楊賜免，鄧盛代之。二年九月，特進楊賜爲司空，代張温也。十月庚寅，〔一〕司空楊賜薨。本傳，秉子，字伯獻。少傳家學，不答州郡禮命。後辟大將軍梁冀府，非其好也。出除陳倉令，不行。公車徵不至，後以司空高第，再遷侍中、越騎校尉。靈帝建寧初，三公舉賜，侍講於光華殿中。遷少府、光禄勳。熹平元年，青蛇見御坐，帝問賜，賜對宜抑皇甫之權，割豔妻之愛云云。二年，代唐珍爲司空，以災異免。復拜光禄大夫。五年，代袁隗爲司徒。手書密上諫徵行。後坐辟黨人免。復拜光禄大夫。〔二〕光和元年，有虹霓畫降嘉德殿前，帝引賜及議郎蔡邕入金商門崇德署，使曹節、王甫問以祥異禍福所在。賜書對忤曹節等。以師傅恩免咎。冬，行辟雍禮，引爲三老。復拜少府、光禄勳，代劉郃爲司徒。帝欲造畢圭靈琨苑，賜上書諫，帝欲止之，以問任芝、樂松，遂令築苑。四年，以病罷。居無何，拜太常。五年冬，復拜太尉。中平元年，黄巾起，會議忤旨，免。後帝徙居南宫，問故事，得賜所上張角奏及侍講註籍，感悟，召封賜臨晉侯，〔三〕拜尚書令。數日出爲廷尉，自以非法家，曰：「三后成功，惟殷於人，皋陶不與焉，蓋吝之也。」遂固辭，以特進就。第二年九月，復代張温爲司空。其月薨。天子素服，三日不臨朝，謚文烈，子彪。劉陶傳，上疏云：「前司徒楊賜奏下詔書，切

〔一〕「寅」，手稿作「辰」，據後漢書改。
〔二〕「大夫」，手稿作「勳」，據後漢書改。
〔三〕「臨晉侯」，手稿作「晉臨侯」，據後漢書改。

勑州郡，護送流民，會賜去位，不復捕錄。雖會赦令，而謀不解散。」蔡邕傳，與光祿大夫楊賜等，奏正六經。又光和元年，詔與邕詣金商門，引入崇德殿問災異。王允傳，司徒楊賜以允素高，不欲使更楚辱，遣客使爲深計。後共何進等疏請允。桓焉傳，弟子楊賜最爲顯著。趙咨傳，太尉楊賜特辟咨。崔寔傳，光祿勳楊賜等爲寔具棺槨。孔融傳，辟司徒楊賜府。陳寔傳。見「寔」下。童恢傳，見「恢」下。高琬傳。潁容傳。桓曄傳。張酺傳註。

3300 劉　賜

劉玄傳，玄既害伯升，以光祿勳劉賜爲大司徒。更始元年十月，以劉賜爲丞相。後封爲宛王。本傳，字子琴，光武族兄也。少孤，與兄子信報怨亡命。伯升起兵，從攻擊諸縣。更始以賜爲光祿勳，封廣漢侯，代伯升爲司徒。勸更始用光武狥河北，更始以賜爲丞相，先入關，修宗廟宮室。封賜爲宛王，拜前大司馬，持節鎭撫關東。光武即位，乃西之武關，迎更始妻子將詣洛陽，帝以爲忠。建武二年，封愼侯。十三年，更增戶邑，定封爲安成侯。帝爲營冢堂，起祠廟，置吏卒，如舂陵孝侯。二十八年卒。任光傳，光祿勳劉賜救光全之。樊宏傳，劉伯升與族兄賜俱將兵攻湖陽。賜女弟爲宏妻，湖陽由是收繫宏妻子。

3301 龔　賜

卓茂傳，茂與楚國龔勝等同不仕莽。光武擢勝子賜爲上谷太守。

3302 高　賜

李固傳，固爲荊州刺史。奏南陽太守高賜等贓穢。賜等共賂梁冀，徙固太山太守。〔一〕

3303 朱　賜

趙岐傳註。

〔一〕「太山」之「太」，手稿脱，據後漢書補。

3304 趙世　和帝紀，永元九年閏八月，越騎校尉趙世等討燒當，破之。

3305 鄧萬世　桓帝紀，延熹八年，河南尹鄧萬世下獄死。鄧后之叔父。鄧后猛女紀，后從父河南尹萬世及會皆下獄死。鄧禹傳，桓帝紹封度遼將軍遵子萬世爲南鄉侯，拜河南尹。及鄧后廢，萬世下獄死。陳蕃傳，上疏言追錄鄧萬世父遵之微功云云。帝内之，但以萬世爲南鄉侯。襄楷傳。

3306 趙安世　郭鎮傳，趙興之孫。詳「興」下。

3307 鄭安世　來歙傳，歷要結長樂、未央廄令鄭安世十餘人，證太子無過。鄭興傳，子安世亦傳家業，爲長樂、未央廄令。延光中，與桓焉、來歷共爭濟陰王事。順帝立，安世已卒，追賜錢帛。

3308 任世　任光傳，西陽侯勝卒，子世嗣，徙封北鄉侯。

3309 許世　許荆傳，兄子世報仇殺人，怨家操兵攻之。荆請曰：「兄既早沒，一子爲嗣，願殺身代之。」

3310 馮世　馮魴傳，又名代，拜石子世爲黄門侍郎。

3311 馮奉世　馮衍傳註。西羌傳，元帝時，彡姐等七種羌寇隴西，右將軍馮奉世擊破降之。

3312 成翊世　陳忠傳，薦成翊世等。杜根傳，平原郡吏成翊世亦諫太后歸政，坐抵罪，與根俱徵，爲尚書郎。字季明，少好學。延光中，上書訟濟陰王之廢，樊豐等陷以重罪，當死，詔免歸本郡。及順帝即位，司空張皓薦爲議郎。自以其功不顯，恥於受位，自劾歸。三公辟，皆不應。虞詡薦之，徵拜議郎。尚書令左雄等舉爲尚書。在朝正色。周舉傳，召舉及尚書令成翊世，問以得失。

3313 劉君世 杜喬傳，益州刺史种暠劾永昌太守劉君世以金蛇遺冀，〔一〕蛇輸司農。

3314 北鄉侯懿 安帝紀，延光四年，立濟北惠王子北鄉侯懿。安思閻后紀，迎濟北惠王子懿，立爲皇帝。

3315 皇子懿 獻帝紀，建安十七年九月，立皇子懿爲山陽王。

3316 陳懿 靈帝紀，中平元年十一月，北宮伯玉等攻殺金城太守陳懿。蓋勳傳，邊章等攻金城，殺郡守陳懿。董卓傳，邊章、韓遂共殺金城太守陳懿。西羌傳，靈帝中平元年，義從胡反殺金城太守陳懿。

3317 張懿 靈帝紀，中平五年三月，休屠各胡攻殺幷州刺史張懿。劉焉傳，幷州刺史張懿爲寇賊所害。

3318 孫懿 翟酺傳，酺自恃能高，而忌故太史令孫懿，恐其先用，乃往候懿。既坐，言無所及，唯涕泣流連。懿怪問之，酺曰：「圖書有漢賊孫登，將以才智爲中官所害。觀君表相，似當應之」云云。懿憂病，移病不試，由是酺對第一也。註春秋保乾圖曰：「漢賊臣，名孫登，大形小口，長七尺九，巧用法，多技方，詩書不用，賢人杜口」也。傅山曰：「卽如此漢賊孫登，略無應驗，孫登與孫懿何干，而莽嗦之。」

3319 司馬懿 荀彧傳，進計謀士司馬懿等。

3320 楊懿 朱儁傳，卓以弘農楊懿爲河南尹，守洛陽。儁聞，復進兵還洛，懿走。

〔一〕「劾」，手稿作「刻」，據後漢書改。

3321 叔孫無忌　桓帝紀，延熹三年十一月，太山賊叔孫無忌攻殺都尉侯章。第五種傳，是時太山賊叔孫無忌等横暴一境，州郡不能討。衛羽請譬降之。皇甫規傳，太山賊叔孫無忌侵亂，中郎將宗資討之未服。趙彦傳，太山賊叔孫無忌。互見「丙」下。

3322 惠王無忌　齊武王傳，蕪湖侯晃卒，子無忌嗣。永元二年，復封無忌爲齊王，是爲惠王。立五十二年薨。〔一〕

3323 伏無忌　伏湛傳，不其侯晨卒，子無忌嗣。博物多識。順帝時，爲屯騎校尉。永和元年，詔無忌與議郎黄景較定中書五經、諸子百家、藝術。元嘉中，桓帝復詔無忌與黄景、崔寔共撰漢紀。又自採集古今，删著事要，號曰伏侯註。上自黄帝，下盡漢質帝，爲八卷，見行於今。鄧騭傳，耿氏養河南尹豹子嗣爲閭後。永壽中，與伏無忌著書東觀。〔二〕

3324 趙無忌　趙岐傳，註：「次兄無忌，字世卿，部河東從事，〔三〕爲唐玹所害。」

3325 卞忌　梁節王傳，王暢數有惡夢，從官卞忌自言能使六丁，〔四〕善占夢，暢數使卜筮。又暢乳母王禮等，因此自言能見鬼神事，遂共占氣，祠祭求福。忌等諂媚，云神言王當爲天子，暢心喜。

3326 韋毅　桓帝紀，延熹九年二月，陳留太守韋毅坐贓自殺。朱儁傳，度尚薦儁與太守韋毅。

〔一〕「五十二」，手稿作「二十五」，據後漢書改。
〔二〕「書東」二字，手稿脱，據後漢書補。
〔三〕「河」，手稿作「何」，據後漢書改。
〔四〕「六丁」，手稿作「丁六」，據後漢書改。

3327 鄧　毅　和帝陰后紀，鄧朱子毅考死獄中。見張愼下。

3328 平望侯毅　北海靖王傳，建初二年，封哀王基弟毅爲平望侯。有才學，永寧中，召毅及騊駼入東觀，著中興以下名臣烈士傳。文苑傳，北海敬王子也。初封平望侯，永元中，坐事奪爵。少有文辯稱，元初元年，上漢德論並憲論十二篇。安帝嘉之，賜錢三萬，拜議郎。

3329 劉　毅　酷吏傳。見陽球下。中黄門劉毅。

3330 傅　毅　文苑傳，字武仲，扶風茂陵人。少博學。永平中，於平陵習章句，因作迪志詩曰：「咨爾庶士，迨時斯勗。日月逾邁，豈云旋復！哀哉經營，旅力靡及。在茲弱冠，靡所樹立。於赫我祖，顯於殷國。二迹阿衡，克光其則。武丁興商，〔二〕伊宗皇士。爰作股肱，萬邦是紀。奕世載德，迄我顯考。保膺淑懿，纘修其道。漢之中葉，俊乂式序。秩彼殷宗，光此勳緒。伊於小子，穢陋靡逌。懼我世烈，自茲以墜。〔三〕誰能革濁，清我濁漑？誰能昭闇，啓我童昧？先人有訓，我訊我誥。訓我嘉務，誨我博學。爰率朋友，尋此舊則。契闊夙夜，庶不懈忒。秩秩大猷，紀綱庶式。匪勤匪昭，匪壹匪惻。農夫不怠，越有黍稷，誰能云作，考之居息？二事敗業，多疾我力。如彼遵衢，則罔所極。二志靡成，聿勞我心。如彼兼聽，則溷於音。於戲君子，無恆自逸。徂年如流，鮮茲暇日。行邁屢稅，胡能有迄。密勿朝夕，聿同始卒。毅以顯宗，求賢不篤，士多隱處，作七激以諷。」肅宗以毅爲蘭臺令史，拜郎中，追美孝明皇帝，依清廟作顯宗頌

〔二〕「丁」，手稿作「下」，據後漢書改。
〔三〕「墜」，手稿作「堡」，據後漢書改。

十篇。早卒，著詩、賦、誄、頌、祝文、七激、連珠凡二十八篇。

3331 傅毅　西羌傳，校尉傅育戰歿，封其子毅爲明進侯，七百戶。與武仲同名。

3332 馬毅　馬援傳。

3333 崔毅　崔駰傳，篆生毅，以疾隱身不仕。

3334 景毅　李膺傳，侍御史蜀郡景毅子顧爲膺門徒，而未有錄牒，不及譴。毅乃慨然曰：「本謂膺賢，遣子師之，豈可以漏名籍，苟安而已！」遂自表免歸。

3335 景毅　西南夷傳，靈帝熹平五年，李顒卒。後夷人復叛，以廣漢景毅爲益州太守，討定之。毅初到郡，米斛萬錢，漸以仁恩，少年間，米至數十云云。

3336 荀翌　靈帝紀，建寧二年十月，鉤黨死，前沛相荀翌。

3337 張義　獻帝紀，興平二年十二月，司農張義與傕等戰歿。

3338 麴義　獻帝紀，興平二年，是歲，袁紹將麴義與公孫瓚戰於鮑丘，瓚軍敗。公孫瓚傳，鮮于輔與袁紹將麴義合兵十萬，共攻瓚。興平二年，破瓚於鮑丘，斬首二千餘級。瓚遂保易京，開置屯田，稍得自支。相持歲餘，麴義軍粮盡，士卒飢困，餘衆數千退走。瓚擊破之，盡得其輜重。袁紹傳，韓馥將麴義反畔，馥與戰失利。紹既恨馥，乃與義相結。槃河之戰，紹令麴義前登再戰，到瓚營拔其牙門。後與張燕戰，義自恃有功，驕縱不軌，紹召殺之，而並其衆。

3339 鄧義　祭祀志註。劉表傳，初，表之結袁紹也，侍中從事鄧義諫不聽。義以疾退，終表世不仕。琮降，操以義爲侍中。

3340 隗　義　隗囂傳，季父隗崔，與兄義謀起兵應漢。爲左將軍，更始徵入長安。後與崔同誅。

3341 陳　義　岑彭傳註。見田戎下。

3342 韋　義　韋彪傳，族子義，字季節。少與兄順、豹齊名，初仕州郡。桓焉辟舉理劇，爲廣都長，甘陵、陳二縣令，有政績，數上書譏切左右，又貶刺竇氏。久抑不遷。

3343 毛　義　鄭均傳，元和元年，告廬江太守曰：「前安邑令毛義，躬履謙讓，比徵辭病，其賜穀千斛。」又見「均」下。又六十九卷序，〔一〕廬江毛義，以孝行稱。南陽人張奉慕其名，往候之。坐定而府檄適至，以義守令，義奉檄而入，喜動顏色。奉，志尚士也，心賤之，自恨來，固辭去。及義母死，去官行服。數辟公府，爲縣令，公車徵，遂不至。奉乃歎曰：「賢者固不可測。往日之喜，乃爲親屈也。」建初中，詔褒寵義，賜穀千斛。

3344 雷　義　袁敞傳。見張俊下。獨行傳，字仲公，豫章鄱陽人。爲郡功曹，嘗濟人死罪，罪者後以金二斤謝之，不受。後拜尚書侍郎，有同時郎坐事當居刑作，義默自表取其罪，以此論司寇。同臺郎覺之，自上乞贖義罪。詔皆除刑。後爲守灌謁者。

3345 龐　義〔二〕　劉焉傳，劉璋遣將龐義等攻張魯，數爲所破。魯部曲多在巴，故以龐義爲巴郡。魯因襲取之。

3346 陸　義　劉焉傳，註：「吳將陸義乘虛斷圍，先主引退，黃權不得還。」

---

〔一〕「六十九」，手稿作「九十六」，據傳山所用後漢書萬曆本改。

〔二〕「龐義」，後漢書中華書局本作「龐羲」。下同。

3347 鄧元義　應奉傳，註：「應順妻本汝南鄧元義妻也。」

3348 馬元義　何進傳，張角別黨馬元義謀起洛陽，進發其奸。皇甫嵩傳，靈帝中平元年，張角弟子大方馬元義等先收荆、揚數萬人，期會發於鄴。元義數往來京師，以中常侍徐奉、封諝爲內應，約以三月五日內外俱起。未及作亂，而角弟子唐周上書告之，於是車裂元義於洛陽。

3349 邯鄲義　梁冀傳，所連及公卿列較刺史二千石死者數十人，故吏賓客免黜者三百餘人，朝廷爲空，唯尹勳、袁盱、邯鄲義在焉。袁敞傳，梁冀擅朝，廷尉邯鄲義正身自守。

3350 劉備　獻帝紀，建安十九年，劉備破劉璋據益州。二十四年五月，備取漢中。七月，備自稱漢中王。二十五年，帝遜位。明年，備稱帝於蜀。董卓傳，楊奉奔袁術，左將軍劉備誘斬之。後董承與備同謀誅操而未發。袁紹傳，操急擊備，備奔紹。劉表傳，建安六年，劉備自袁紹奔荆州，表厚相待結而不能用也。傅巽說琮降操，備奔夏口。袁術傳，公孫瓚使備與術共逼紹。呂布傳，呂布襲備下邳，後布又迎備爲豫州刺史，遣屯小沛。孔融傳，太史慈求救於劉備。備曰：「孔北海乃復知天下有劉備耶？」即遣兵三千救之，賊走。荀彧傳。

3351 梁嫕　章德竇后紀，梁貴人姊嫕上書陳枉狀。梁竦傳，貴人姊南陽樊調妻嫕上書訟寃云云。加號梁夫人。

3352 皇女次　顯宗女次，平氏公主。史闕適。

3353 濟北王次 章帝八王傳，蠡王薨，子孝王次嗣。次九歲喪父，至孝。建和元年，〔一〕梁太后下詔褒美之。增封五千戶，立十七年薨。〔二〕

3354 左次 清河王傳，孝德后異母弟次爲清河國郎中。

3355 尹次 應劭傳，初，河間人尹次坐殺人當死，次兄初詣官求代命，因縊而物故。

3356 皇女致 顯宗女致，沁水公主，〔三〕適鄧乾。

3357 細致 西域傳，和帝永元八年，戊己校尉索頵欲廢後部王涿鞮，立破虜侯細致。

3358 中山王穉 光武十王傳，穆王暢薨，〔四〕子節王穉嗣，無子，國除。

3359 班穉 班彪傳，父穉，廣平太守。註：「廣平，郡，今洺州永平縣，〔五〕隋室諱改焉。」

3360 諸葛穉 劉盆子傳，臘日，大會。楊音按劍罵諸卿云云。更相辨鬬，而兵衆遂各踰宮斬關，入掠酒肉，互相殺傷。衛尉諸葛穉聞之，勒兵入，格殺百餘人，乃定。

3361 王穉 王堂傳，子穉，清行不仕。

3362 徐穉 字孺子，豫章南昌人。非其力不食。陳蕃爲太守，請署功曹。蕃在郡不接賓客，唯穉來特設一榻，去則懸之。後舉有道，拜太原太守，皆不就。延熹二年，尚書令陳蕃、

〔一〕「和」，手稿作「初」，據後漢書改。
〔二〕「十」，手稿脫，據後漢書補。
〔三〕「沁」，手稿作「泌」，據後漢書改。
〔四〕「王」，手稿作「中」，據後漢書改。
〔五〕「洺」，手稿作「名」，據後漢書改。

僕射胡廣上疏薦穉等德行純備云云。並不至。帝問蕃：「徐穉、袁閎、韋著孰爲先後？」蕃對曰：「閎生出公族，聞道漸訓。著長於三輔禮義之俗，所謂不扶自植，不鏤自雕。至於穉者，爰自江南卑薄之域，而角立傑出，宜當爲先。」穉嘗爲黄瓊辟，不就。瓊卒歸葬，穉徙步赴之。郭林宗等疑其穉也，選能言生茅容追之。及塗，容爲設飲，共言稼穡之事。臨去，謂容曰：「爲謝林宗，大樹將顛」云云。年七十二卒。

3363 郭稚　郭丹傳，父稚，成帝時爲廬江守，有清名。

3364 下邳愍王意　孝明八王傳，貞王薨，子愍王意嗣。遭黄巾，棄國走。賊平復國，立五十七年薨，年九十。

3365 帛意　李憲傳，憲亡走，其軍士帛意追斬憲而降。封帛意漁浦侯。

3366 宋意　宋均傳，族子意，字伯志。少傳父業，顯宗時舉孝廉，以召對合旨，擢拜阿陽侯相。建初中，徵爲尚書。肅宗性寬仁，親親恩篤，叔父濟南王康、中山王焉每數入朝，特加恩寵，並留京師。又西平王羨等六王，皆妻子成家，久磐京邑云云。上疏以義斷恩，各遣歸國，納之。章和二年，鮮卑擊破北匈奴，而南單于乘之請兵北伐，因欲還歸舊庭。意上疏言不可許。遷司隸校尉。永元中，舉奏竇憲，由是有隙。二年，病卒。

3367 鍾離意　字子阿，會稽山陰人。少爲郡督郵。時部縣亭長有受人酒禮者，府下記案考之。意封還記，言於太守曰：「明政化之本，由近及遠」云云。太守賢之，遂任以縣事。建武十四年，會稽大疫，意身自隱親，經給醫藥。舉孝廉，辟大司徒侯霸府。詔部送徒詣河內，冬寒，路過弘農，輒移屬縣使作徒衣。光武得奏，謂霸曰：「君所使掾何仁？」後除瑕丘令，遷堂邑令。顯宗卽位，徵爲尚書。轉尚書僕射。諫般遊，天子卽時還官。

永平三年夏旱，大起北宮，疏諫罷工。詔謝之，兩澍。時詔賜降胡子縑，尚書案事，誤以十爲百。帝大怒，詔郎將笞之。意引咎當先坐。帝意解，貰郎。會連有變異，疏請詔有司，愼人命，緩刑罰。帝雖不能用，然知其誠。亦以此故出爲魯相。以久病卒官。遺言上書陳昇平之世，難以急化，宜少寬假之。彭脩傳，脩仕郡爲功曹。時西部都尉宰鼂行太守事，以微過收吳縣獄吏，將殺之，主簿鍾離意爭諫甚切，鼂怒，收縛意，案之，脩排閤入云云。鼂遂原意。李善傳，鍾離意爲瑕丘令，上書薦善行狀。劉平傳，顯宗初，尚書鍾離意薦平及王望、王扶。桓華傳註。循吏傳序。

3368 編盲意　解奴辜傳，又有編盲意，亦與鬼物交通。

3369 鄧嗣　鄧騭傳，爲閶後，官至屯騎校尉。

3370 應嗣　王堂傳，爲汝南太守，主簿應嗣。見「堂」下。

3371 丁子嗣　袁閎傳，註「七賢」有主記丁子嗣。

3372 萬熾　萬脩傳，曲平亭侯卒，子熾嗣。無子，國除。

3373 徵貳　劉隆傳，獲其帥徵貳。馬援傳。南蠻傳，建武十六年，交阯女子徵側及其妹徵貳反，〔一〕攻郡。十九年夏，馬援破交阯，斬貳等，餘降散。

3374 羊祕　羊續傳，妻與子祕俱往郡舍，續閉門不內，妻自將祕行，其資臧唯布衾、敝裯、鹽、麥數斛而已云云。使與母俱歸。

3375 袁祕　袁敞傳，忠子祕，爲郡門下議生。黃巾起，從太守趙謙擊之，軍敗，以身扞謙，死，

---

〔一〕「及」，手稿作「反」，據後漢書改。

號曰「七賢」。註：「字永寧。」

3376 劉　祀　彭城王傳，註：「定弟祀，梁父亭侯。」

3377 哀　置　樂城王黨傳，舊禁宮人出嫁，不得適諸國。有故掖庭妓女哀置，嫁爲男子章初妻，黨召置入宮與通。又見「初」下。

3378 陳　翼　楊震傳，震門生陳翼訟震。

3379 宋　翼　王允傳，初，允以同郡宋翼爲左馮翊，王宏爲右扶風。李傕欲卽殺允，懼二郡爲患，乃先徵翼、宏。宏遣使謂翼曰：「傕、汜以我二人在外，故未危王公。今日就徵，明日俱族。計將安出？」翼曰：「禍福難量，然王命所不得避也。」宏曰：「義兵鼎沸，在於卓，其黨與乎！舉兵共討君側惡人，山東必應。」〔一〕翼不從。宏不能立，遂俱就徵，下廷尉，並殺之。

3380 王　智　蔡邕傳，邕赦還，將就路，五原太守王智餞之。酒酣，智起舞屬邕，邕不爲報。智，中常侍王甫弟也，素驕貴，慚於賓客，詬邕曰：「徒敢輕我！」密告邕謗訕云云。

3381 仇季智　郭泰傳，註：「遊太學則師仇季智。」又郭泰傳，雲中仇季智等六十人，並以成名。

3382 孔　翊　皇甫規傳，李膺、王暢、孔翊，潔身守禮，事起無端。

3383 童　翊　童恢傳，弟翊字漢文，名高於恢，宰府先辟之。翊陽瘖，及恢被命，乃就孝廉，除須昌長。有異政，舉將喪，棄官歸。傅山曰：「舉將喪，棄官歸。東漢行誼如此。」

3384 劉　翊　獨行傳，字子相，潁川潁陰人。种拂辟爲功曹。舉孝廉，不就。獻帝西遷，翊舉上計

〔一〕「山」，手稿作「出」，據後漢書改。

掾。翊夜行晝伏，乃到長安。詔書加其忠節，特拜議郎，遷陳留太守。出關逢知故困乏，不忍委去，殺所駕牛，以救其乏，遂俱餓死。

3385 張白騎　朱儁傳，賊騎白馬者，爲張白騎。

3386 秦誼　董卓傳，註：「九州春秋：布使秦誼、陳衞、李黑等僞作宮門衞士，持戟，叉卓車，或叉其馬。」

3387 段翳　方術傳，字元章，廣漢新都人。習易，明風角。有就學者，必預知姓名。一生來學，積年，自謂略究其術，辭歸。翳爲合膏藥，並以簡書封筒中，曰：「有急發視之。」到葭萌，爭渡，吏撾破從者頭，開筒得書云云。

3388 太子駟　西羌傳，秦孝公雄强，威服羌戎。使太子駟率戎狄九十二國朝周顯王。

3389 位侍　西域傳，莎車王賢又徙于寘王俞林爲驪歸王，〔一〕立其弟位侍爲于寘王。歲餘，賢疑諸國欲畔，召位侍及拘彌、姑墨、子合王，盡殺之，不復置王，但遣將鎮守其國。位侍子戎亡降漢。

## 三霽

3390 梁冀　順帝紀，永和六年八月壬戌，河南尹梁冀爲大將軍，代梁商也。本傳，字伯卓，〔二〕鳶肩豺目，洞精矘眄，口吟舌言，裁能書計。性嗜酒，能挽滿、彈棊、格五、六博、蹴鞠、

〔一〕「林」，手稿脫，據後漢書補。
〔二〕「卓」，手稿作「車」，據後漢書改。

意錢之戲，官黃門侍郎、侍中、虎賁中郎將、越騎、步兵校尉、執金吾，河南尹，大將軍。事發，自殺。收其財，縣官斥賣，合三十餘萬萬，以充王府，用減天下租稅之半。清河王傳。襄楷傳。張陵傳。胡廣傳。袁敞傳。韓稜傳。應奉傳。霍諝傳。陳龜傳。橋玄傳。崔寔傳。楊震傳。張皓傳。李雲傳。馬融傳。左雄傳。黃瓊傳。荀淑傳。杜喬傳。李固傳。吳祐傳。延篤傳。趙岐傳。張奐傳。陳蕃傳。黨錮傳。劉矩傳。崔琦傳。皇甫規傳。

3391 孟　冀　馬援傳，援軍還，故人多迎勞之，平陵人孟冀，名有計謀，於坐賀援。援謂之曰：「吾望子有善言，反同衆人耶」云云。冀曰：「愚不及。」杜林傳，林與同郡孟冀等，俱客河西。〔一〕道賊掠劫，冀曰：「願一言而死。將軍知天神乎？赤眉百萬，所向無前，而卒至敗滅。今將軍以數千之衆規霸王之事」云。

3392 樂　季　桓帝紀。見黃武下。

3393 李　季　李通傳，遣從兄子季之長安，以事報守。季於道病死。

3394 李　季　李忠傳，見李純下。

3395 王　季　趙孝傳，王琳弟季。見「琳」下。

3396 甯　季　虞詡傳，朝歌賊甯季等數千人攻殺長吏，〔二〕州郡不能禁，以詡爲朝歌長。

〔一〕「西」，手稿作「曲」，據後漢書改。
〔二〕「吏」，手稿作「史」，據後漢書改。

3397 龐　季　劉表傳，表使蒯越與龐季譬江夏賊張虎、陳坐降。〔一〕

3398 中屠季　馮魴傳，魴將季還營，道逢都尉從弟長卿來，欲執季。魴叱曰：「我與季雖無素故，士窮相歸，要當以死任之，卿何爲言？」遂與俱歸。季謝曰：「蒙恩無報，有牛馬財物，願獻。」魴作色曰：「吾老親弱弟皆賊城中，今日相與，尚無所顧，何云財物？」

3399 張　濟　靈帝紀，光和二年三月，太常張濟爲司空，代袁逢也。註：「濟字元江，細陽人。」中平元年四月，司空張濟罷，張温代之。張酺傳：曾孫濟，好儒學，光和中至司空，病罷。註：「華嶠書曰：蕃生磐，磐生濟，字元江。楊賜薦爲侍講。」楊賜傳，初，與司空張濟並入侍講云云。帝復濟子。見劉寬下。劉陶傳。見許馘下。

3400 張　濟　獻帝紀，初平三年五月，卓部曲將張濟等反。興平二年七月，車駕東歸。濟爲驃騎將軍，還屯陝。復反，與傕、汜合。董卓傳，牛輔分遣校尉張濟等，擊朱儁於中牟。傕入長安，殺王允，以濟爲鎮東將軍，出弘農。後自陝來和傕、汜。帝東遷，以張濟爲驃騎將軍，復還屯陝。天子既東，濟與楊奉、董承不相平，乃反合傕、汜共追乘輿。濟飢餓，出至南陽，攻戰死也。互見「傕」下。劉表傳，建安元年，驃騎將軍張濟自關中走南陽，因攻穰城，〔二〕中飛矢死。荆州官屬皆賀，表曰：「濟以窮來，主人無禮，至於交鋒，此非牧意，牧受弔不受賀也。」使人納其衆，衆聞之喜，遂皆服從。註：「獻帝春秋曰：濟引衆入荆州，賈詡隨之歸劉表。襄陽城守不受，濟因攻之，爲流矢

〔一〕「陳」，手稿作「陣」，據後漢書改。
〔二〕「穰」，手稿作「宛」，據後漢書改。

所中，死。」

3401 郭　濟　郭丹傳，少子濟，爲趙相。

3402 朱　濟　袁敞傳，郎朱濟行不脩。見張俊下。

3403 馬伯濟　馬武傳，檀坐兄伯濟與楚王英黨顔忠謀反。

3404 皇女利　和帝女利，臨潁公主，適賈建。

3405 河間王利　章帝八王傳，貞王薨，子安王利嗣。立二十八年薨。

3406 蒼梧太守　劉玄傳，註：「春陵戴侯熊渠生蒼梧太守利，利生子張。」

利

3407 且渠劉利　南匈奴傳，杜崇與朱徽上言：「南單于安國，欲殺左賢王師子及左臺且渠劉利等。」

3408 韓　利　彭寵傳，國師韓利斬彭午首，詣祭遵降。

3409 李　利　董卓傳，傕兄子利攻槐里，殺杜稟。互見「稟」下。傕又使利共郭汜、樊稠與馬騰等戰於長平觀下。又利告傕曰：「樊、韓駢馬笑語，不知其辭，而意愛甚密」云云。互見「稠」下。

3410 休　利　南匈奴傳，順帝永建元年，單于拔死，弟休利立。是爲去特若尸逐就單于休利。永和元年，句龍吾斯等背叛，天子遣使責讓單于，開以恩義，令相招降。休利本不豫謀，乃脱帽避帳，詣中郎將梁並謝罪。後陳龜爲中郎將，以休利不能制下，逼迫之，休利及其弟左賢王皆自殺。

3411 楊　吏　陳寔傳，時有殺人者，同縣楊吏疑寔，縣遂逮捕，考掠無實。及爲督郵，乃密託許令，禮召楊吏。

3412 劉細 耿純傳，劉楊從兄細。見「楊」下。註：東觀記作「紺」。

3413 隨弟 蘇竟傳，建武五年冬，盧芳略得北邊諸郡，帝使偏將軍隨弟屯代郡。竟病篤，以兵屬弟，詣京師。

3414 沛王契 光武十王傳，恭王曜薨，子契嗣。魏受禪，以爲崇德侯。

3415 爰驥 爰延傳，子驥，白馬令，亦善士。

3416 大計 朱儁傳，黄巾賊後，復有丈八、平漢、大計等徒。

## 四御

3417 馮柱 和帝紀，永元六年九月，越騎校尉馮柱等討逢侯。八年七月，追討右温禺犢王。〔二〕后紀，皇女姬，適楊邑侯將作大匠馮柱。馮魴傳，子柱嗣楊邑侯，尚獲嘉長公主，少爲侍中，恭肅謙約，位至將作大匠。南匈奴傳，和帝永元六年，遣越騎校尉馮柱行度遼將軍。七年正月，軍還。馮柱將虎牙營留屯五原。秋，馮柱、龐奮擊烏居戰，其衆降。馮柱還，遷將作大匠。

3418 邵侯柱 泗水王傳，終薨，封長子柱爲邵侯，以奉終祀。註：「邵，縣，屬南郡，故城在今襄州。邵音其紀反。」

3419 吳柱 公孫述傳，荆邯勸述發兵云云。述問羣臣，博士吳柱曰：「昔武王伐殷，先觀兵孟津，

〔二〕「右」，手稿作「石」，據後漢書改。

八百諸侯不期同辭，然猶還師以待天命。未聞無左右之助，而欲出師千里之外，以廣封疆者也。」

3420 韋　著　宋弘傳，宋則拔同郡韋著。〔一〕韋彪傳，豹子著，字休明。〔二〕少以經行知名。桓帝時公車徵，稱病入雲山，採藥不返。靈帝卽位，曹節以陳、竇既誅，欲借寵時賢爲名，白帝就家拜著東海相。逼切不得已，解巾之郡。政任威刑，爲受罰者所奏，坐論輸左校。又後妻驕恣亂政，以之失名，歸爲姦人所害，隱者恥之。徐穉傳，陳蕃等薦京兆韋著。向栩傳，栩與韋著並徵。楊秉傳，公車徵秉及處士韋著，二人各稱疾不至。有司劾著等大不敬。

3421 袁　著　梁冀傳，郎中汝南袁著，〔三〕年十九，見冀兇縱，詣闕上書，冀密遣掩捕著。著變姓名，託病僞死，結蒲爲人，市棺殯送。冀廉知其詐，陰求得，笞殺之。

3422 段　著　張霸傳，諸生段著等，就學。見孫林下。

3423 趙　序　質帝紀，中郎將趙序坐事棄市。註：「東觀記曰：取錢縑三百七十五萬。」滕撫傳，與中郎將趙序助馮緄共討周容等。序坐畏懦不進，詐增首級，棄市。

3424 韓　序　中山王傳，焉姬韓序有過，焉縊殺之。

3425 温　序　獨行傳，字次房，太原祁人。爲護羌校尉，行部至襄武，爲隗囂將苟宇所拘劫。以節

〔一〕「郡」，手稿作「羣」，據後漢書改。
〔二〕「字」，手稿脫，據後漢書補。
〔三〕「中」，手稿作「女」，據後漢書改。

擿殺數人，賜以劍，銜鬚而死。

3426 張　敘　桓帝紀，延熹八年五月，蒼梧太守張敘爲賊所執，棄市。

3427 姜　敘　董卓傳，註：「楊阜外兄姜敘屯歷城，阜見姜敘母，說在冀中時事，欷歔悲甚。姜敘曰：『何爲耳？』阜云云，敘母勅從阜計。」

3428 郗　慮　獻紀，建安十三年八月丁未，光祿勳郗慮爲御史大夫。伏后紀，操使郗慮勒兵入宮收后。鄭玄傳，門人山陽郗慮至御史大夫。孔融傳，山陽郗慮承操風旨，以微法奏免融官。註：「續漢書：慮字鴻豫，山陽高平人。虞浦江表傳曰：獻帝嘗時見慮及孔融，問融曰：『鴻豫何優？』融曰：『可與適道，未可與權。』慮舉笏曰：『融昔宰北海，政散人流，其權安在？』遂互相長短。」

3429 程　慮　鄧禹傳。見李文下。

3430 田　慮　班超傳，超遣吏田慮曰：「兜題本非疏勒種，國人必不用命。若不卽降，便可執之。」慮既到，兜題見慮輕弱，殊無降意。慮因其無備，遂前劫縛兜。左右出不意，驚走。慮馳報超。

3431 景　慮　楊秉傳，註：「謝承書曰：秉免歸，家至貧，并日而食。任城故孝廉景慮賫錢百餘萬，就餉秉，〔一〕秉閉門不受。」

3432 周　慮　尹敏傳，永平五年，詔捕男子周慮。周慮有名稱，善於敏。

3433 懷王豫　趙孝王良傳，乾薨，子懷王豫嗣。

---

〔一〕「就」字上，傅山全書初版本衍一「前」字，據手稿删。

3434 劉豫　第五倫傳，上疏言：「陳留令劉豫，冠軍令駟協，並以刻薄之姿，臨人宰邑，豫爲嚴苦而議者反以爲能。非徒應坐豫、協，亦當宜譴舉者。」

3435 馬豫　馬廖傳，子豫，爲步兵校尉。太后崩，廖性寬緩，不能教勒子孫，豫遂投書怨誹。八年，有司奏免豫，隨廖就國，考擊物故。楊終傳，廖子豫坐懸書誹謗。又李育傳註。

3436 蓋豫　周防傳，防師事徐州刺史蓋豫，受古文尚書。

3437 屈豫　桓曄傳，註：「東觀記：曄居楊州從事屈豫室中，中庭橘樹一株，遇實熟，乃以竹藩四面，風吹落兩實，以繩繫著樹枝。」

3438 王寓　張奐傳，司隸校尉王寓，出於宦官，欲借寵公卿，以求薦舉，百僚許諾，唯寓拒之。

3439 儀長孺　馬援傳，相馬法子輿傳西河儀長孺。

3440 張子孺　張純傳註。

3441 伏孺　伏湛傳，高祖父孺，武帝時，客授東武，因家也。

3442 馬鉅　馬廖傳，廖卒，子鉅嗣，後爲長水校尉。

3443 景遽　景丹傳，永初七年，鄧太后紹封苞弟遽爲監亭侯。

3444 琅邪王據　光武十王傳，貞王薨，子安王據嗣。立四十七年薨。

3445 卞亭侯據　彭城王傳，註：「東觀記：定兄據，卞亭侯。」

3446 劉據　左雄傳，時大司農劉據以職事被譴，召詣尚書，傳呼促步，又加以捶撲。雄上言：「九卿位亞三事」云云，「孝明皇帝始有撲罰，皆非古典。」帝從而改之。

3447 鄭據　梁竦傳，詔使漢陽太守鄭據，傳考竦罪。

3448 鄭據　張酺傳，東郡人鄭據時爲司隸校尉，奏免執金吾竇景。景復位，遣掾夏猛私謝酺曰：「聞其兒爲吏，放縱，取是曹子一人，足以驚百」云云。註：「字平卿，黎陽人。」〔二〕

3449 崔據　班勇傳，司隸校尉崔據難勇。見「叅」下。

3450 竇伯句　蘇順傳註。見曹衆下。

3451 吳樹　梁冀傳，下邳人吳樹爲宛令，之官辭冀，冀以客託樹。對曰：「明將軍以椒房之重，處上將之位，宜崇賢善，侍坐以來，未聞稱一長者，而多託非人」云云。到縣，遂誅殺冀客爲人害者數十人，後樹爲荆州刺史，臨去辭冀，冀酖出死車上。

3452 張恕　蔡邕傳，註：「光和元年，都官從事張恕，以辛卯詔書，收邕送雒陽獄。」

3453 弓里戍　温序傳，建武二年，騎都尉弓里戍將兵平定北州，到太原，歷訪英俊大人，問策謀。見序奇之，上疏薦焉。

〔二〕本條「酺」字，手稿作「輔」，據後漢書改。

## 去聲

### 五暮

3454 張步 光武紀，張步起琅邪。建武五年十月，步斬蘇茂降。八年，〔一〕步叛歸琅邪，陳俊討獲之。劉永傳，步亦定齊地。拜步輔漢大將軍。建武三年，永遣立張步爲齊王。又詳耿弇傳。又唐虞傳。本傳，字文公，琅邪不其人。漢兵之起，步亦聚衆數千，自爲武威將軍，據本郡。劉永貪步兵强，拜步將軍、忠節侯，督青徐二州，理兵於劇。後攻耿弇營，敗，斬蘇茂首降。封步爲安丘侯，後與家屬家洛陽。步三弟自繫所在獄，皆赦之。八年，步將妻子逃奔臨淮，與弟弘、藍欲招其故衆，乘船入海，琅邪太守陳俊斬之。

3455 劉度 光武紀，臨淮太守劉度。

3456 劉度 馮緄傳，長沙武陵蠻夷反，寇荆州，刺史劉度走荆南，沒。又見度尚傳。馬睦下。南蠻傳，桓帝延熹三年冬，武陵蠻六千餘人寇江陵，〔二〕荆州刺史劉度等皆奔走。減死一

〔一〕「年」，手稿作「月」，據後漢書改。
〔二〕「六」，手稿作「八」，據後漢書改。

等。

3457 楚陸侯度　楚王英傳，陸侯种卒，子度嗣。

3458 王度　皇女仲適軑侯黄門侍郎王度。王霸傳，軑侯符卒，子度嗣。尚顯宗女浚儀長公主，〔二〕爲黄門侍郎。

3459 馬度　馬廖傳，元初三年，鄧太后詔封廖孫度爲潁陽侯。

3460 公孫度　謝弼傳，玄菟公孫度對策，除郎中。王烈傳，太守公孫度接烈以昆弟之禮。註：「魏志曰：度字叔濟，本遼東襄平人。玄菟太守公孫域親愛之，遣就學，爲娶妻。舉有道，除尚書郎，遼東太守。」互見「延」、「豹」下。袁紹傳，康父，初避地爲玄菟小吏。中平元年，爲本郡守。王室亂，遂誅滅郡中名豪百餘家，東擊高句驪，西攻烏丸。會襄平社生大石，下有二小石爲足，度以爲己瑞。自立爲遼東侯，〔三〕郊祀天地。建安九年，操表爲奮威將軍，封永寧鄉侯。

3461 杜伯度　趙岐傳，註：「杜伯度工草書。」見「襲」下。

3462 李伯度　程文矩妻傳，〔三〕穆姜年八十餘卒。臨終勅諸子曰：「吾弟伯度，智達士也。所論薄葬，其義至矣。」

3463 法度　南匈奴傳，安帝建光元年，〔四〕耿夔復免，以太原太守法度代爲度遼將軍。延光三年冬，

〔二〕「浚」，手稿作「俊」，據後漢書改。
〔三〕「遼」，手稿作「郊」，據後漢書改。
〔三〕「程」，手稿作「陳」，據後漢書改。
〔四〕「光」，手稿作「元」，據後漢書改。

度卒。

3464 張伯路

安帝紀，永初三年七月，海賊張伯路等寇緣海九郡。法雄傳，永初三年，海賊張伯路等三千餘人，服絳衣，稱「將軍」，寇濱海九郡。既乞降，復屯聚。又陳忠傳。

3465 城頭子路

見爰曾下。

3466 李固

冲帝紀，建康元年即位，太后臨朝。〔一〕八月丁丑，以大司農李固爲太尉，代趙峻也，參錄尚書事。質帝紀，本初元年閏六月甲申，〔二〕梁冀鴆殺。丁亥，太尉李固免，胡廣代之。桓帝紀，建和元年十一月，前太尉李固下獄死。順烈后紀，后兄冀以邪說疑誤太后，〔三〕遂殺李固。清河王傳。本傳，字子堅，漢中南鄭人。有奇表，鼎角匿犀，足履龜文。少好學，尋師不遠千里。結交英賢，四方有志之士，慕其風。辟命皆不就。陽嘉二年，〔四〕公卿舉固對策，切言宋阿母、梁冀等。順帝即時出阿母，宦者疾固，因詐作飛章陷固，事從中下。黄尚、〔五〕黄瓊救之，久乃得已。出爲廣漢雒令，至白水關，解印綬，還漢中，杜門不交人事。歲中，梁商請爲從事中郎。永和中，荆州盜起，以固爲荆州刺史。事詳密，賜下。徙太山太守，遷將作大匠。上疏曰：「氣之清者爲神，人之清者爲賢。養身者練神爲寶，安國者積賢爲道」云云。詔遂徵楊倫、楊厚等，而遷

〔一〕「后」，手稿作「皇」，據後漢書改。
〔二〕「閏」，手稿脫，據後漢書補。
〔三〕「兄」，手稿作「弟」，據後漢書改。
〔四〕「嘉」，手稿作「和」，據後漢書改。
〔五〕「尚」，手稿作「向」，據後漢書改。

黄瓊、周舉，以固爲大司農。冲帝卽位，爲太尉，與梁冀參録尚書事。明年帝崩，梁太后欲須所徵諸王到乃發喪。固主卽暮發喪。固欲立清河，梁冀立樂安王子纘，是爲質帝。固議起冲帝陵於憲陵塋内，依康陵制度。時太后以比遭不造，委任宰府，固所匡正，〔一〕每從用之，黄門宦者一皆斥遣。所奏免不以次者，遂共作飛章誣固，太后不聽，得免。及冀酖質帝，固主立清河，冀説太后先策免固，竟立蠡吾侯。後歲餘，劉文、〔二〕劉鮪謀立清河，冀因誣固與文等共爲妖言，下獄。門生王調及河内趙承等訴枉，太后明之，乃赦焉。及出獄，京師市里皆稱萬歲。冀聞之大驚，畏固名德終爲己害，乃更據奏前事，遂誅之，年五十四。郎顗傳：書薦李固曰：「處士李固，年四十，通游夏藝，履顔閔之仁。〔三〕絜白之節，情同皎日，忠貞之操，好是正直，卓冠古人，當世莫及。元精所生，王之佐臣，天之生固必爲聖漢，宜蒙特徵」云云。梁商傳，辟李固爲從事中郎。胡廣傳，代李固爲太尉。崔瑗傳，太山太守李固，美瑗文雅，禮致慇勤。王龔傳，〔四〕時爲梁商從事中郎，奏記於商曰：「『善人在患，飢不及餐。』斯其時也。」种暠傳，太尉李固上疏救暠及應承，梁太后省奏，赦暠、承。〔五〕欒巴傳，荆州刺史李固薦巴治迹。黄瓊傳，瓊至綸氏，稱疾不進。固以書遺之。羊陟傳，陟辟太尉李固府。

〔一〕「正」，手稿作「王」，據後漢書改。
〔二〕「文」，手稿作「有」，據後漢書改。
〔三〕「顔」，手稿脱，據後漢書補。
〔四〕「龔」，手稿誤作「襲」，據後漢書改。
〔五〕「赦」，手稿作「救」，據後漢書改。

梁冀傳。滕撫傳。荀淑傳。吳祐傳。陳蕃傳。南蠻傳，順帝永和二年，日南、象林徼外蠻夷亂，及九眞、交阯二郡兵反，圍御史賈昌於日南。朝議遣大將發荆、楊、兗、豫四萬人赴救。大將軍從事中郎李固駮曰：「若荆、楊無事，發之可也。今二州盜賊盤結不散，武陵、南郡蠻夷未輯，長沙、桂陽數被徵發，如復擾動，必更生患。其不可一也。又兗、豫之人卒被徵發，遠赴萬里，無有還期，詔書迫促，必致叛亡。不可二也。南州水土温暑，如有瘴氣，致死亡者十必四五。不可三也。遠涉萬里，士卒疲勞，比至嶺南，不復堪鬬。不可四也。軍行三十里爲程，而去日南九千餘里，三百日乃到，計人稟五升，用米六十萬斛，不計將吏驢馬之食，但負甲自致，費便若此。不可五也。設軍到所在，死亡必衆，既不足禦敵，當復更發，此爲剖割心腹以補四支。不可六也。九眞、日南相去千里，發其吏民，猶尚不堪，何況乃苦四州之卒，以赴萬里之艱哉！不可七也。前中郎將尹就討益州叛羌，益州諺曰：『虜來尚可，尹來殺我。』後就徵還，以兵付刺史張喬。喬因其將吏，旬月之間，破殄寇虜。此發將無益之效，州郡可任之驗。宜更選有勇略仁惠任將帥者，以爲刺史、太守，悉使共往交阯。今日南兵單無穀，守既不足，戰又不能。可一切徙其吏民北依交阯，事靜之後，乃命歸本。還募蠻夷，使自相攻，轉輸金帛，以爲其資。有能反間致頭者，許以封侯列土之賞。故幷州刺史長沙祝良，性多勇決，又南陽張喬，前在益州有破虜之功，皆可任用。昔太宗就加魏尚爲雲中守，哀帝卽拜龔舍爲太山太守。宜卽拜良等，便道之官。」四府悉從固議。

3467 竇　固　皇女中禮，適顯親侯大鴻臚竇固。東平王傳，使大鴻臚竇固持節郊迎。竇融傳，融弟友子固，尚光武女涅陽長公主，爲黄門侍郎。中元元年，襲父友封顯親侯，遷中郎將。十五年，拜奉車都尉，出屯涼州。明年，以耿忠率酒泉、燉煌、張掖甲卒及盧水羌胡萬二千騎出酒泉塞，至天山擊呼衍王，追至蒲類海。留吏士屯伊吾盧城。位特進。明年，復出玉門，擊西域，破白山，降車師。肅宗即位，徵固代魏應爲大鴻臚。建初七年，代馬防爲光祿勳。明年，代馬防爲衛尉。章和二年，卒，謚文。馬嚴傳，嚴言固誤先帝，出兵西域置伊吾盧屯，煩費無益。班超傳。郭躬傳。馬武傳。耿秉傳。祭遵傳。西羌傳，永平元年，復遣中郎將竇固與馬武等擊滇吾於西邯，大破之。

3468 公梁亭侯　彭城王傳，註：「定弟固，公梁亭侯。」

固

3469 劉　固　律曆志，熹平四年，馮光等言劉固意造妄説。見郭香下。又論月食，固等作月食術。

3470 劉　固　張霸傳，諸生劉固就霸學。見孫林下。

3471 鄧　固　鄧晨傳，棠卒，子固嗣。

3472 班　固　字孟堅。九歲能屬文，及長，博貫載籍，九流百家之言，無不窮究。所學無常師。〔二〕永平初，奏記東平王蒼，薦桓梁、晉馮、李育、郭基、王雍、殷肅六人。以父彪所續前史未詳，乃潛精研思，欲究其業。而有人上書告固私改作國史，詔下郡，收固繫京兆

〔二〕「學」，手稿作「舉」，據後漢書改。

獄，盡取其家書。弟超詣闕言。召詣校書部，〔一〕除蘭臺令史，與前睢陽令陳宗等共成世祖本紀。又撰功臣、平林、新市、公孫述事，作列傳、載記二十八篇，〔二〕奏之。帝復使終成前書。自永平中受詔，至建初中二十餘年始成。上兩都賦，盛稱洛邑制度之美，折西賓淫佚之論。自以二世才術，位不過郎，感東方朔、揚雄自論，以不遭蘇、張、范、蔡之時，作賓戲。後遷玄武司馬。撰集白虎通德論。時北單于遣使貢獻，求和親。議者以「匈奴變詐，逼憚南虜，今若遣使，恐失南虜親附之歡，而成北狄猜詐之計。」固議「絕之未知其利，通之不聞其害。設後北虜稍彊，能爲風塵，方復求爲交通，將何所及？不若因今施惠，爲策近長。」又作典引，述敘漢德。永元中，爲竇憲中護軍。憲敗，固先坐免官。不教學諸子，多不遵法度。洛陽令种兢捕繫固，死獄中。年六十一。竇憲傳，作銘燕然山。又見杜撫下。桓譚傳，琴道一篇未成，肅宗使班固續成之。曹褒傳，肅宗詔玄武司馬班固，問改定禮制之宜。固曰：「宜廣招集，共議得失。」崔駰傳，肅宗問竇憲曰：「寧知崔駰乎？」對曰：「班固數爲臣說之，然未見也。」帝曰：「公愛班固而忽崔駰，此葉公之好龍也。」謝夷吾傳，第五倫令班固爲文薦夷吾。〔三〕楊終傳，校書郎班固等難第五倫。又表請終。班超傳。李育傳。

3473 馬固　馬嚴傳，嚴子。

3474 伯固　橋玄傳，時高句驪嗣子伯固等叛。東夷傳，句驪王遂成死，子伯固立。其後濊貊率服。

〔一〕「部」，手稿作「郎」，據後漢書改。
〔二〕「八」，手稿脫，據後漢書補。
〔三〕「令」，手稿作「今」，「爲」作「王」，據後漢書改。

陽嘉元年，置玄菟郡屯田六部。質、桓之間，復犯遼東西安平，殺帶方令，掠樂浪太守妻子。靈帝建寧二年，玄菟太守耿臨討之，斬首數百級，伯固降服，乞屬玄菟云。

3475 延固　曹騰傳，進名人，南陽延固。

3476 蘇固　劉焉傳，張魯、張脩掩殺漢中太守蘇固。

3477 趙部　靈帝紀，益州黃巾馬相殺巴郡太守趙部。劉焉傳，益州賊馬相，殺巴郡太守趙部。

3478 呂布　獻帝紀。本傳，字奉先，五原九原人。以弓馬驍武給并州。爲丁原主簿。後董卓誘布殺原，以布爲騎都尉，誓爲父子。稍遷至中郎將，封都亭侯。後王允使刺卓。允以布爲奮威將軍，假節，儀同三司，封温侯。布與傕戰，敗，奔南陽袁術。以殺卓，有德袁氏，遂恣兵鈔掠。術患之。布不安，復去從張楊於河内。傕購布急，楊下諸將皆欲圖之。布謂楊，不如生賣布。有頃，得走投袁紹，與紹破張燕。恃功請兵於紹，紹不許。布不安，求還洛陽。遂亡去。遂歸張楊。道經陳留，太守張邈遣使迎之。爲兗州牧，據濮陽。操攻布，布移屯山陽。二年間，操復諸城，破布於鉅野，布東奔劉備。術欲引布擊備，與布書：「送米二十萬斛。」布即襲下邳，獲備妻子。備之海西，飢困，請降布。布又恚術運粮不至，乃迎備，爲豫州刺史。是有與紀靈射戟之事。術遣韓胤求迎布女。布以陳珪言殺胤。術怒布，遣張勳等與韓暹七道攻布。〔二〕布用陳珪策，與暹等書，反共擊勳等，大破之。建安三年，布復從術，遣高順攻劉備於沛。操遣夏侯惇救備，爲順所敗。操乃自將擊布。圍急，降操，與陳宮、高順並縊殺之。互見侯

〔二〕「與」，手稿脫，據後漢書補。

成、陳宮、高順下。王允傳，布欲以卓財物頒賜公卿、將校，允不從。允素輕侮布，而以劍客遇之。布亦負其功，既失意，漸不相平。長安陷，呂布奔走。布駐馬青瑣門外，招允曰：「公可以去乎？」允曰：「臨難苟免，吾不忍」云云。董卓傳，卓使呂布殺丁原。又使呂布發諸帝陵，及公卿以下冢墓，收其珍寶。註引九州春秋曰：「卓遣胡軫、呂布擊孫堅。軫爲大督，布爲騎督。軫性急，豫言『此行要當斬一青綬，乃整齊耳。』布等惡之，宣言相驚云賊至」云云。王允、士孫瑞與布謀誅卓。布與李肅共刺卓死。後傕入長安，布戰敗出奔。袁術傳，遣使以竊號告布，并爲子聘布女。布執使送許。荀彧傳。

3479 孟布　陳忠傳，尚書孟布。見祝諷下。

3480 宋布　黨錮傳序，朱並告宋布爲「八及」。

3481 大奴布　馬嚴傳，註：〔二〕「嚴至洛陽，留郎朱仲孫舍，大奴布護視之。」

3482 韓文布　郭泰傳，同郡韓文布等。

3483 垣副　公孫述傳，述選精兵攻宗成。成將垣副殺成，以其衆降。註：「東觀記曰：初，副以漢中亭長聚衆降宗成，自稱輔漢將軍。」

3484 陳副　祭遵傳，遵殺舍中兒，〔三〕光武怒，命收遵。主簿陳副諫之。耿純傳，遣騎都尉陳副，徵劉揚，揚閉門不納。

---

〔二〕「註」，手稿無，據後漢書補。
〔三〕「兒」，手稿脫，據後漢書補。

3485 宜春侯護　泗水王傳，宜春侯浮傳國至孫護，無子，封絕。

3486 劉　護　楊震傳，伯榮與故朝陽侯劉護從兄瓌交通。

3487 劉　護　黄香傳，太守劉護召署門下孝子，甚見愛敬。

3488 王　護　馮衍傳，令狐略讒衍於尚書令王護等。見周生豐下。

3489 賈　護　陳元傳，父欽，習左氏，事黎陽賈護。

3490 賈　護　蔡邕傳，侍中祭酒樂松、賈護，多引無行趣勢之徒，待制鴻都門下。

3491 張　護　皇甫嵩傳，嵩討張角，中常侍張護私求錢五千萬，〔一〕嵩不與，奏嵩連戰無功，所費者多。秋，徵嵩還。

3492 董　訢　堅鐔傳。

3493 陳　訢　馬武傳。

3494 濟南王錯　安王康薨，子簡王錯嗣。錯爲太子時，愛康鼓吹妓宋閏，使醫張尊招之不得，錯怒，以劍刺殺尊。國相舉奏，有詔勿案。永元十一年，封錯弟七人爲列侯。錯立六年薨。

3495 黄　錯　黄瓊傳，瓊上書：「伏見處士巴郡黄錯、漢陽任棠等，年皆耆耋，有作者七人之論。」於是公車徵錯等。

3496 昌　務　彭城王傳，孝王和爲賊昌務所攻。

3497 羊　傅　崔寔傳，大司農羊傅等薦寔才能。

〔一〕「千」，手稿作「十」，據後漢書改。

## 六泰

3498 張　富　劉焉傳，魯之子富，魯死嗣爲閬中侯。

3499 景　顧　李膺傳，景毅子顧，爲膺門徒。

3500 槃　瓠〔一〕　南蠻傳，高辛氏有犬戎之寇，槃瓠銜得吳將軍頭。

3501 鬱林太守　光武紀，買生鬱林太守外。

### 外

3502 呂　蓋　和帝紀，永元九年十一月癸卯，光祿勳呂蓋爲司徒，代劉方。十三年十一月戊辰，司徒呂蓋罷，魯恭代之。魯恭傳，永元十三年，代呂蓋爲司徒。張酺傳，司徒呂蓋奏酺居位三司，知公門有儀，不屏氣鞠躬以須詔命，反作色大言，怨讓使臣，不可以示遠。於是策免酺。

3503 朱　蓋　桓帝紀。見胡蘭下。度尚傳，荆州兵朱蓋等，征戍日久，財賞不贍，忿恚，〔二〕與桂楊胡蘭復反攻桂陽。陳球傳，球爲零陵太守，州兵朱蓋等反，與桂陽賊胡蘭數萬人轉攻零陵。球與度尚共破斬蓋。

3504 宋　蓋　清河王傳，除慶舅宋蓋等爲郎。

3505 王　蓋　王允傳，長子侍中蓋，次子景，定皆見害。

〔一〕「槃」，手稿作「盤」，據後漢書改。

〔二〕「忿」，手稿作「忽」，據後漢書改。

3506 **趙　戒**　順帝紀，永和六年三月丙午，太僕趙戒爲司空，代郭虔也。註：「戒字志伯，蜀郡成都人。」質帝紀，本初元年閏六月甲申，〔一〕梁冀鴆殺。戊子，司空趙戒爲司徒，代胡廣也。與梁冀參録尚書事。桓帝紀，建和元年十月，司徒趙戒爲太尉，代杜喬也。袁湯代戒。三年十月，太尉趙戒免，袁湯代之。元嘉二年十二月，特進趙戒爲司空，代黄瓊也。永興元年十月，司空趙戒免，房植代之。趙典傳，典父戒，爲太尉，桓帝立，以定策封廚亭侯。李固傳，固引司徒胡廣、〔二〕司空趙戒，先與冀書，冀得書，乃召三公，議所立。戒等皆屬清河，及冀欲立蠡吾重會議，冀意氣凶凶，戒、廣以下，莫不懾憚之。皆曰：「唯大將軍令。」固臨終與廣、戒書曰：「公等受主厚禄」云云，「後之良史，豈有所私？」廣等得書悲慚。註：「謝承書：戒字志伯，成都人。」又見梁讓下。

3507 **劉　艾**　獻帝紀，註引劉艾著有獻帝紀。興平元年七月，帝疑賦卹有虚，使侍中劉艾出讓有司。註：「袁宏紀曰：時勅侍中劉艾取米五升於御前作糜，〔三〕得滿三盂」云。

3508 **劉　艾**　董卓傳，卓謂長史劉艾：「關東諸將無能爲，唯孫堅小戇，〔四〕諸將軍宜慎之。」註：「封彭城相劉艾爲列侯。」〔五〕

---

〔一〕「閏」，手稿脱，據後漢書補。
〔二〕「引」，手稿作「行」，據後漢書改。
〔三〕「升」，手稿作「斗」，據後漢書改。
〔四〕「唯」，手稿作「侍」，據後漢書改。
〔五〕「城」，手稿脱，據後漢書補。

3509 耿艾　耿純傳，父艾，爲莽濟平尹。更始使李軼降郡國，艾降，還爲濟南太守。

3510 龐艾　羊陟傳，薦益州刺史龐艾。

3511 黄子艾　郭泰傳，允字子艾，見「允」下。符融傳，梁國黄子艾云云。見文經下。融謂李膺曰：「二子行業無聞，融恐其小道破義」云云。二人自是名論漸衰，後果爲輕薄子，並以罪廢棄。

3512 劉岱　獻帝紀，初平三年四月，青州黄巾殺兗州刺史劉岱。臧洪傳，酸棗之盟，兗州刺史劉岱。劉寵傳，第二子岱，字公山。董卓入洛陽，岱從侍中出爲兗州刺史。初平三年，擊黄巾戰死。董卓傳：卓以侍中劉岱爲兗州刺史。袁紹傳，初平元年，紹與兗州刺史劉岱等起兵討卓。

3513 劉岱　陸康傳，康檻車徵詣廷尉。侍御史劉岱典考其事，爲表陳解釋，免歸。

3514 种岱　种暠傳，暠子岱，字公祖。好學養志。舉孝廉、茂才，辟公府，皆不就。公車特徵，病卒。與李燮同徵議郎，燮聞岱卒，上書求加禮於岱，〔二〕不從。

3515 孟岱　袁紹傳，官度之敗，審配二子爲操所執。孟岱與配有隙，因蔣奇言於紹曰：「配在位專政，族大兵强，且二子在南，必懷反叛。」郭圖、辛評亦爲然。紹遂令岱代配守鄴。

3516 馮岱　符融傳，太守馮岱有名稱，請融相見，融一往見之，薦范冉等三人，因辭病自絶。〔三〕

3517 高岱　高彪傳。

〔二〕「禮」，手稿脱，據後漢書補。

〔三〕「因」，手稿作「固」，據後漢書改。

3518 郭　泰　獻帝紀，註：「薛瑩書曰：〔一〕黄巾賊郭泰號白波賊」。董卓傳，靈帝末，黄巾餘黨郭泰等復起西河白波谷，號「白波賊」。卓遣中郎將牛輔擊之，不能卻。

3519 郭　泰　字林宗，太原介休人也。家貧早孤，母欲使給事縣庭。林宗曰：「丈夫焉能處斗筲之役？」遂辭。就屈伯彦學，三年畢業，博通墳籍。遊洛陽，始見河南尹李膺，膺奇之，與友善。司徒黄瓊辟，太常趙典舉有道，並不應。性明知人，好獎訓士類。身長八尺，容貌魁偉。或問汝南范滂：「林宗何如人？」滂曰：「隱不違親，貞不絶俗，天子不得臣，諸侯不得友，吾不知其他。」黨事起，知名之士多被害，唯林宗及汝南袁閎得免。閉門教授。陳、竇被害，林宗哭之於野，曰：「人之云亡，邦國殄瘁。瞻烏爰止，於誰之屋。」明年春，卒於家，年四十二。蔡邕爲碑，謂盧植曰：「吾爲碑銘多矣，皆有慚德，唯郭有道無愧色耳。」符融傳，郭林宗始入京師，時人莫識，融一見嗟服，介於李膺。

3520 鄭　太　字公業，河南開封人，司農衆之曾孫也。少有才略。靈帝末，知天下將亂，陰結交豪傑。家富於財，有田四百頃，而食常不足。初舉孝廉，三府辟，公車徵，皆不就。何進輔政，以太爲尚書侍郎，遷侍御史。進將誅宦官，欲召并州董卓。太謂進曰：「明公秉義獨斷，不宜假卓以爲資援。且時留變生」云云。進不能用，太棄官去。卓作亂，太與伍瓊、何顒共説卓，以袁紹爲勃海太守，以發山東之謀。及義兵起，卓議大發卒

〔一〕「薛」，手稿作「謝」，據後漢書改。

討之。太恐其衆多益橫，謂卓曰：「政在德，不在衆也。」卓不悅，太懼，詭詞爲策十勝，卓乃悅。以太爲將軍，討關東。或說卓：「太智略過人，而結謀外寇，今資之士馬，就其黨與」。卓乃收還其兵，留拜議郎。卓遷都，天下飢亂，士大夫多不得其命。而太家有餘財，日引賓客高會倡樂。後與何顒、荀攸共謀殺卓。事洩，太脫身自武關走，東歸袁術。術上以爲楊州刺史。未至官，道卒，年四十一。〔二〕

3521 皐陵王代　光武十王傳，懷王恢薨，子節王代嗣。立十四年薨，無子，國除。

3522 林亭侯代　彭城王傳，註：「定弟代，林亭侯。」

3523 趙　代　來歙傳，歷要結侍中趙代。

3524 趙　代　西羌傳，永元九年，〔三〕越騎校尉趙代副劉尚，將北軍五營、黎陽、雍營、三輔積射及邊兵羌胡三萬人討迷唐。代屯枹罕。明年，並坐畏懦徵下獄，免。謁者耿譚領代營。

3525 尹　代　華佗傳，註：「縣吏尹代苦四肢煩，口中乾，不欲聞人聲，小便不利。佗曰：『試作熱食，得汗即愈，不汗後三日死。』即作熱食，不汗。佗曰：『臟氣已絕於內，當啼泣而絕。』」

3526 銚　蔡　銚期傳，羽卒，子蔡嗣侯葛陵。

3527 郭　解　郭伋傳，高祖父解。

3528 呂　介　劉表傳，註：「英雄記：劉表將呂介將兵緣山向堅，堅輕騎尋山討介，介下兵射中

---

〔二〕「一」，手稿作「二」，據後漢書改。

〔三〕「九」，手稿作「四」，據後漢書改。

堅，應時物故。」與典略不同。

3529 管亥　孔融傳，融出屯都昌，爲賊管亥所圍。

3530 屋賴帶　班超傳，註：「東觀記：斬得匈奴節使屋賴帶首。」

3531 尉卑大　西域傳，和帝永元八年，車師後部王涿鞮，〔一〕忿前王尉卑大賣己，因反擊尉卑大，獲其妻子。」

## 七隊

3532 任貴　光武紀，建武十四年四月，越巂人任貴自稱太守，遣使奉計。建武十九年，越巂太守任貴謀叛，劉尚襲誅之。公孫述傳，越巂任貴亦殺王莽大尹而據郡降述。

3533 任貴　岑彭傳，邛穀王任貴聞彭威信，數千里遣使迎降。會彭薨，帝盡以任貴所獻賜彭妻子。

3534 長貴　西南夷傳，越巂郡，王莽時，郡守枚根調邛人長貴，以爲軍候。更始二年，長貴率種人攻殺枚根，自立爲邛穀王，領太守事。又降於公孫述。述敗，光武封長貴爲邛穀王。建武十四年，長貴遣使上三年計，天子卽授越巂太守印綬。十九年，劉尚擊益州夷，路由越巂。長貴聞之，疑尚既定南邊，威法必行，己不得自放縱，卽聚兵起營臺，招呼諸君長，多釀毒酒，欲先以勞軍，因擊尚。尚知其謀，卽分兵先據邛都，遂掩長貴誅之，徙其家屬於成都。

3535 陰桂　陰興傳，鮦陽侯萬全卒，子桂嗣。

〔一〕「車師」，手稿作「莎車」，據後漢書改。

3536 韓遂

靈帝紀。獻帝紀。應劭傳。傅燮傳。劉焉傳。何進傳。种劭傳，與韓遂等共攻傕、汜。皇甫嵩傳，邊讓、韓遂作亂隴右，明年，詔嵩迴鎮長安，以衛園陵。董卓傳，北宮伯玉劫致金城人韓遂。遂本名約。馬騰攻傕，遂聞之，乃率衆來欲和騰、傕，既而復與騰合。與馬騰自還涼州，更相爭戰，乃下隴據關中。操方事河北，慮其爲亂，建安七年，拜爲征西將軍。遂後走金城羌中，爲其帳下所殺。

3537 朱遂

五行志，狼災，註：「東觀書曰：中山相朱遂到官，不祠北岳。」

3538 蓋遂

蓋延傳，蘆亭侯恢卒，子遂嗣。

3539 鄭遂

李固傳，註：「謝承書曰：固所授弟子，汝南鄭遂等七十二人，共論集德行一篇。」

3540 鄭遂

劉寵傳，初平三年，黃巾入兗州，殺任城相鄭遂。

3541 劉衛

靈帝紀，中平元年四月，廣陽黃巾殺太守劉衛。

3542 馬衛

馬成傳，成卒，子衛嗣。

3543 王衛

張奐傳，遣將王衛招誘東羌，因據龜茲。註：「縣名，屬上郡。」

3544 陳衛

董卓傳，註：「布使秦誼、陳衛等」云。互見「誼」下。

3545 張衛

劉焉傳，曹操征張魯，至陽平，魯欲舉漢中降。弟衛不聽，據關固守，操斬之。

3546 王叡

獻帝紀，初平元年十一月，孫堅殺荊州刺史王叡。註：「王氏譜：叡字通曜，祥之伯父。」劉表傳，初平元年，長沙太守孫堅殺荊州刺史王叡。註：「王氏譜曰：叡字通曜，晉太保祥之伯父也。吳錄曰：叡見執，驚曰：『我何罪？』堅曰：『坐無所知。』叡窮迫，刮金飲之而死。」

3547 士孫瑞　獻帝紀，興平二年，東澗之敗，傕殺衛尉士孫瑞。王允傳，上執金吾士孫瑞爲南陽太守。詳楊瓚下。後與士孫瑞、楊瓚登臺請霽，復結前謀。瑞曰：「幾不可後」云云。字君榮，扶風人，有才謀。瑞以允自專討卓之策，故歸功不侯，而獲免於難。後爲國三老、光禄大夫。每三公缺，楊彪、皇甫嵩皆讓位於瑞。興平二年，從駕東歸，爲亂兵殺。董卓傳，王允與士孫瑞謀誅卓，允密表其事，使瑞自書詔以授呂布。註：「三輔決録曰：〔一〕「瑞字君榮，扶風人，博達無不通。」呂布傳。

3548 孫瑞　蓋勳傳，註：「續漢書曰：是時，漢陽叛人王國，衆十餘萬攻陳倉。勳領郡兵五千人，因表用處士扶風孫瑞爲鷹鷂都尉，凡五都尉，皆素有名。」

3549 樊瑞　樊準傳，父瑞，好黄老言。

3550 韋瑞　董卓傳註：「韋康之父。」

3551 鄧會　鄧后猛女紀，以統從兄會襲安陽侯，爲虎賁中郎將。後下獄死。

3552 亳會　李雲傳，註：「封亳后從兄會，爲安陽侯。」

3553 楊會　傅燮傳，燮謂子幹曰：「主簿楊會，吾之程嬰也。」

3554 皇女惠　顯宗女惠，武安公主，適來稜。

3555 濁惠　馮異傳，註：「東觀記曰：陜王長、〔二〕湖濁惠等稱將軍者皆降。」

3556 劉惠　袁紹傳，韓馥聽紹舉兵，謀於衆曰：「助袁氏乎？助董氏乎？」治中劉惠勃然曰：

〔一〕「錄」，手稿脱，據後漢書補。
〔二〕「王」，手稿作「主」，據後漢書改。

「興兵爲國，安問袁、董？」註引英雄記曰：「劉子惠中山人。兗州刺史劉岱與其書，道『卓無道，天下所共攻，死在旦夕，不爲憂。但卓死之後，當復迴師討文節』云云。封書與馥，馥大懼，歸咎子惠，欲斬之。耿武復上書，惠得不死，作徒，被赭衣，埽除宮外門。」

3557 吳尉

吳漢傳，漢兄尉爲將軍，從征戰死，封其子彤爲安陽侯。

3558 虞都尉

馮魴傳，時湖陽大姓虞都尉反城稱兵，與同縣申屠季有仇，而殺其兄，謀滅季族。季亡歸魴，魴將季欲還其營云云。

3559 梁配

申屠蟠傳，進見外黄令梁配，言絛玉之節，〔一〕配善之。

3560 審配

荀彧傳，孔融曰：「審配、逢紀盡忠之臣任其事。」彧曰：「審配專而無謀。」袁紹傳，魏郡審配以正直不得志於韓馥，紹以配爲治中。註：「先賢行狀：字正南。」後欲出攻許，以審配、逢紀統軍事，與沮授異議，譖授。互見郭圖、沮授下。紹死，與逢紀矯命奉尚爲嗣。見「紀」下，譚出軍黎陽，求益兵，審配等議不與。譚、尚既相攻殺。館陶之役，審配治譚書。譚不納。爲尚守鄴。操乃鑿塹圍城，初令淺，示若可越。配望見，笑而不出爭利。操一夜濬之，廣深二丈，引漳水灌之。自五月至八月，堅守死戰。操行出圍，配伏弩射之，幾中。曹兵入城，生獲配。操謂配曰：「吾近行圍，弩何多也？」配曰：「猶恨其少。」操曰：「卿忠於袁氏，亦自不得不爾。」意欲活之。配無撓辭，遂斬之。註：「先賢行狀曰：是日先縛配詣帳下，辛毗等遂以馬鞭擊其

〔一〕「玉」，手稿作「壬」，據後漢書改。

頭，罵之曰：『奴，今日眞死矣。』配顧曰：『狗輩！由汝曹破冀州，恨不得殺汝。』」

3561 廣宗殤王萬歲　章帝八王傳，萬歲以永元五年封，分鉅鹿爲國。其年薨，葬於京師。無子，國除，還并鉅鹿。

3562 路粹　孔融傳，遂令丞相軍謀祭酒路粹枉狀奏融。禰衡傳。

3563 尹兌　劉毅傳，與劉珍等共上書稱其美。

3564 陸類　西南夷傳，安帝永初元年，徼外僬僥種夷陸類等三千餘口舉種内附，獻象牙、水牛、封牛。

## 八震

3565 陳俊　光武紀。劉永傳。張步傳。本傳，琅邪太守、祝阿侯陳俊字子昭，南陽西鄂人。劉嘉長史，嘉薦之光武，爲安集掾。從擊銅馬，拜强弩將軍。與五校戰於安次，五校退入漁陽。俊言宜輕騎出賊前，以絕其食。光武即位，封列侯。二年，攻匡賊，下四縣，更封新處侯。引頓丘，降三城。秋，吳漢承制拜爲强弩大將軍，别擊金門、白馬賊，破之。四年，轉狥汝陽及項，又拔武陽。拜太山太守。五年，徙琅邪太守，卒殺張步，定封祝阿侯。二十三年卒。檢制軍吏，不得與郡縣相干。傅山曰：「不曾染莽。」

3566 傅俊　陰麗華紀。本傳，積弩將軍昆陽侯傅俊字子衛，潁川襄城人。以縣亭長迎軍，拜爲校尉。從破王尋，爲偏將軍。別擊京、密，破之。〔一〕世祖討河北，與賓客追及邯鄲，使將潁川兵，從征伐。卽位，爲侍中。二年，封昆陽侯。三年，拜積弩將軍，與岑彭擊秦豐，因狗江東。七年，卒，謚曰威。鄧惲傳，俊東徇揚州，〔二〕禮請惲，上爲將兵長史。〔三〕傳山曰：「也不算染於莽。」

3567 宋　俊　清河王傳，除慶舅俊等爲郎。

3568 駱　俊　陳敬王傳，〔四〕義兵起，王寵稱輔漢大將軍。國相會稽駱俊素有恩威，鄰郡人多歸就之。後袁術求粮於陳而俊拒絕之，術忿恚，遣客詐殺俊及王寵。又見閻陽下。袁術傳，術殺陳國相駱俊。

3569 張　俊　律曆志下，註引蔡邕上章曰：「顧念元初中故尚書郎張俊，坐泄漏事，當伏重刑，已出穀門，復聽讀鞠，詔書馳救，減罪一等，〔五〕輸作左校。」袁敞傳，蜀郡人，有才能。位尚書郎，年少勵鋒氣。郎朱濟、丁盛立行不脩，俊欲舉奏之，二人恐，因郎陳重、雷義往請俊，俊不聽，因共私賂侍史，使求俊短，得其私書與袁敞子，遂封上，皆下獄，當死。俊自獄中占獄吏上書自訟，臨行刑，鄧太后詔馳騎以減死論。

3570 王　俊　竇融傳，爲强弩將軍司馬。註：「卽莽明義侯王俊。」

〔一〕「破」，手稿作「別」，據後漢書改。
〔二〕「徇」，手稿作「巡」，據後漢書改。
〔三〕「史」，手稿作「吏」，據後漢書改。
〔四〕「敬」，手稿作「愍」，據後漢書改。
〔五〕「減罪」，手稿無，據後漢書補。

3571 桓俊　桓郁傳，註：「華嶠書：郁六子，一曰俊。」

3572 曹俊　班勇傳，北單于自將萬餘騎入後部，至金且谷，勇使假司馬曹俊馳救之。單于引去，俊追斬其貴人骨都侯，是後車師無復虜迹。

3573 龐俊　龐參傳，參於徒中使子俊上書。

3574 樂俊　王景傳，光武散卒營河功，而浚儀令樂俊上書：「宜須平靜，更議其事。」

3575 高峻　光武紀。王常傳，擊破高峻於朝那。寇恂傳，隗囂將高峻，擁兵萬人，據高平第一，馬援招降之。中郎將來歙承制拜峻爲通路將軍，封關内侯。復亡歸，助囂據高平。十年，帝將自征之，恂諫之。奉璽書至第一，降峻，斬軍師皇甫文，而峻降。竇融傳，上書曰：「囂將高峻之屬皆欲逢迎大軍，後聞兵罷，峻等復疑。」馬援傳，使援將突騎五千，往來遊説囂將高峻、任禹之屬。

3576 趙峻　順紀，漢安元年十一月壬午，司隸校尉趙峻爲太尉，代桓焉也。註：「峻字師伯，下邳徐人。」冲帝紀，建康元年即位，太后臨朝。以太尉趙峻爲太傅，李固代之。質紀，九月庚戌，太傅趙峻薨。郭鎮傳，趙興之子峻，詳「興」下。梁冀傳，冲帝在襁袵，太后詔冀與太傅趙峻、太尉李固參錄尚書事。

3577 張峻　清河王傳，宋楊免歸，楊友人前懷令山陽張峻等奔走解釋，得免罪。

3578 任峻　王渙傳，自渙卒，復洛陽令，皆不稱職。永和中，〔二〕以劇令任峻補之。威風猛於渙，而

〔二〕「和」，手稿作「平」，據後漢書改。

文理不及。字叔高，〔一〕終太山太守。循吏傳序。

3579 嚴峻 左慈傳，註：「典論曰：左慈到，又競受其補導之術。寺人嚴峻往從問受，〔二〕閹豎眞無事於斯術也。」

3580 許峻 許曼傳，祖父峻，字季山，善占卜之術，時人方之京房。自云小嘗篤病，三年不愈，乃謁太山請命，行遇道士張巨君，授以方術。所著易林，至今行世。

3581 馮駿 光武紀，建武十二年七月，威虜將軍馮駿拔江州，獲田戎。岑彭傳，彭留威虜將軍馮駿軍江州。九年，公孫述遣其將任滿、田戎、程汎等，擊破馮駿、田鴻、李玄等。彭到江州，留馮駿守之。

3582 馮駿 公孫述傳，述遣破虜將軍馮駿，〔三〕拔巫及夷陵、夷道，〔四〕因據荆門。

3583 郭駿 郭后紀，發干侯勳卒，子駿嗣。永平十三年，坐楚事，失國。建初三年，復封爲觀都候，無子。

3584 夏駿 馬防傳，遣司馬夏駿將五千人從大道向其前，三道擊羌。

3585 鮑駿 丁鴻傳，初與九江人鮑駿同事桓榮，及鴻亡封，與駿遇於東海，陽狂不識駿。駿乃止而讓之云云：「子以兄弟私恩而絕父不滅之基，可謂智乎？」鴻乃還就國。駿亦上書

〔一〕「叔高」，手稿作「高叔」，據後漢書改。
〔二〕「人」，手稿無，據後漢書補。
〔三〕「虜」，手稿作「魯」，據後漢書改。
〔四〕「夷道」，手稿作「夷陵道」，據後漢書改。

言鴻經行。

3586 左駿　周景傳，註：「景爲尚書令，詔左雄伏廷答對，使虎賁左駿頓頭」云云。

3587 傅鎮　光武紀。臧宮傳，妖巫傅鎮。見單臣下。

3588 郭鎮　順帝紀。本傳，字桓鍾，少修家業。辟太尉府，再遷，延光中爲尚書。及孫程誅江京等，鎮率羽林士擊殺閻景，以成大功，封定潁侯，拜河南尹，轉廷尉。永建四年，卒於家。順帝追謚昭武侯。孫程傳，尚書郭鎮時臥病，即率直宿羽林出南止車門，逢閻景，鎮下車，持節詔之。景曰：「何等詔？」因斫鎮，不中。鎮引劍擊景墮車，左右以戟叉景胸，遂擒之。

3589 張奮　和帝紀，永元六年，太常張奮爲司空，代劉方。九年十二月丙寅，司空奮罷，韓稜代之。章德竇后紀。見張酺下。張純傳，子奮，字穉通。襲父封武始侯。永平四年，隨例歸國。十年來朝，爲侍祠侯。建初元年，拜左中郎將，轉五官中郎將，遷長水校尉。七年，爲將作大匠，章和元年，免。永元元年，復拜城門校尉。四年，遷長樂衞尉。明年，代桓郁爲太常。六年，代劉方爲司空。歲旱，口陳政宜。在位清白，無他異績。九年，以病免。在家上疏請定禮樂。十三年，更召拜太常。復上疏：「當改作禮樂。」冬，復病免。明年，卒於家，子甫嗣。張酺傳，〔二〕勑曰：「司空年老。」註：「奮也。」韓稜傳，代張奮爲司空。

3590 龎奮　和帝紀，永元八年七月，行度遼將軍龎奮，討右温禺犢王。安帝紀，建光元年四月，

〔二〕「酺」，手稿作「輔」，據後漢書改。

3591 馮奮

遼東屬國都尉龐奮，承璽書殺玄菟太守姚光。馮緄傳，承詐作璽書，殺姚光，徵還抵罪。見馮煥下。龐參傳，河南尹龐奮舉參孝廉。南匈奴傳，章帝元和二年，南單于遣兵千餘人獵至涿邪山，卒與北虜温禺犢王遇，因戰，獲其首級而還。孟雲上言：「宜還南所掠生口。」肅宗從袁安議，勅：「度遼及領中郎將龐奮倍雇南部所得生口，以還北虜。其南部斬首獲生，計功受賞如常科。」又和帝永元六年，以鴈門太守龐奮行度遼將軍。八年，逢侯左部胡自相疑畔，還入朔方塞，龐奮迎受慰內之。後復與烏居戰。十二年，遷河南尹。公主紀註。馮勤傳，建初八年，以順中子奮襲母主爵爲平陽侯，薨，無子。

3592 養奮

五行志，水災，和帝十二年，註：「廣州先賢傳：方正鬱林布衣養奮，字叔高，有陰陽不和策對。」

3593 士孫奮

梁冀傳，扶風人士孫奮居富而性吝，冀因以馬乘遺之，從貸錢五千萬，奮以三千萬與之，冀怒，乃告郡縣，認奮母爲其守臧婢，云盜白珠十斛、〔一〕紫金千斤以叛遂，〔二〕收考奮兄弟，死獄中，沒貲財億七千餘萬。〔三〕註：「摯虞三輔決錄曰：〔四〕「士孫奮字景卿，少爲郡五官掾」云云。

〔一〕「云」，手稿作「之」，據後漢書改。
〔二〕「斤」，手稿作「金」，據後漢書改。
〔三〕「七千」，手稿作「千七」，據後漢書改。
〔四〕「虞」，手稿作「餘」，據後漢書改。

3594 孔奮　字君魚，扶風茂陵人。少從劉歆受春秋左氏傳，歆謂門人曰：「吾已從君魚受道矣。」〔一〕遭王莽亂，避兵河西。竇融請署議曹，守姑臧長。事老母孝謹，奉養極求珍膳。被徵至京，除武都郡丞。擊滅隴西餘賊隗茂，拜武都太守。以弟奇當仕，上病去官，守約鄉閭，卒於家。西南夷傳，建武中，隗茂反，殺武都太守。氐人大豪齊鍾留爲種類所敬信，與郡丞孔奮擊茂，破斬之。

3595 王信　安帝紀。見杜琦下。又永初六年，唐喜斬之。見唐喜下。西羌傳，永初五年秋，漢陽人杜琦及弟杜季貢及同郡王信等與羌通謀，聚衆入上邽城。杜習既刺殺琦，而王信等將其衆據樗泉營。侍御史唐喜領諸郡兵破之，斬王信等六百餘級，沒入妻子五百餘人，收金銀綵帛一億已上。

3596 王信　西羌傳，和帝永元九年，謁者王信領劉尚營屯枹罕。

3597 劉信　安成孝侯傳，賜與兄子信賣田宅，同抛財產，結客報吏。信爲更始討平汝南，〔二〕因封爲汝陰王。遂將平定江南，據豫章。光武卽位，張隆擊破之，信詣洛陽降，以爲汝陰侯。永平十三年，亦坐楚事除。劉玄傳，更始元年十月，奮威大將軍劉信擊殺劉望於汝南，並誅嚴尤等。封宗室劉信爲汝陰王。後信爲前大司馬。

3598 臧信　臧宮傳，宮卒，子信嗣。寒朗傳，顏忠、王平辭連及朗陵侯臧信。

〔一〕「魚」，手稿作「餘」，據後漢書改。
〔二〕「始」，手稿脫，據後漢書補。

3599 左賢王信　祭肜傳，〔一〕肜與左賢王信北伐匈奴，期至涿邪山。信有嫌於肜，出高闕塞九百餘里，〔二〕得小山，妄言以爲涿邪山。肜到不見虜而還。南匈奴傳，建武十六年，大發緣邊兵，四道出塞，北徵匈奴。南單于遣左賢王信隨太僕祭肜及吳棠出朔方高闕，攻皋林禺犢王於涿邪山。

3600 郤仲信　魏朗傳，〔三〕從陳國博士郤仲信學春秋圖緯。

3601 郭長信　郭泰傳，及同郡郭長信等。

3602 華　信　朱儁傳註。

3603 鮑　信　袁紹傳，卓將兵至，騎都尉太山鮑信説紹曰：「卓擁制强兵，將有異志，今不早圖，必爲所制。其新至疲勞，襲之可擒。」紹畏卓，不敢發。初平元年，爲濟北相。紹與同起兵討卓。

3604 廖　信　周澤傳，北地太守廖信坐貪穢下獄，沒入財產，顯宗以信臧物頒諸廉吏，唯澤及光祿勳孫堪、大司農常冲蒙特賜。

3605 馮　信　李業傳，業與同郡馮信，並好學博古。公孫述連徵，待以高位，皆託青盲以避世。

3606 程　信　西羌傳，安帝元初元年，漢中五官掾程信率壯士與板楯蠻共擊號多退走。

〔一〕「祭」，手稿作「蔡」，據後漢書改。
〔二〕「闕」，手稿脱，據後漢書補。
〔三〕「魏朗傳」，手稿作「劉祐傳」，據後漢書改。

3607 楊　震

安帝紀，永寧元年十二月癸酉，太常楊震爲司徒，代劉愷。延光二年十月甲戌，〔一〕司徒楊震爲太尉，代劉愷也。三年三月壬戌，震免，馮石代之。本傳，字伯起，弘農華陰人。少好學，受歐陽尚書於太常桓郁。諸儒語曰：「關西夫子楊伯起。」五十始仕州郡。大將軍鄧騭辟之，舉茂才，四遷荆州刺史、東萊太守。之郡，昌邑令遺金，是有「四知」。轉涿郡太守。元初四年，徵入爲太僕，爲太常。永寧元年，代劉愷爲司徒。鄧太后崩，上疏請絕阿母王聖伯榮等，再上不省。延光二年，代劉愷爲太尉。時詔遣使者大爲阿母修第，中常侍樊豐及侍中周廣、謝惲等更相扇動。震復上疏極論之。前後所上，轉有切至，帝既不平之。尋有趙騰上書，豐等共譖震：「怨懟，且鄧氏故吏，有恚恨之心」云云。遂收震太尉印綬。耿寶奏震大臣不服罪，〔二〕詔歸本郡。乃慷慨飲鴆几陽亭也。〔三〕鄧訓傳，辟楊震，置之幕府。桓郁傳，門人楊震至三公。劉愷傳，司徒楊震議范邠事。來歙傳。虞延傳。虞詡傳。孫程傳。杜喬傳。

3608 徐　震

律曆中，章帝使賈逵問治曆者太子舍人徐震等。

3609 鄧　震

鄧禹傳，顯宗分禹封爲三國：長子震爲高密侯。

3610 蔣　震

馮異傳，時蔣震據霸陵，後降蜀。

3611 臧　震

臧宮傳，信卒，子震嗣。

〔一〕「甲戌」上，手稿衍「辛未」二字，據後漢書删。
〔二〕「服」，手稿作「復」，據後漢書改。
〔三〕「几」，手稿作「夕」，據後漢書改。

3612 馬震

馬武傳，永初七年，鄧太后紹封武孫震爲漻亭侯。

3613 朱震

陳蕃傳，蕃友人陳留朱震，爲銍令，聞蕃見害，棄官哭之，收葬蕃尸，匿其子於甘陵界中。事覺繫獄，震受考掠，誓死不言。震字伯厚，初爲州從事，奏濟陰太守單匡臧罪，並連匡兄超。桓帝收匡下獄云云。「車如雞棲馬如狗，疾惡如風朱伯厚。」

3614 禮震

歐陽歙傳，平原禮震，年十七，聞獄當斷，自繫，上書乞殺身以代歙云云。

3615 孔震

孔僖傳，註：「晉封孔子二十三葉孫孔震爲奉聖亭侯。〔一〕」

3616 李進

順帝紀，永和二年二月，武陵太守李進擊叛蠻，破之。南蠻傳，順帝永和二年春，蠻二萬人圍充城，〔二〕八千人寇夷道。遣武陵太守李進討破之，斬首數百級。餘皆降服。進乃揀選良吏，得其情和。在郡九年，梁太后臨朝，下詔增進秩二千石，賜錢二十萬。

3617 何進

靈帝紀，中平元年三月，河南尹何進爲大將軍。本傳，字遂高，南陽宛人也。異母女弟入掖庭爲貴人，有寵於靈帝，拜進郎中，遷虎賁中郎將，出爲潁川太守。光和三年，〔三〕貴人爲皇后，徵進入，拜侍中、將作大匠、河南尹。中平元年，黃巾起，以進爲大將軍，屯都亭，鎮京師。以發馬元義姦，封愼侯。五年，詔進大發四方兵，講武平樂觀下。〔四〕蹇碩白帝遣進西擊邊章。進陰知其謀，乃上遣袁紹東擊徐、兗二州，須紹

---

〔一〕「三」，手稿作「七」，「侯」字脫，據後漢書改補。
〔二〕「二」，手稿作「一」，據後漢書改。
〔三〕「三」，手稿作「二」，據後漢書改。
〔四〕「下」，手稿作「平」，據後漢書改。

還，即戎事，以稽行期。六年，帝崩。碩欲先誅進而立皇子協。及進從外入，碩司馬潘隱與進早舊，迎而目。進驚，馳從儳道歸營，引兵入屯百郡邸，因稱疾不入。碩謀不行。何后子辨立，何太后臨朝，進録尚書事。陰規誅中官，以袁紹能養士，術亦尚氣俠，並厚待之。復敞智謀士逢紀等，〔一〕與同腹心。袁紹説進云：「今大行在前殿，將軍宜受詔領禁兵，不宜輕出入宮省。」進乃稱疾不入陪喪，又不送山陵。遂與紹定籌策，白太后。太后不肯，進不斷故事，久不決。紹等又爲進畫策，召四方猛將引兵向京城，脅太后。進然之。及兵至，悉罷諸常侍，使還里舍。諸常侍小黄門皆詣進謝罪，袁紹勸進便於此絶之，至於再三。進不許。而謀積日，頗泄，中官懼而思變。張讓子婦言於舞陽君入白太后，詔諸常侍復皆入直。八月，進入長樂白太后，請盡誅常侍以下。張讓率段珪、畢嵐等持兵竊入，伏省中。及進出，因詐以太后詔召進。入省閣，詰進曰：「天下非獨我曹罪。先帝嘗與太后不快，我曹涕泣救解，但欲託卿門戶耳。今乃欲滅我曹種族」云云。於是尚方監渠穆拔劍斬進於嘉德殿前。鄭太傳，何進輔徵用名士，以太爲尚書郎。孔融傳，河南尹何進當遷爲大將軍，楊賜遣融奉謁何進，不時通，融即奪謁還府，投劾而去。河南官屬恥之，私遣劍客欲追殺融。有言於進曰：「孔文舉有重名，將軍若造怨此人，則四方之士引領而去。」進然之，既拜而辟融，舉高第。袁紹傳，紹辟大將軍何進掾。劉表傳，黨禁解，辟大將軍何進掾。董扶傳，大將軍何進薦扶。范冉傳，大將軍何進移書陳留太守，累行論謚。賈琮傳，何進表琮爲

---

〔一〕「逢」，手稿作「龐」，據後漢書改。

3618 侯　進

度遼將軍。鄭玄傳，靈帝末，黨禁解，大將軍何進辟之。州郡以進權戚，迫脅玄，不得已而詣之。進爲設几杖，玄不受朝服，而以幅巾見。一宿逃去。申屠蟠傳，何進必欲致蟠。趙岐傳，大將軍何進舉岐爲燉煌太守。王允傳，請允。桓典傳。王龔傳。种拂傳。荀爽傳。陳寔傳。董卓傳。袁術傳。邊讓傳。

劉盆子傳，赤眉虜掠無所得，引而東歸，衆尚二十餘萬。光武遣破姦將軍侯進屯新安，建威大將軍耿弇屯宜陽，分爲二道，以要其還路。李通傳，六年夏，領破姦將軍侯進等十營擊漢中賊。寇恂傳，恂與破姦將軍侯進擊嚴終、賈期等。岑彭傳，積射將軍侯進等圍洛陽。朱祐傳。

3619 蓋　進　蓋勳傳，註：「續漢書：勳曾祖父進，漢陽太守。」

3620 高　進　蓋勳傳，高望之子高進。詳高望下。

3621 眭元進〔一〕　袁紹傳，註：「操用許攸計，掩襲淳于瓊，斬督將眭元進等，割得將軍淳于仲簡鼻。」

3622 翟方進　許楊傳。

3623 應　順　順帝紀。見應志下。陳寵傳，與東平相應順守正不阿奉竇憲。和帝聞之，擢順左馮翊。應奉傳，曾祖父順，字華仲，和帝時爲河南尹、將作大匠，公廉約己。註：「少爲吏，不發私書。舉孝廉，轉右丞，遷冀州刺史，遷東平相，有梓樹生聽事上。事後母孝。」生十子，皆有才學。韓稜傳，薦良吏應順等。

3624 馮　順　皇女奴，平陽公主，適大鴻臚馮順。馮勤傳，中子順尚明帝女平陽長公主，終於大鴻

〔一〕「眭」，手稿作「睢」，據後漢書改。下同。

臚。

3625 成武孝侯　順　字平仲，光武族兄也。更始卽位，以順爲虎牙將軍。後間行詣光武，拜爲南陽太守。建武二年，封成武侯。八年，擊破六安賊，因拜爲六安太守。十一年卒，帝使使者迎喪，親臨弔。永平十年，顯宗追封順弟子三人爲鄉侯。

3626 東安亭侯　彭城王傳，元初五年，封恭孫順爲東安亭侯。

順

3627 劉　順　劉矩傳。

3628 韋　順　耿弇傳，更始遣韋順爲上谷太守，弇到上谷，收韋順斬之。

3629 韋　順　韋彪傳，義兄順，字叔文，平輿令。有高名。

3630 桓　順　桓焉傳，註：「華嶠書：焉中子順，順子典也。」

3631 蓋　順　蓋勳傳，子順，官至永陽太守。

3632 蔡　順　周盤傳，同郡蔡順，字君仲。少孤，養母。嘗作求薪，母噬指，順卽心動云。母年九十終，未葬，里中火，逼舍，順伏棺號哭，火遂越燒他舍。太守韓崇召爲東閤祭酒。太守鮑衆舉孝廉，順不能離墳墓，年八十，終於家。

3633 王　順　王渙傳，父順，安定太守。

3634 蘇　順　文苑傳，字孝山，京兆霸陵人。和安間以才學見稱。好養生術，隱處求道。晚乃仕，拜郎中，卒於官。所著賦、論、誄、哀辭、雜文凡十六篇。

3635 高　順　呂布傳，布自往莒求臧霸財幣。其督將高順諫止之，布不從。順每諫布舉動不肯詳思，

3636 任　胤

勁輒言誤。後爲侯成執降操，縊死。

桓帝紀，延熹八年，桂陽太守任胤背敵畏懦，棄市。皇甫規傳，再誅外臣。註：「殺桂陽太守任胤、南陽太守成瑨、太原太守劉質等。」度尚傳，朱蓋等攻桂陽，太守任胤棄城走。

3637 梁　胤

桓帝紀，延熹二年八月，河南尹梁胤伏誅。楊秉傳，桓帝微行，私過幸河南尹梁胤府舍。是日大風拔樹，晝昏。梁冀傳，桓帝封冀子胤襄邑侯。後冀諷衆人共薦胤河南尹。一名胡狗，年十六，容貌甚陋，不勝冠帶，見者嗤焉。後棄市。黃瓊傳。

3638 徐　胤

徐穉傳，胤字季登，篤行孝弟，亦隱不仕。太守華歆請見，因病不詣。漢末寇賊縱横，皆相約勅，不犯其閭。建安中卒。

3639 王　胤

竇融傳，註：「竺嬰殺屬國侯王胤。」

3640 趙　胤

趙咨傳，咨子胤。

3641 韓　胤

呂布傳，術遣韓胤以僭號事告布，因求迎婦，布既遣女隨之。以陳珪言，追執胤送許，操殺之。

3642 成　瑨

桓帝紀，延熹九年九月，南陽太守成瑨以譖棄市。襄楷傳，註：「成瑨字幼平，弘農人。遷南陽太守。笞殺桓帝美人外親張子禁。桓帝徵瑨下廷獄死。」陳蕃傳，瑨考殺南陽大猾張汜。瑨字幼平，陝人。知名當時，死獄中。岑晊傳，太守弘農成瑨請爲功曹，又以張牧爲賊曹吏。殺張汎，汎妻訟寃。下獄死。謠曰：「南陽太守岑公孝，弘農成瑨但坐嘯。」劉愷傳。

3643 祝　瑨

竇武傳，使山冰、尹勳與侍御史祝瑨雜考鄭颯。

3644 許　訓

靈帝紀，建寧二年六月，太常許訓爲司徒，代劉寵也。註：「訓字季師，平輿人。」四年三月，司徒許訓免，橋玄代之。熹平三年十二月，永樂少府許訓爲司空，代唐珍也。五年五月，司空許訓爲太尉，代陳耽也，劉逸代之。七月，太尉許訓罷，劉寬代之。律曆志。見「太尉耽」下。劉寬傳，熹平五年，代許訓爲太尉。註：「漢官儀曰：訓字季師，平輿人。」謝弼傳，四公，註：「許訓爲司徒。」許劭傳，劭從祖敬，敬子訓，並三公。應奉傳，註：「謝承書曰：奉少爲上計吏，許訓爲掾。自發鄉里，在路所見長吏、賓客、亭長、吏卒、奴僕，皆密疏姓名，欲試奉。還郡，書示奉。奉云：前食潁川綸氏都亭，亭長胡奴名祿，以飲漿來，何不在疏？」〔一〕

3645 鄧　訓

和熹后紀，父訓，護羌都尉。鄧禹傳，字平叔，禹第六子也。少有大志，不好文學。顯宗卽位，〔二〕初爲郎中。建初三年，拜謁者，監領石臼河事，〔三〕奏罷其役。赤沙烏桓反，詔將黎陽兵屯狐奴。六年，遷護羌校尉，黎陽故人樂隨徙邊。八年，坐梁扈事，徵還。元和三年，爲謁者，拜張掖太守。章和二年，代張紆爲護羌校尉。永元二年，竇憲將兵鎮武威，上求訓俱行。四年冬，病卒官。元興元年，和帝以訓后父，使謁者持節至訓墓，賜策追封，謚曰平壽敬侯。陳忠傳。西羌傳，和帝永元元年，以張掖太守鄧訓

〔一〕「何」，手稿作「河」，據後漢書改。
〔二〕「顯」，手稿作「肅」，據後漢書改。
〔三〕「石」，手稿作「名」，據後漢書改。

代張紆爲校尉，以賞賂離間諸種。是時號吾種降，鄧訓遣兵擊迷唐，迷唐去大、小榆谷，〔一〕徙居頗巖谷。

3646 曹訓 馬援傳，姊子曹訓。見王磐下。

3647 召訓 桓郁傳。

3648 段訓 劉虞傳，瓚執虞並妻子還薊，猶使領州文書。會天子遣使者段訓增虞封邑，督六州事，拜瓚前將軍，封易侯，假節督幽、幷、青、冀。瓚誣虞前與袁紹等欲稱號，脅訓斬虞於薊市。瓚上訓爲幽州刺史。

3649 龐訓 陽球傳。

3650 薊子訓 方術傳，薊子訓，不知所由來。建安中，客濟陰宛句。有神異之道。嘗抱鄰家嬰兒，故失手墮地而死云云，後月餘，抱兒歸焉。時或有百歲翁，自言童兒時見子訓賣藥會稽市，顏色不異於今。

3651 周愼 靈帝紀，中平二年十一月，遣盪寇將軍周愼追擊北宮伯玉，不尅。董卓傳，盪寇將軍周愼並統於張温。邊章、遂走榆中。孫堅說愼願得萬人，斷其運道。愼不從，章、遂反斷愼運道。愼懼，棄車重而退。

3652 張愼 和帝陰后紀，使中常侍張愼與尚書陳褒於掖庭考案。鄧朱及二子奉、毅與后弟軼、輔辭語相連云云。〔二〕

〔一〕「谷」，手稿無，據後漢書補。
〔二〕「辭」，手稿作「敞」，據後漢書改。

3653 高　愼　陳思王傳，註：「鈞行天子大射禮，陳國戸曹高愼諫國相曰：『諸侯射豕，天子射熊』云云。」

3654 徐　愼　左雄傳，註：「謝承書：徐淑隨父愼在京師。」

3655 張伯愼　董卓傳，溫子伯愼，少有名譽，累登公卿，亦陰與司徒王允共謀誅卓，事未及發。

3656 許　愼　儒林傳，字叔重，汝南召陵人。時語：「五經無雙許叔重。」爲郡功曹，舉孝廉，除洨長。卒於家。撰五經異義，又作説文解字十四篇。

3657 矯　愼　逸民傳，字仲彥，扶風茂陵人。少學黃老，因穴爲室，年七十餘不娶。後急歸家，自言死日，及期果卒。後人有見於敦煌者，故前世異之，或云神仙。

3658 趙　瑾　靈帝紀，中平五年十一月，巴郡板楯蠻叛，遣上軍別部司馬趙瑾討平之。南蠻傳，中平五年，巴郡黃巾賊起，板楯蠻因此復叛，西園上軍別部司馬趙瑾討平之。

3659 山陽公瑾　獻帝紀，山陽公康薨，子瑾立，四年，太康十年薨。

3660 何　瑾　何熙傳，熙子瑾。

3661 鍾　瑾　鍾皓傳，皓兄子瑾母，李膺姑也。膺祖太尉脩，常言：「瑾似我家性，邦有道不廢，邦無道免於刑戮。」復以膺妹妻之。瑾辟州府，未嘗屈志。膺謂曰：「『人無是非之心，非人也。』弟何期不與孟軻耶？」瑾以白皓。皓曰：「昔國武子好招人過，以致怨本。卒保身全家，爾道爲貴。」

3662 侯　瑾　文苑傳，字子瑜，敦煌人。少孤貧，篤學傭作爲資，暮還輒爇柴以讀書。州郡累召，公車有道徵，並稱疾不到。作矯世論以刺當時。以莫知於世，又作應賓難以自寄。又

3663 梁　慬

案漢記撰中興以後行事，爲皇德傳三十篇。

南匈奴傳，安帝永初四年，單于檀遣千餘騎寇常山、中山，以西域校尉梁慬行度遼將軍，〔二〕與耿夔擊破之。烏桓傳，安帝永初三年，遣度遼將軍梁慬等擊雁門烏桓無何，〔三〕大破之。

3664 朱　儁

獻帝紀，初平四年六月，太僕朱儁爲太尉，代周忠也，錄尚書事。興平元年七月壬子，太尉朱儁免，楊彪代之。本傳，字公偉，會稽上虞人。少孤，母常販繒爲業。儁以孝養致名，好義輕財。太守尹端以儁爲主簿。後太守徐珪舉孝廉，再遷蘭陵令。光和元年，拜交阯刺史，斬賊梁龍。封都亭侯，徵爲諫議大夫。拜右中郎將，持節，與皇甫嵩討黃巾，破平之。嵩上狀以功歸儁，於是進封西鄉侯，遷鎮賊中郎將。擊賊趙弘，斬之。降韓忠，破孫夏。明年，拜右車騎將軍，振旅還京，以爲光祿大夫，更封錢塘侯，加位特進。以母喪去官，起家，復爲將作大匠，轉少府、太僕。出爲河內太守，擊張燕，卻。復拜爲光祿大夫，轉屯騎，尋拜城門校尉、河南尹。卓表遷太僕，以爲己副，儁辭不受。卓後入關，因留儁守洛陽，而儁與山東諸將通謀。既而懼爲卓所襲，棄官奔荊州。以楊懿爲河南尹，儁復進兵還洛，懿走。儁以河南無資，乃東屯中牟，移書州郡，請師討卓。李傕用周忠、賈詡策，徵儁入朝。軍吏皆憚入關，欲應陶謙

〔二〕「域」，手稿脫，據後漢書補。
〔三〕「桓」，手稿作「何」，據後漢書改。

等。〔一〕傳曰：「以君召臣，義不俟駕」云。遂就傕徵，復爲太僕。初平四年，代周忠爲太尉，録尚書事。明年秋，以日食免，復行驃騎將軍事，持節鎮關東。長安亂，止不出，留拜大司農。詔與太尉楊彪等十餘人譬汜，令與傕和。汜遂留質儁等。即日發病卒。度尚傳，註：「謝承書：尚擢門下。」楊彪傳，興平元年，代朱儁爲太尉。徐璆傳。張超傳。

3665 沮　儁　獻帝紀，興平二年，東澗之敗，傕殺射聲校尉沮儁。後贈弘農太守。

3666 孫　儁　皇甫規傳，安定太守孫儁受取狼籍，規奏其罪。

3667 黄　儁　陳蕃傳，疏言：「吏爵尚書令黄儁先人之絶封」云云。帝頗納之，但賜儁爵關内侯。

3668 夏　惲　孝仁董后紀，何進奏：「孝仁皇后使故中常侍夏惲交通州郡」云云。

3669 謝　惲　安思閻后紀，顯奏耿寶黨與謝惲下獄死。來歙傳，見周廣下。楊震傳。李固傳。

3670 李　惲　耿純傳，鄗大姓蘇公納王郎將李惲，〔二〕純破斬之。

3671 郅　惲　字君章，〔三〕汝南西平人。十二失母，居喪過禮。及長，理韓詩、嚴氏春秋，明天文歷數。莽時占玄象，謂人曰：「方今鎮、歲、熒惑並在漢分翼、軫之域，去而復來，漢必再受命。」時左隊大夫逯並好士，惲説之，使署爲吏，不受。西至長安，上書王莽令就臣位。莽大怒，脅令自告病狂，惲瞋目詈曰：「所陳皆天文聖意」云云。會赦，遁

〔一〕「謙」，手稿作「潛」，據後漢書改。
〔二〕「鄗」，手稿作「郭」，據後漢書改。
〔三〕「章」，手稿脱，據後漢書補。

3672 張 惲 蒼梧。建武三年，爲傳俊將兵長吏。後辭歸鄉里。縣令請爲門下掾，執友仇。太守歐陽歙爲功曹。後客居江夏教授，舉孝廉，爲上東城門候。帝獵還，拒關不開。帝從中門入。貶東中門候爲參封尉。後授皇太子韓詩。郭后廢，惲說太子引愆退身，奉養母氏。太子從之，帝竟聽許。惲再遷長沙太守。後坐事左轉芒長，免歸，教授著書八篇。梁冀傳，使中黄門張惲入省宿，以防其變。具瑗敕吏收惲，以輒從外入，欲圖不軌云云。

3673 塗 惲 賈逵傳，父徽，受古文尚書於塗惲。註：「字子眞，受尚書於胡常也。」

3674 王 惲 李固傳，薦東平王惲。

3675 宋 閏 濟南王傳，王錯爲太子時，愛安王康鼓吹妓宋閏。

3676 李 閏 鄧騭傳，乳母王聖見太后久不歸政，慮有廢置，常與中黄門李閏候伺左右。楊震傳，耿寶薦中常侍李閏兄於震。虞詡傳，詡奏中常侍李閏等。孫程傳，閏譖鄧悝欲廢帝，立平原王，〔一〕安帝誅鄧氏，廢平原王，封閏雍鄉侯，遷中常侍，共誣殺楊震，廢太子爲濟陰王。孫程將濟陰王脅閏，閏諾。及順帝立，以先不與謀故不封。陳忠傳。

3677 戴 閏 張禹傳，禹爲兗州刺史，功曹史戴閏，故太尉掾也，權動郡内。有小譴，禹令自致徐獄，然後正其法。註：「東觀記曰：閏當從行縣，從書佐假車馬什物。禹聞知，令直符責問，閏具服。禹以宰士惶恐首實，令自致獄也。」

3678 路 潤 王霸傳，蘇茂、周建悉攻馬武，霸軍中壯士路潤等數十人斷髮請戰。霸知士心鋭，乃

〔一〕「平」，手稿作「中」，據後漢書改。

開營。

3679 任城王遜　光武十王傳。

3680 傳巽　劉表傳，東曹掾傅巽等說琮降曹。

3681 龐浚　西羌傳，順帝永和六年，遣中郎將龐浚募勇士千五百人頓美陽爲涼州援。時東西羌大合，鞏唐種三千餘騎寇隴西，燒園林，掠關中。

3682 且運　西域傳，永平四年，莎車相且運等患王賢驕暴，謀反城降于窴。于窴王廣德攻莎車城，詐請賢城外會盟。賢問且運，且運曰：「廣德女壻至親，宜出見之。」賢出，廣德執賢。而且運等因内于窴兵。

3683 蹋頓　烏桓傳，獻帝初平中，烏桓大人丘力居死，子樓班年少，從子蹋頓有武略，代總攝三郡，衆皆從其號令。建安初，蹋頓遣使詣袁紹求和親，遂遣兵助紹擊公孫瓚。紹矯制賜蹋頓皆以單于印綬。〔二〕後難樓、蘇僕延、烏桓、烏延等奉樓班爲單于，蹋頓爲王，然蹋頓猶秉計策。及紹子尚奔蹋頓，後曹操自徵烏桓，大破蹋頓於柳城，斬之。

## 九翰

3684 吳漢　光武紀，建武二十年五月辛亥，大司馬吳漢薨，劉隆行大司馬事。本傳，大司馬廣平侯吳漢字子顏，南陽宛人。家貧，給事縣爲亭長。莽末，以賓客犯法，亡命漁陽。販馬自業，往來燕、趙間。韓鴻承制，拜安樂令。說太守彭寵附光武，寵遣與上谷諸將

〔二〕「賜」，手稿作「則」，據後漢書改。

並軍而南，及光武於廣阿，拜偏將軍。拔邯鄲，賜號建策侯。拜大將軍，北發十郡突騎，斬更始幽州牧苗曾，奪其軍，南與光武會清陽。遣漢襲鄴城，漢令辯士說太守陳康納軍，斬謝躬。光武卽位，拜大司馬，封舞陽侯。建武二年，率王梁等共擊檀鄉賊於鄴東漳水上，降十萬餘人。定封爲廣平侯。復率諸將擊鄴西山賊黎伯卿等，進兵南陽，擊宛、涅陽諸城，皆下之。引兵南，與秦豐戰黃郵水上，破之。又與偏將軍馮異擊昌城五樓賊張文，攻銅馬、五幡於新安，皆破之。明年春，帥耿弇等擊降青犢於軹西，率杜茂圍蘇茂於廣樂，圍劉永於睢陽。明年，又率陳俊擊破五校賊於臨平。北擊清河長直及平原五里賊，皆平之。移檄下鬲縣。冬，率耿弇擊富平、獲索二賊於平原。進擊渤海，皆平之。從徵董憲，振旅還。夏，西屯長安。八年，從車駕上隴。十一年，率岑彭伐述。泝江而上，圍武陽，進軍攻廣都。違勑逼成都，兵敗。夜與劉尚合軍，斬謝豐等。與述戰廣都、成都之間，八戰八克，斬述。十五年，率馬成等擊匈奴。十八年，討史歆。二十年，薨，謚忠。張堪傳，漢軍餘七日粮，陰具船欲遁。堪馳說以述必敗，不宜退師之策。陰興傳，欲以代吳漢爲大司馬，固讓，從之。郭丹傳，辟丹。劉玄傳。杜篤傳。南匈奴傳，匈奴與盧芳共侵北邊。建武九年，遣大司馬吳漢等擊之，經歲無功，而匈奴轉盛。

3685 江漢　質帝紀，丹陽太守江漢擊賊陸宮，〔一〕破之。互見「宮」下。

3686 公乘王漢　律曆志，論月食。光和二年，萬年公乘王漢上月食註。自章和元年到今九十三歲，合

〔一〕「宮」，手稿作「容」，據後漢書改。

百九十六食，與官曆河平元年月錯，以己巳爲元。事下太史令脩，上言：「漢所作註不與見食相應者二事，以同爲異者二十九事。」〔一〕劉洪奏之云云。遣歸鄉里。

3687 劉漢　五行志，漢安元年三月甲午，雒陽劉漢等百九十七家爲火所燒。〔二〕

3688 來漢　來歙傳，六世祖漢，有才力，武帝時，以光祿大夫副楊僕擊南越、朝鮮。

3689 張漢　魯恭傳，恭爲樂安相。時東州羣盜攻劫諸郡，恭到，重購賞，開恩信，其渠帥張漢等率支黨降，恭上以漢補博昌尉。註：「博昌，屬千乘，今青州縣也。」

3690 宋漢　宋弘傳，宋由子漢，字仲和，〔三〕以經行著名，舉茂才，四遷西河太守。〔四〕永建元年，爲東平相、度遼將軍，以威恩著稱。遷太僕，病自乞，拜大中大夫，卒。策曰：「漢清脩雪白，正直無邪」云云。匈奴傳，順帝永建四年，以東平相宋漢代龐參爲度遼將軍。陽嘉二年，〔五〕漢遷太僕。

3691 薛漢　廉范傳，范師事博士薛漢。漢坐楚事死，范收斂之。儒林傳，字公子，淮陽人。世習韓詩，尤善說災異讖緯。建武初，爲博士，受詔較定圖讖。永平中，爲千乘太守。後坐楚事辭連，下獄死。弟子犍爲杜撫、澹臺敬伯、鉅鹿韓伯高。

3692 朱漢　袁紹傳，註：「英雄記曰：紹以河內朱漢爲都官從事。先時漢不爲馥禮，懷恨邀紹

〔一〕「同」，手稿作「月」，據後漢書改。
〔二〕「七」，手稿脫，據後漢書補。
〔三〕「和」，手稿脫，據後漢書補。
〔四〕「西河」，手稿作「河內」，據後漢書改。
〔五〕「陽」，手稿作「元」，據後漢書改。

3693 宗漢　意，擅發兵圍馥弟，收得馥大兒，搥折兩脚。紹亦立收漢殺之。」
西羌傳，安帝延光元年，麻奴出塞渡河，馬賢追擊戰破之，種衆散遁，詣涼州刺史宗
漢降。

3694 單于汗　南匈奴傳，中元元年，單于莫死，弟伊伐於慮鞮單于汗立，二年死。

3695 馮煥　安帝紀，建光元年正月，幽州刺史馮煥討高句驪，不克。馮緄傳，父煥，安帝時爲幽
州刺史，疾忌奸惡，數致其罪。時玄菟太守姚光亦失人和。建光元年，怨者詐作璽書
遣責煥、光，賜以歐刀。又下遼東都尉龐奮使速行刑，奮卽斬光收煥。煥欲自殺，緄
疑詔文有異。止之曰：「必是凶人妄詐」云云。「願以事自上。」煥從之，果詐者所爲。
會煥死獄中，帝愍之，賜煥、光錢各十萬，以子爲郎中。東夷傳，安帝建光元年春，〔二〕
幽州刺史馮煥等出塞擊句驪王宮，濊貊渠帥。互見「光」、「諷」下。

3696 謁煥　廖扶傳，太守謁煥，先爲諸生，從扶學，後臨郡，未到，先遣吏脩門人之禮，又欲擢
扶子弟，固不肯當。

3697 張奐　桓帝紀。本傳，字然明，〔三〕敦煌酒泉人。少遊三輔，師事太尉朱寵，學歐陽尚書。減牟
氏章句四十餘萬言，爲九萬言。辟大將軍梁冀府，上書桓帝奏具章句。以疾去官，復
舉賢良，對策第一，拜議郎。永壽元年，遷安定屬國都尉。南匈奴寇美稷，東羌應之，

〔二〕「光」，手稿作「元」，據後漢書改。
〔三〕「明」，手稿作「朗」，據後漢書改。

奐璧唯二百人，即勒兵而出。進屯長城，〔一〕因據龜茲。使南匈奴不得交通東羌。諸羌遂相率與奐和親，共擊薁鞬等，連戰破之。伯德惶恐，舉衆降。羌豪上馬二十匹，先零酋長遺金鐻八枚。奐以酒酹地曰：「使馬如羊，不以入廄；金如粟，不以入懷」云云。遷使匈奴中郎將，是有潛誘烏桓斬休屠各帥之功。延熹元年，率南單于襲斬鮮卑數百級。明年，以梁冀故吏禁錮。皇甫規諫七上，復拜武威太守。而改二月、五月産子殺之之俗。〔二〕遷度遼將軍。九年，徵拜大司農。匈奴、烏桓、鮮卑復亂寇，拜奐爲護匈奴中郎將，以九卿秩督幽、并、涼三州及度遼、烏桓二營。而匈奴聞奐至，相率降，凡二十萬口。鮮卑出塞去。永康元年，擊斬羌首虜萬人，三州清定。論功當封，以不事宦官，不行，特聽，徙屬弘農華陰，是始爲弘農人。傅山曰：「不事宦官，自然是君子。」建寧元年，振旅還。爲曹節賣而圍竇武。武死，遷少府，又拜大司農，封侯。固讓不受，轉太常。以薦王暢、李膺，被詔切責。司隸校尉王寓陷以黨罪，禁錮歸田。閉門著尚書記難三十餘萬言。〔三〕年七十八，光和四年卒，遺命：「朝殞夕下，措屍靈牀，幅巾而已。」曹騰傳，進名人弘農張奐。董卓傳，卓爲羽林郎，從中郎將張奐爲軍司馬。蘇章傳。竇武傳。列女傳，龐淯母趙娥刺父仇，遇赦免，太常張奐嘉歎，以束帛禮之。西羌傳，桓帝永康元年，東羌岸尾等脅同種連寇三輔，中郎將張奐追破斬之。

---

〔一〕「城」，手稿作「安」，據後漢書改。
〔二〕「二月、五月」，手稿作「五月五日」，據後漢書改。
〔三〕「記」，手稿作「雜」，「三」作「二」，據後漢書改。

3698 周奐

南匈奴傳，桓帝永壽元年，〔二〕匈奴左薁鞬（鞬）臺耆、且渠伯德等叛，寇美稷、安定，屬國都尉張奐擊破降之。事具奐傳。烏桓傳，桓帝永壽中，朔方烏桓與休著屠各並叛，中郎將張奐擊平之。鮮卑傳，延熹元年，鮮卑寇北邊。冬，使匈奴中郎將張奐率南單于出塞擊之，斬首二百級。九年，再擊檀石槐。段熲傳，熲與奐有隙。傳山曰：「若論奐心行千百倍正於熲，〔三〕而爲曹節賣，竟殺游平，豈不醫？」獻帝紀，初平三年，傕反攻長安，城陷。大鴻臚周奐戰歿。註：「三輔決錄：奐字文明，茂陵人。」

3699 王奐

仇覽傳，考城令王奐，政尚嚴猛，聞覽以德化人，署爲主簿。曰：「陳元之過，不罪而化之，得無少鷹鸇之志耶？」對曰：「鷹鸇不如鸞鳳。」奐曰：「枳棘非鸞鳳所棲」云云。以一月俸爲資使入太學。范冉傳，冉與河内王奐親善，奐後爲考城令，請冉不至。及奐遷漢陽太守，將行，冉乃與弟協步齎麥酒，設壇道側以待之。見車徒絡繹，不自聞，惟與弟共辨論於路。奐識其聲，即下車與相揖對云云。註：「謝承書曰：奐字子昌，河内武德人。明五經，負笈追業，常賃灌園，恥交勢利。」

3700 王渙

陳寵傳，寵爲廣漢太守。用良吏王渙等，爲腹心，訟者日減。循吏傳，字稚子，廣漢郪人。少好俠，尚氣力，晚更改節，習尚書。爲太守陳寵功曹，舉茂才，除溫令。境

〔二〕「壽」，手稿作「康」，據後漢書改。
〔三〕「熲」，手稿作「潁」，據文義改。

内清夷，商人露宿於道。〔一〕有放牛者，輒云以屬稚子。遷兖州刺史。坐考妖言免，又徵拜侍御史。永元十五年，從駕南巡，還爲洛陽令。發奸擿伏，京師稱神。元興元年，病卒。

3701 程　渙　袁紹傳，馥從事程渙將强弩萬人屯孟津。互見趙浮下。

3702 龐　渙　龐公傳，註：「龐山人娶諸葛孔明姊。子渙，晉太康中爲牂牁太守。」

3703 徐　灌　靈帝紀，中平元年七月，河南尹徐灌下獄死。

3704 高　幹　獻帝紀，建安十一年三月，曹操破高幹於幷州，獲之。仲長統傳，袁紹之甥高幹，幷州刺史。問統當時之事，統曰：「君有雄志而無雄才」云云。無幾，幹以幷州叛，敗。袁紹傳，紹使外甥陳留高幹及荀諶説馥云云。後紹以高幹爲幷州刺史。尚奔中山，高幹以幷州降曹操，仍爲刺史。後幹復叛，執上黨太守，舉兵守壺關。建安十一年，操自征幹，幹詣匈奴求救，不得，欲南奔荆州。上洛都尉捕斬之。

3705 徐　幹　班超傳，平陵人徐幹素與超同志，疏願奮身佐超。建初五年，遂以幹爲假司馬，將弛刑義從千人就超。至超與幹擊疏勒都尉番辰，破之。八年，以幹爲軍司馬。永元三年，超爲都護，以幹爲長史，屯疏勒。

3706 傅　幹　傅燮傳，燮守漢陽。子幹年十三，從在官舍。知燮性剛，恐不能屈志以免，進諫曰：「國家昏亂，遂令大人不容於朝。今天下已叛，而兵不足自守，鄉里羌胡先被恩德，欲令棄郡而歸，願必許之。徐至鄉里，率厲義徒，見有道而輔之，以濟天下。」言未終，

〔一〕「宿」，手稿作「積」，據後漢書改。

爕慨然而嘆，呼幹小字曰：「别成，汝知吾必死耶？『聖達節，次守節。』殷紂之暴，伯夷不食周粟而死。今朝廷不甚殷紂，吾德亦豈絕伯夷？世亂不能養浩然之志，食祿又欲避其難乎？吾行何之，必死於此。汝有才智，勉之勉之。主簿楊會，吾之程嬰也。」幹哽咽不能復言。後位至扶風太守。傅山曰：「自是有識貨但近於亂耳，究竟爲魏人可惜。」

3707 清河王蒜

章帝八王傳，恭王蕘，子蒜嗣。冲帝崩，徵詣京師，將議爲嗣。會梁冀立質帝，罷歸國。蒜爲人嚴重，太尉李固等歸心焉。初，中常侍曹騰謁蒜，蒜不爲禮，宦者由此惡之。後以劉文、劉鮪事，有司奏，坐貶爲尉氏侯，徙桂陽，自殺。立三年，國絕。李固傳，固以清河王年長有德，欲立之。朱穆傳。

3708 滇岸

西羌傳，永平元年，滇吾遠引去，滇岸詣護羌校尉竇林降。林爲下吏所欺，謬奏上以滇岸爲大豪，承制封爲歸義侯，加號漢大都尉。明年，滇吾復降，復奏其第一豪。帝怪之，問林，林窘，僞對：「滇岸卽滇吾，隴西語不正耳。」

3709 東岸

西羌傳，安帝永初元年，都尉王弘迫遣諸羌兵征西域，羌多散畔。於是勒姐、當煎大豪東岸等愈驚，遂同時奔潰。